"中国新闻学丛书"编辑委员会

主　任：李　彬　赵月枝

委　员：（按姓氏笔画顺序）

王君超　王润泽　王维佳　史安斌　吕新雨　李　珮
李　彬　李希光　杨萌芽　吴　玫　吴　靖　张　垒
张　桐　赵月枝　胡　钰　俞　凡　洪　宇　程曼丽

"中国新闻学丛书"出版委员会

主　任：杨国安　杨萌芽

委　员：（按姓氏笔画顺序）

马　龙　王鹏飞　纪庆芳　杨　波　杨国安　杨萌芽
陈建恩　郑　鑫　胡玲霞　姜　畅　谌洪波　薛建立

发掘好新闻
——改革开放初期中国新闻观念研究
(1979—1988)

武楠 著

图书在版编目（CIP）数据

发掘好新闻：改革开放初期中国新闻观念研究：1979—1988 / 武楠著．-- 郑州：河南大学出版社，2021.6

ISBN 978-7-5649-3861-1

Ⅰ.①发… Ⅱ.①武… Ⅲ.①新闻工作-研究-中国-1979-1988 Ⅳ.① G219.2

中国版本图书馆 CIP 数据核字 (2019) 第180154号

责任编辑	阮林要
责任校对	陈　巧
装帧设计	翟淼淼　高枫叶

出版发行	河南大学出版社
	地址：郑州市郑东新区商务外环中华大厦2401号　　邮　编：450046
	电话：0371-86059715（高等教育与职业教育出版分社）
	0371-86059701（营销部）
	网址：hupress.henu.edu.cn
排　版	河南大学出版社设计排版部
印　刷	河南瑞之光印刷股份有限公司
经　销	全国新华书店
版　次	2021年6月第1版
开　本	710 mm×1010 mm　1/16
字　数	254 千字
印　次	2021年6月第1次印刷
印　张	13.75
定　价	42.00 元

（本书如有印装质量问题，请与河南大学出版社营销部联系调换。）

总序：新时代　新征程　新闻学　新探索

李　彬　赵月枝

中国共产党成立一百年前夕，酝酿有年的"中国新闻学丛书"开始问世。

所谓"中国新闻学"自然指立足中国的新闻学，离不开中华民族5000多年源远流长的文明史、中国人民近代以来180余年屡挫屡奋的斗争史、中国共产党100年来艰苦卓绝的奋斗史、中华人民共和国70多年正道沧桑的发展史，以及其中蔚为大观的新闻与传播实践史，包括新闻学与传播学的学术传统。同时，由于主流传统同马克思主义道统水乳交融，中国新闻学又始终心系天下，关注人类命运共同体及其新闻传播实践，离不开《国际歌》寄寓的国际主义情怀——"英特纳雄耐尔"（international）。充分展现这些学术内涵，不是一篇总序而是全套丛书的工作。而说明丛书的缘起，至少可以彰显"中国新闻学"的立意与定位。

早在2002年，范敬宜甫任清华大学新闻与传播学院首任院长之际，高瞻远瞩，身体力行，大力倡导以马克思主义为指导，具有"中国特色、中国气派、中国作风"的新闻学及其学科体系与教育体系，一时风起云涌，得到广泛响应。2008年，由于金融危机爆发以及全球资本主义体系危机加剧，"马克思归来"成为汇聚中外前沿学术思想的时代强音，而如何赓续中国新闻学的马克思主义中国化传统，进而创新网络时代的新闻学，愈发成为中国新闻学人迫在眉睫的时代使命。

党的十八大后，随着新时代的气息春风徐来，新闻学也迎来前所未有的良机。2016年，习近平主持召开全国哲学社会科学工作座谈会并发表讲话，明确提出要着力构建中国特色的哲学社会科学及其学科体系、学术体系和话语体系，与此同时要加快完善对哲学社会科学具有支撑作用的学科，其中引人注目地包括新闻学，令新闻传播学界无不倍感鼓舞。

为了响应新时代召唤，中信改革发展研究基金会于2014年成立，聚焦了一批各学科守正创新的一流学者，致力于推进中国特色、中国气派、中国风格的哲学社会科学建设。2017年，中国特色新闻学研究会在清华大学成立伊始，就与中信基金会密切合作，举办了首届"中国特色新闻学高级研讨班"。其间，我们同来自五湖四海的青年学者一起，从不忘本来、吸收外来、面向未来的视角，畅谈了理论逻辑、历史逻辑、实践逻辑有机统一，普遍意义与中国特色若合一契的中国新闻学构想。

在此基础上，基金会将"中国新闻学丛书"作为重点项目列入研究计划。之所以亮出"中国"的旗号，既不是以本土主义对抗西方中心主义，也不可能是"囊括四海，并吞八荒"，而是旨在凸显梁启超所谓"中国之中国、亚洲之中国、世界之中国"的自觉意识，表明更自觉地从全球史视野的高度，面向中国实践、更深入地扎根中国大地、更自信地践行中国道路的学术追求，也就是中信改革发展研究基金会的宗旨——坚持实事求是，践行中国道路，发展中国学派。

——坚持实事求是。丛书作者术有专攻，各抱地势，但无论深入历史，还是透视现实，无论穷究学理，还是钻研实务，无不遵循实事求是的治学精神，如一代马克思主义新闻学家甘惜分晚年希冀的："立足中国土，请教马克思。"

——践行中国道路。坚持实事求是为的是践行中国道路，正如解释世界为的是改变世界。何谓中国道路？一句话，就是中国共产党领导的革命、建设、改革所开辟的道路。而这条道路的灵魂在于社会主义，即习近平总书记所言，中国特色社会主义不是别的什么主义而是社会主义。中国新闻学说到底也是为社会主义新闻业立魂、立言、立心。

——发展中国学派。随着中国道路日渐开阔，以及文化自觉与学术自觉日益醒悟，中国学派也呼之欲出。近代以来，特别是新中国成立七十余年来，中国新闻学已经取得长足进展，从梁启超到邵飘萍，从邹韬奋到范长江，从邓拓到穆青，从延安窑洞人民广播的手摇发电机到数字时代融媒体，一代代中国记者以及学者以其辛勤耕耘和开创性工作奉献了无数心血和智慧，也为中国新闻学及其学派奠定了厚实基础。现在的关键在于我辈是否具有足够自信，摆脱某种制约中国新闻学想象力与创造力的"学术殖民"心态以及学术话语，用中信基金会理事长孔丹的话说，将"他信"变为"自信"，将著书立说的立足点从"彼岸"转到"此岸"。

19世纪初，西方文脉俨然在欧陆，德国洪堡大学等更是文化圣地，吸引着东西南北的欧美知识精英，而在立国不过半个世纪、偏处海角天涯的美国，哈佛文人R. W. 爱默生（Ralph Waldo Emerson），却提出了美国文化走自己路的主张，发表了美国文化的独立宣言《美国学者》（*American Scholar*）。如今，经过七十余年锻造的中华人民共和国,已经开启了全面建设社会主义现代化国家的新征程,发展中国学派以审视中国经验、提炼中国理论、贡献中国方案,更可谓名正言顺,水到渠成。

2019年立春时节,河南大学新闻与传播学院和河南大学出版社同意将这套丛书纳入河南大学献礼中华人民共和国成立70周年的重点图书,2020年这套丛书又入选国家出版基金资助项目。中州自古英雄气,"逐鹿中原,问鼎天下"一向激荡人心。作为百年名校,河南大学也是文脉悠长,俊采星驰,包括名记者邓拓等校友。"中国新闻学丛书"能够落户河南大学出版社,也是得其所哉。

大鹏之动,非一羽之轻也;骐骥之速,非一足之力也。十多年来,我们一直勉力耕耘,与各方有生力量一道共同推进中国特色、中国气派、中国风格的新闻学建设,这套丛书就是一批阶段性成果。我们深知,如同伟大的中国革命与社会主义事业,我们的社会主义学术事业包括中国新闻学也不可能一蹴而就,更不可能凭少数人埋头苦干,而是需要持之以恒的扎实工作,更需要一批又一批、一代又一代的同道共襄此举。

2021年6月

(李　彬,清华大学新闻与传播学院教授、博士生导师,曾任河南大学黄河学者,兼任澳门科技大学博士生导师)

(赵月枝,加拿大皇家学会院士,西门菲莎大学全球传播政治经济学加拿大国家特聘教授,兼任清华大学新闻与传播学院卓越访问教授)

序：新闻观念研究的小荷尖角

张涛甫

武楠博士著作《发掘好新闻——改革开放初期中国新闻观念研究（1979—1988）》付梓问世，嘱我为其大著写序。我自感资望和学力不逮，一再退缩，但认真拜读了书稿之后，有不少触动，此前一些模糊的思绪，被武楠的一些观点激活，引发了一些思考，于是乎，按捺不住表达冲动，就想搭"序言"的便车，夹带一点"私货"，借这个机会奉上一点阅读心得，因此，应该感谢武楠给我这次学习和表达的机会。

这些年，思想史、观念史研究在国内学界行情看涨，新闻传播学界也跟风追涨，催生了不少优秀的研究成果，武楠博士的这部著作即是其中佳作。首先，与诸多新闻传播思想史、观念史研究的常规套路不同，武楠的研究点位和角度还是颇具新意的：作者没有从观念到观念，仅在观念层面兜圈子，踩着"观念""思想"的云头天马行空，一路务虚到底，作者采取了虚实相生呼应的策略，虚虚实实，将观念与新闻实践、社会语境勾连起来，让观念有所依附，把观念与实践紧紧地拥抱在一起，这样研究，就不至于太务虚，研究显得很结实。其次，选择的时段也具代表性。作者选择1979—1988年作为研究新闻观念的历史区间。这十年正值中国改革开放破冰开局、提速爬坡的关键时期，是最具张力、内涵饱满的历史时段，同时也是新闻观念、新闻实践、中国社会三者互动频度甚高的十年。对这十年进行深度发掘，考察新闻观念与新闻实践、时代社会的交光互影，极具思想史和新闻史意义。当然，其难度也是超出想象的。武楠此书聚焦这一极具发掘难度的历史时段，其学术胆识和探索勇气难能可贵。

人是思想的动物。思想牵动行为，行为是思想、观念的外化。人与人集结成群，产生社会行为，类聚或群分，缔结社会关系，形成族群共同体，构建社会与国家。这一系列集体行动的背后，都离不开思想、观念的作用。行为处在社会表演的前台，思想、观念则居于后台。研究前台的表演相对容易，而研究后台的表现则比较困难。个体的思想、观念进入社会，遭遇群体思想观念，会产生变异，集体行动的逻辑和从众社会心理会将个体的思想、观念不同程度地化约为群体意识，或沉淀为集体无意识，这其间的幽微和奥秘至今仍然深不见底，社会心理学、哲学领域在这方面做了很多努力，但深潜的谜底仍未大面积露脸。

诺夫乔伊认为，观念是那些基本的、持续不变的或重复出现的能动的单元，也包括一些含蓄的或不完全清楚的设定，或者在个体或一代人的思想中起作用的或多或少未意识到的思想习惯。诺夫乔伊这里所指的观念，在我看来，有这么两层意思：其一，观念指向那些具有稳定性、持续性的能动单元，是结构性的、基本面上的观念意识，这种观念可辨识度、显示度比较高，研究起来相对容易；其二，观念还包括那些含蓄的、不明朗的、未被意识到的隐性思想观念，这类观念既有个体性的，也有群体性的，研究此类观念，难度就很大了。

观念史、思想史研究多是从第一个层面上发力的，以研究结构化、显在、精英的观念、思想为主，思想史、观念史研究经常变成精英思想的专场，相比之下，精英光圈之外的思想观念往往会遭到冷遇，那些"沉默的大多数"经常会被忽略，打捞这些思想史上的"失踪者"，应成为思想史研究、观念史研究不可或缺的任务。

大众媒介这种社会化建制是连接精英与大众、勾连社会系统各部位的"传感器"和"神经网络"。大众媒体特别是社会化媒体的崛起，为社会声音的生发、传播充当"神助攻"。此前常被精英垄断的思想观念因有媒介普及和媒介技术升级，转而惠及众生，"沉默的大多数"得以显山露水。大众媒介的普及既有利于精英主义思想观念表演，也有助于大众观念和情感的彰显，特别是社交媒体的崛起，让那些舞台追光之外的"群众演员"也被照亮，平时散装的社会思想、观念、情绪得以充分展露出来。拜新媒体所赐，人人都有表达"神器"，"沉默的大多数"得以众声喧哗，为把握精英之外的社会思想、观念提供了条件。社会思想因有大众媒介渠道的传播，得以大面积显现，这为我们打捞精英之外的社会观念、思想提供了丰富的符号资源。但如何打捞海量"众声"中的思想、情绪，成为思想史、观念史研究的新难题。

新闻观念研究，既要关注那些影响新闻实践、媒体生态以及社会走向的重量级理论、思想，也要关注那些社会面上的普泛性的思想、观念；既要研究那些显豁、高海拔、结构化的思想观念，也要研究那些隐而不彰、含蓄、小颗粒、大流量的思想观念，能把两者兼顾起来，当然很好，这是理想的状态。比较便捷的办法是，专注于前者，关注那些大块状的、显在的、高海拔且重量级的思想人物和观念事件，从中寻找思想线索和脉络。相比之下，研究后者海量观念、思想"散户"就比较困难,这种"海底捞"作业,吃力不一定讨好。但若后者缺席了,让大多数沉默了,这种思想史研究,即便看上去很美,也是断臂的维纳斯。

武楠兼顾了两面:她没有"千里走单骑",沿着观念一条道走下去,而是采取复线、互文的策略,把作品、社会二者勾连起来,形成互动、互文结构。作者把对新闻观点的考察、分析,与新闻生产实践以及社会转型立体地结合起来。这样的新闻观念研究,就不至于单薄;这三维结构的确立,就让新闻观念史研究站立起来了。

好新闻是新闻中的新闻,此书选择十年中的全国好新闻作品作为样本,展开互文式研究,意在考虑新闻观念、新闻实践、社会三者之间的复杂关联。作者认为,改革开放初期(1979—1988)是一个在当代中国具有重要转折意义和纵深感的特殊历史时段。所言极是。越是在大转折时代,思想观念的岩浆也就愈加汹涌。新闻行业往往对社会变化和思想波动是最易感的,这往往会即时性地留存在新闻作品中。新闻要忠实记录时代风云变幻,必须与社会亲密接触,深度介入,但也须保持必要的距离感。改革开放初期,社会从冻土中快速苏醒,新闻及时做出反应,这能从当年最优秀的新闻作品中充分体现出来。武楠把全国好新闻奖作为解析新闻观念的标本,这一研究策略是可取的,聪明的。新闻作品一头连接思想观念,一头连接社会,介于虚、实之间,借助新闻作品,可以把新闻观念与社会连接起来。这一努力,在新闻思想史研究方法论上也有启示意义。

2021年6月

(作者系复旦大学新闻学院执行院长兼党委书记,教授、博士生导师)

目　录

绪　论 ……………………………………………………………… 001

第一章　改革开放初期新闻观念变革的时代背景 …………… 018
第一节　新闻服务中心工作 ……………………………………… 018
第二节　新闻与时代 ……………………………………………… 023
第三节　新闻的战斗性 …………………………………………… 028

第二章　时间轴向：新闻本位的回归 …………………………… 034
第一节　批判历史与历史批判 …………………………………… 034
第二节　新闻观念中的求新意识 ………………………………… 038
第三节　实事求是：历史传统的改革价值 ……………………… 042
第四节　新闻自身的改革 ………………………………………… 047

第三章　政治轴向：新闻与政治 ………………………………… 051
第一节　新闻的思想性和指导性 ………………………………… 052
第二节　新闻主题与选材的政治标准 …………………………… 057
第三节　"微观与宏观相统一"的新闻观念及其话语形式 …… 064
第四节　"群众主体性的"的新闻观念及其话语形式 ………… 069
第五节　新闻作为政治实践的一部分 …………………………… 076

第四章　形式轴向：新闻形式与新闻报道规律 088

第一节　时代观念土壤中的新闻报道规律 088
第二节　人情味、人性化与新闻人物 096
第三节　新闻故事的叙事技巧 100

结论与讨论 108

参考文献 116

中文部分 116
外文部分 124

附录：全国好新闻奖获奖作品摘登（1979—1988） 126

第1篇："活着的黄继光"杨朝芬 126
第2篇：周末一条街夜市受欢迎 127
第3篇："光棍堂"引来四只"金凤凰" 127
第4篇：北京酱油为啥脱销 128
第5篇：从邮局看变化 129
第6篇：经济学家赶集 130
第7篇：生活中的"乔厂长"——记市劳动模范、高桥化工厂厂长刘钧 130
第8篇：邹振先惊人的一跳 137
第9篇：明知故犯吃特殊饭　陈爱武在职工支持下坚持反对不正之风 137
第10篇：王崇伦抓豆腐 138
第11篇：两千多双女鞋的遭遇说明了什么？ 140
第12篇："飞天"凌空——跳水姑娘吕伟夺魁记 140

第13篇：我国八亿农民搞饭吃的旧局面开始发生变化 …………… 142

第14篇：马鞍山减速机厂工程师金铭新无端受排斥　工人上书为知识分子说公道话　嫉贤妒能的党支书被就地免职 ………… 143

第15篇：效率——深圳特区见闻之二 ………………………… 144

第16篇：农民有了新的时间观念 …………………………… 147

第17篇：我国选手获得奥运会第一块金牌 …………………… 148

第18篇：值得思考和探讨的问答——一位企业党委书记关于企业思想政治工作答青年问 …………………………………… 149

第19篇：五十五名厂长、经理呼吁　请给我们"松绑" ……… 158

第20篇：该注重管理了——向袁庚同志进一言 ……………… 159

第21篇：今日大寨 ………………………………………………… 161

第22篇：今日"两地书" ………………………………………… 165

第23篇：《长江科学考察漂流探险纪实》梗概介绍 …………… 168

第24篇：运销接力开通路　三省市场一线穿　个体贩运大军搞活湘粤赣边境流通渠道 ………………………………… 171

第25篇：一个青年个体户说："我们'穷'得只剩下钱了！"——精神文明建设备忘录 ……………………………………… 172

第26篇：经济日报连续报道"关广梅现象" …………………… 174

第27篇：天津市人民政府市长办公会议（节选） ……………… 186

第28篇：贫困乡的出路在哪里？ ………………………………… 191

第29篇：致富不忘求知　更望知识富有——专业户王求晓夫妻双双考上大学 ……………………………………………… 196

第30篇：某连白菜丰收　机关纷纷伸手　万斤白菜"卖"了7元钱 ……………………………………………………………… 197

第31篇：话说"不稳定感" ……………………………………… 198

第32篇：关于南京特价商店的报道 …………………………… 202

绪 论

一、选题缘起：聚焦新时期新闻观念研究

本书聚焦于改革开放初期的新闻观念，选取新中国成立后的第一个全国性的新闻评奖——"全国好新闻"获奖作品的评述作为主要的分析样本，并结合对获奖作品本身的分析和当时的文件精神、当事人的回忆录或访谈，以及档案资料等其他类型的新闻观念话语，旨在深入探究改革开放最初十年中国新闻观念的嬗变过程和具体表述。

新闻观念主要是"新闻是什么"和"新闻应该是什么"的观念（杨保军，2014a）。一切观念都来自经验，都是现实的反映——正确的或歪曲的反映（恩格斯，1876），新闻观念同样来自于特定时代的新闻实践。但是，正如物质基础与上层建筑之间的辩证关系，新闻观念不仅是现实的反映，被具体的实践所决定，而且同样会对现实和实践产生重要的反作用，甚至是决定性的作用。因此，作为影响新闻实践的重要行动指针，新闻观念对新闻具有直接具体的影响，不同新闻观念会引发不同的新闻实践活动。此外，新闻观念也会对社会价值观的塑造以及社会共识的形成产生影响。正如美国新闻学者安德鲁·克莱恩所说，新闻活动是当代文化中最重要的话语实践，它反映并驱动着占主导地位的"智识场域"，因此新闻观念也必然会深刻地影响和建构着社会文化中的主导型修辞（Andrew，2018）。多元新闻观念的相互作用，难免会对社会的政治、经济、文化等各个方面，特别是整个社会的意识形态及其核心价值体系的构建产生影响。

研究当代中国新闻观念，还需要在历史的脉络和时代的背景中将"新闻观念"研究的对象具体化和可操作化，进行深入历史细节的分析和理解。当代中国的经济与社会发展，带来了思想观念和价值取向日趋多元、主流和非主流并存、社会思潮激荡的新形势，也将中国置于当代世界范围内各种思想文化交流的交融交锋之中（胡钰等，2018）。本书选取了改革开放初期（1979—1988）

这一在当代中国具有重要转折意义和纵深感的特殊历史时段。这一时期（也被称为"新时期"）新闻传播研究可以说是完成了几个相互承继的任务：努力推动新闻传播理论从"政治化"向"科学化"转型，以此完成对中国前一个历史时期传播理念和传播机制的涤荡；建构"人类传播"由落后到先进的一套历史主义叙述，以此确立西方社会商业传播模式下各种原则、伦理的合法性，并廓清中国传播业的具体转型路径；提出了信息服务、受众需要、媒体属性、商品机制、新闻法等理解现代传播机制的"元问题"，框定了日后新闻传播研究政治想象力的边界（王维佳，2019）。这为我们更好地理解当代中国新闻观念的流变及其背后动因提供了特定的时代坐标。

此外，基于特定历史语境中的核心语料而展开的话语分析，逐渐成为近年来开展新闻观念研究的重要方法；特定的话语形式是对于新闻观念的具体表述，也具体地体现出新闻观念的变迁轨迹。本书选取了改革开放初期，也是新中国成立后的第一个全国性的新闻评奖——"全国好新闻"获奖作品的评述，尤其是它对于新闻观念的话语表述及变迁作为观察对象和研究语料，这在国内外同类研究中具有语料的独特性。本书结合对获奖作品本身的分析和当时的文件精神、当事人回忆，以及档案资料等其他类型的新闻观念话语，深入研究改革开放最初十年中国新闻观念的嬗变过程，具体的问题：哪些传统新闻观念逐渐被尘封在历史之中？哪些传统观念被唤起并重新焕发出旺盛的生命力？又有哪些观念需要反思和追问？本书把"话语"定义为新闻观念在特定历史时期的具体表述方式，旨在以观念的具体表述作为桥梁，去展现历史语境与新闻观念之间的丰富关联；不仅注重新闻观念本身的话语形式和结构等内部特征研究，还将注意力放到新闻观念及其话语形式的动态变化过程中，在历史与现实、理论与实践的互动关系中，在结构与行动、国家与社会的关系视野中寻求中国特色新闻观念及其话语表述的动力机制，进行历时性、全方位的探究考察与梳理分析，通过这种深入历史细节的研究方式，尽可能实现对上述问题追根溯源，予以回应，获得新知与理解，从而为马克思主义新闻观和中国特色新闻学提供较为系统的理论支撑和历史资源，为构建新时代主流新闻观念及话语新秩序提供借鉴与参考，助力于我国新闻舆论事业更好发展。

二、关于新闻观念的学术史回顾

新闻观念是新闻传播理论研究的一个基本问题，也是新闻传播史研究的一个重要问题。观念不仅指被人们用概念表述出来的特定思想，而且帮助社会成员之间进行价值和意义的沟通；普遍的和社会化的观念则是社会行动的基石

（金观涛，2009）³。观念和思想之间的关系比较密切，但同时也有区分。观念较为依赖语言表述，它必须是被特定概念尤其是关键词表述出来的思想，而且与社会行动之间的关系也更加密切（金观涛，2009）⁴。在新闻领域中，观念与思想之间的区别也同样遵循上述区分方式。例如，彼得斯在《对空言说》中对于传播思想进行了历史的和哲学的研究，将其追溯到古希腊时期，并系统地梳理了几百年来西方传播思想的谱系（邓建国，2017）。相比而言，新闻观念则距离抽象的哲学思考较远而更多地根植在包括话语实践的社会语境中。

（一）国内外新闻观念研究述评

回顾国内外新闻学研究，"新闻观念"一直是一个独立的概念，并发展出一系列与新闻观念意涵相关或相近的概念与理论，构成了一个重要的研究领域。在西方，从认为新闻业是"观点的自由市场"到"一个自由而负责任的新闻界"，实则可以理解为是"自由新闻观念"向"责任新闻观念"的转变；施拉姆的《报刊的四种理论》及后人的批判之作《最后的权利：重议〈报刊的四种理论〉》虽以"报刊理论"或"媒介体制"命名，但实际上也是宏观层面对不同社会新闻观念的区分；对于新闻究竟是"第四权力"还是"公民权利"抑或是"商业谋利"的思辨，也充满着对于新闻纠缠于公共性与私人性、结构性与能动性之间的不同观念认识。在国内，"马克思主义新闻观"从字面上理解即是马克思主义的"新闻观念"；"文人论政"与"政治家办报"实则也包含着对于不同新闻主体的价值判断；而源自西方的新闻专业主义强调的"职业规范"以及"政治独立"，其实也与中国近代的"文人论政"传统和中国共产党提出的"政治家办报"传统有着新闻目的的根本性冲突，背后自然也是新闻观念的区别。除了上述提及的偏向于宏观层面的理论脉络，在关涉新闻观念的具体研究中，西方学术界与中国学术界也存在不同的聚焦领域。在西方，关于"新闻观念"的类似研究，主要体现于自由主义新闻观念基础之上发展而来的若干新型新闻观的论述，比如公共新闻、公民新闻学、倡导新闻学等。总体来看，这些"新新闻学/新新闻观"的提出更多是在新的社会变迁条件下对传统自由主义新闻观念的补充和修正。

1990年代以来新闻传播史研究出现的新动向，也为新闻观念研究带来了启发性的观点和研究范式的更新。一方面，它摆脱了传统历史分析中对于个体的关注，常规的历史研究往往关注默多克等报业巨头或本杰明·富兰克林等新闻思想的奠基人；另一方面，它也从某种程度上的"技术决定论"的范式中走出，不再以媒介技术的更新作为讲述新闻传播历史的基础框架（Mosco，2009）。当下相关研究更多地聚焦于从新闻内部演变及其外部关系的互动视角来探讨观念和实践的变迁，尤其是将观念置于新闻在"权力集团和大众之间保持民主平衡"的结构性张力之中，将新闻理解为"经济和社会发展的产品"，以及理解政治进程的"钥匙"（贝内特，2005）[15]。在上述的范式转向之下，针对新闻观念的研究采纳了来自社会科学不同门类的新方法和新视角。如美国社会学家赫伯特·甘斯（2005）将"客观性""价值中立"和"意识形态排除"等一系列新闻专业主义的观念对象化，通过民族志将记者在新闻机构中的日常实践作为分析资料，研究了美国新闻观念是如何在具体实践和社会政治语境中被建构出来的。关于西方的客观主义和"维系民主"的新闻观念的"另类研究"则是将其置于政治经济学的脉络中，探寻这种观念所基于的新自由主义、消费主义和政治保守主义的思想基础（哈克特等，2005）。在西方新闻学的视野下，中国的新闻观念被归结为党派新闻的观念。而政党报纸和党派新闻一般来说处于一个比较负面的位置，被认为是在"新闻专业主义"观念发展过程中应当被更新和超越的一种落后的新闻观念，代表着对于民主的偏离和对于事实的践踏（哈克特等，2005）[4-5]。而自19世纪末期开始在美国社会日益成为主流的一种观念，就是逐渐地超越当时在美国新闻领域占主导地位的"党派报刊"，发展出一种"独立的"新闻业（Schudson，1998）。由于历史、政治和文化语境的巨大差异，西方新闻实践中的政党报纸和党派新闻事实上与中国的党报并非同一概念。因此，上述带有意识形态偏见和西方中心主义的研究结论显然无法为理解中国新闻观念提供最基本的参照。

在中国，针对新闻观念的研究逐渐成为一个相对独立的领域，以新闻观念而非常规的新闻史为核心目标的研究在观念阐述以及研究方法等方面都取得了长足的进展。目前的研究主要聚焦在对于新闻观念之哲学层面的框架建构、以"宣传"为代表的观念和话语的历史演变，以及对马克思主义新闻观的相关研究。如杨保军在《"新闻观念"论纲》一文中较为系统地阐述了对"新闻观念"研究的若干观点和对未来研究的期待，并在《新闻观念论》一书为新闻观念研究提供了开创性的基本框架，在本体论、功能论、关系论相统一的视野中，建构起了系统的新闻观念理论，可以说形成了新闻观念研究的基本体系[1]。借助库恩的视角，杨保军将当代社会的新闻观念分为三个不同的范式：宣传新闻主义、专业新闻主义和商业新闻主义。宣传新闻主义是适应政党斗争需求而出现的，专业新闻主义是适应行业发展需求而出现的，商业新闻主义是适应市场竞

---

[1] 复旦大学资深特聘教授、新闻传播学博士后流动站站长童兵为中国人民大学杨保军教授所著《新闻观念论》一书所作的推荐语。

争需求而出现的。这三种主义都有其存在的合理性，又都有各自的局限性。刘海龙（2013）在《宣传：观念、话语及其正当化》一书中，也区别于传统的"宣传"研究聚焦于宣传实践，而是着重考察宣传观念和宣传话语的历史演变，从历史性的视角出发研究作为观念本体的"宣传"。张洪忠、王袁欣（2015）通过问卷调查的方式，对新闻专业大学生对于马克思主义新闻观的认知进行了研究，提供了部分经验性的"新闻观念"研究成果。胡钰（2018）认为，应当在坚持马克思主义新闻观、坚持文化自信、坚持观念来源于实践以及坚持理论创新四个方面来完成对于当代中国新闻观念的构建；胡钰（2017）还将新闻观念视作一种观念层面的公共空间，强调不同群体和不同年龄层次之间的对话和协商。

但是，综观国内大多数学者围绕新闻观念展开的研究，仍然较为局限在史料的综述和观念的实践层面，主要包括了特定报道类型中的新闻观念、中西新闻报道观念的差异等；少数直接讨论转型时期新闻报道观念转变的研究仍然是散点式、个案式的，并且多少带有过来人对于当时历史发展动力的刻板化和概念化的判断，多囿于历史目的论的思维方式。虽然这些研究对于深入探讨当代中国新闻观念提供了一定素材和学术积累，但没有形成一定的体系，也较为缺乏历史的延续性和社会文化语境的延展性，因而对新闻观念的阐释多浮于表面，没有深入社会肌理和时代背景之中进行深刻探讨，无助于更好地理解新闻与社会、新闻与历史的多层次的有机关联。正如"传播的研究应当被放回到中国独特现代化道路的漫长历史中来加以审视，在传播与社会的互动关系中来分析问题"（王维佳，2010），建构当代中国的新闻观念不能是"空中楼阁"的理论设计，也不能是"拿来主义"的外部输入，而应是基于当代中国新闻实践的规律性提炼与学理性研究（胡钰，2018）。

（二）改革开放初期中国新闻观念研究评述

聚焦于改革开放初期新闻观念的研究，一方面来自于当代新闻史的整体性和通史性的研究。这类研究的特点是将改革开放初期的新闻观念置于新闻史的整个脉络中进行归纳和总结，一定程度上解决了新闻观念研究的历史延续性的缺乏等问题。方汉奇等主编的《中国新闻传播史》将改革开放之后到1992年的中国新闻事业的特征概括为"回归新闻本位"。通过对主要会议和文件的回顾，方汉奇等（2009）将改革开放初期新闻观念的变迁总结为关于新闻属性的一系列讨论，通过观念层面的交锋，党性与人民性的关系、新闻与信息的关系、新闻价值的含义、新闻与宣传的关系，以及新闻的商品性等问题得到了系统探讨。李彬（2009a）[455-460]在"去政治化"或"解政治化"的时代变迁中分析了改革开放初期的新闻观念,尤其在"思想启蒙、狂飙突进"的时代特征中讨论了新闻与社会变迁之间的关系。由于"文革"提供的参照,改革开放初期在"思想启蒙"框架下所展开的对于新闻规律、新闻原则、新闻功能等方面的思考以及形成的观念,都可以视作是对于"文革"造成的新闻伤痕的反思所带来的成果(王维佳,2011)。由于观念变迁相对于社会变迁的滞后性,改革开放初期中国新闻观念从"以阶级斗争为纲"向"按新闻传播规律办事"转变是一个艰难和持久的过程(陈力丹,2008)。

对于新时期新闻观念的特征,若干学者认为,在西方式的国家与市场的二元对立结构之下,虽然市场化和专业化的新闻观念得到发展,但其主导性的特征仍然是政治的和宣传的。例如,吴廷俊(2011)指出,1978年之后的新闻改革,只能算是在既有结构之内的改良或者改造,而不涉及对于基本原则的变化。杨保军(2013)也认为,虽然经历了四十年的改革开放,中国新闻观念的主导结构或者范式仍然是"宣传新闻主义",主导性的功能并未发生改变。他还进一步地将宣传新闻主义的特点阐释为新闻实践所有属性中的根本属性是政治意识形态属性,是"新闻传媒的政治化、党派化的观念";在此基础上,将新闻传媒视作"党的整个事业的有机组成部分",党和政府的执政能力的重要方面是管理和控制新闻舆论的能力。

然而,在本书所探讨的改革开放初期中国新闻观念的具体表述中可以看出,新闻的确成了政治实践和社会机制的重要部分,积极参与到了改革开放和政治生活的各项重要进程中,包括政策的宣传与推动,发现、揭露和解决经济生活和政治生活中的实际问题,沟通和传播对于社会经济有决定作用的各类信息等。但是,这些话语所表达的新闻观念,并没有将新闻的社会功能全部地、直接地归结到"宣传新闻主义"中。实际上,在具体的阐述新闻观念的话语形态和话语策略中,即使新闻与政治的关系是主导性的,仍然可以发现其他十分显著的话语要素。例如,新闻与事实,新闻与群众,新闻本身规律,等等。对于新闻观念的进一步研究,需要在整体性的社会历史的语境中去观察这些要素之间是如何互动,并最终形成和维护了新闻与政治这一话语结构的主导地位。因而,即使"宣传新闻主义"在改革开放初期我国新闻观念中占据指导性的地位,但是本书仍然要追问的是,具体的观念表述是如何策略性地处理它在具体实践和历史语境中所面对的挑战,如何把新闻观念置于时代的社会文化语境中进行系统表述和重新思考的。

三、研究思路、方法与史料

本书聚焦于改革开放初期的新闻观念及其表述,选取了"全国好新闻"获奖作品的评述作为主要的研究史料,并结合对获奖作品本身的分析和当时的文件精神、当事人的回忆录或访谈,以及档案资料等其他类型的新闻观念话语,集中探讨新时期中国新闻观念的嬗变轨迹。

(一)新闻评奖与新闻观念

我国自1979年开始"全国好新闻"评选,至1988年共举办十届;自1991年改为"中国新闻奖",并延续至今。笔者依托中国期刊全文数据库网,以"全国好新闻""中国新闻奖"为关键词进行搜索,截至2018年4月,共计搜得国内公开发表的文章3600余篇,其中既包括获奖作者的创作经验分享、评委对获奖作品的点评,也包括学界和业界的专家、学者的相关研讨文章。客观而言,这些研究更多是对获奖新闻作品的操作层面展开经验描述和实践总结,抑或关注新闻话语微观的表层结构和表层意义的静态研究。毋庸置疑,新闻学界和业界围绕新闻评奖与获奖作品进行密集而深入的探讨,为新闻从业者提升业务能力提供了有益的借鉴和启迪。与此同时,也有不少文献对我国新闻评奖本身及改革方向进行了反思,认为评奖必须根据时代的发展进行相应的改革;新闻评奖要想获得新闻界发自内心的尊重,获得与其地位相称的权威性、影响力,真正为我国新闻界立起标杆,需要持续进行改革,尊重新闻评价规律,优化改进新闻评奖机制(钱莲生,2017);还有文章探讨了官方荣誉生产对市场与专业新闻社群造成区隔、限制与排斥效应,加深新闻业价值疏离、人才流失和自我耗竭的困境,认为新闻评奖改革的目标应该致力于扩大对新闻社群的尊重和团结,建立基于"承认"的荣誉共同体(黄月琴,2017)。

通过对这些文献的梳理和分析可以看出,除了个别文章对我国新闻评奖过程中所折射出的主流新闻价值观进行了简要探讨,少有文章将评奖本身、特别是将历届获奖作品评述置于历史与现实的广阔社会变迁背景中进行整体考察和分析,以此关照我国新时期新闻观念的内容及其表述。近年来,对于新闻评奖的研究开始超出具体的获奖文本和新闻业务的范畴,借助职业研究和专业化研究的社会学视角,更将评奖视作一种实践活动,从而将研究视野拓展至更加广阔的社会和历史领域。专业领域内的评奖活动往往帮助该领域建立专业标准,从而提升该领域的专业化水平(Larson,1977)。新闻评奖不仅能够以特定的方式促进新闻生产(Shun-Shing Huang,2013),而且还可以被新闻机构用于建立和确认特定的新闻标准和规范,并帮助新闻业与更广泛的社会及大众建立关联（Zeng Fanxu et al，2013）[420]。通过定义这些标准和规范，新闻业实际上参与到意识形态争论中，进而生产和强化它们崇尚的知识与价值（Zeng Fanxu et al，2013）[421-422]，亦即特定的新闻观念。最后，新闻评奖还折射出整个新闻领域历史的变迁，并将不同的行动者带入到这个领域中，从而形塑了新闻行业目前的样子（Jenkins J. et al，2013）。

从上述研究的视角和方法可以看出，新闻评奖作为一种特殊的专业实践，不仅体现、形塑了特定时期的新闻观念，而且通过评奖的方式，让特定时期具有争议性和散落在不同文本中的新闻观念得到了集中的展示和碰撞，因而对于我们深入认识新闻观念本身及其形成和变化的机理具有不可替代的作用。

（二）研究方法

基于上述的理论探讨和文献综述，本书不仅需要从整体上考察改革开放初期我国新闻观念的发展过程及特征，还需要以典型的新闻作品及其评述作为样本案例，以便深入解析新时期新闻观念的沿革及成因。因此，本书主要采用观念史与知识社会学相结合的研究路径。

观念史作为一个历史研究领域具有较长的传统。伏尔泰在《风俗论》中第一次将人的思想观念正式地归为历史学家的工作范畴中（Holborn，1968）。1927年，观念史研究的代表人物诺夫乔伊（Arthur Lovejoy）等人成立了"观念史俱乐部"，并于1940年开始出版《观念史杂志》（曹意强，2006）。1959年，《观念史杂志》成立了国际观念史学会，旨在进一步促进对于人类观念的形成机制以及观念与其他领域之间的关系展开系统研究（Anon，1960）。正如诺夫乔伊在《存在巨链》中谈到，观念是"那些基本的、持续不变的或重复出现的能动的单元"，它包括"一些含蓄的或不完全清楚的设定，或者在个体或一代人的思想中起作用的或多或少未意识到的思想习惯"（诺夫乔伊，2002）[5]。在诺夫乔伊的研究中，观念史的研究主要就是研究观念形成和发展的历史，或者如葛兆光（2005）所说，"观念史主要是围绕一个或者一组观念的历史过程进行研究"。因此，本书对我国改革开放初期新闻观念的研究，就是力图从时代背景和新闻作品及其评述话语的条分缕析中，探索这种对新闻实践活动起作用的"思想习惯""能动单元"的时代特征及其"变"与"不变"。

传统的思想史和观念史研究具有较强的文本阐释传统，它的主要工作是对核心历史人物的代表性作品展开基于文本内部逻辑的观念阐释，以获取历史中存在的思想和观念的抽象逻辑，对于中国新闻观念和新闻史的研究也同样具有类似的传统。但从20世纪中期开始，受到语言学转向和福柯式的话语分析的影响，越来越多的研究者已经意识到这种对于个体作者的文本内部的研究所带来的一系列问题。对于抽象的观念的以文本为主的研究，容易导致一种"理性迷思"，也就是用研究对象的只言片语去证明本不属于他们，也不是作为历史常量存在的某些理想化的人类思想完整性的神话（Skinner，1969）。因此，新一代的观念史学者，将研究精力更多聚焦于提出观念的人以及他们所处的环境（罗伯逊等，2018）。在这种新的视角下，人们关于特定领域的观念不再是一种超越历史的和本质的存在，而是被还原成为它们在历史语境中的真实面貌。因此，对于改革开放初期的新闻观念，同样需要在历史的语境中对其进行全面考察，而这种来自于观念史的新的研究视角，有助于在历史辩证法的框架下更好地理解中国特色新闻学及其观念形成的历史必然性和具体的流变过程。

首先，本书在对新闻观念展开具体研究操作的过程中，借鉴了观念史领域中的关于观念的存在形式和运作方式的"单元观念"（unit ideas）和"观念丛"（idea-complexes）的定义（郑文惠，2012）。观念首先由一个个概念所构成。相对于"体系"和"主义"来说，观念史的研究更多地将视角聚焦于单元观念，将其作为观念史研究的基础（Mandelbaum，1965）。对于新闻观念的研究也会涉及与新闻观念有关的重要概念及其相互之间关系的探讨。正所谓历史沉淀于概念，通过对历史中那些政治和社会的"主导概念"或"基本概念"的形成、内涵演变、历史运用及其社会文化影响的分析，可以揭示历史变迁的特征，这其实也是对观念的"社会把握"（方维规，2009）。在这一方面，本书所涉及的"政治性""可读性""党性""人民性"等一系列在新时期被广泛运用的、表述新闻观念的具体概念，都将在上述框架下得到研究。

其次，新闻观念中的不同概念和单元观念之间具有或亲或疏的关联。在历史传统与当前现实的共同作用下，若干单元观念在话语实践中逐渐形成了稳固的逻辑和话语关联，从而成了"观念丛"。对于"观念丛"的研究不仅为整体的新闻观念确立了内部结构，而且还能够更好地将观念与特定的社会和思想领域进行关联，从而展示出观念在社会实践过程中"调动社会行动和文化再造"（郑文惠，2012）的效果。本书所探讨的新闻观念的时间轴向、政治轴向和形式轴向，都是改革开放初期新闻观念中的"观念丛"。

最后，观念史研究还有助于扭转对于历史认识的碎片化的倾向。尤其是随着新闻史研究的兴盛，这种碎片化的倾向在一定程度上具有普遍性。很多相关的研究仅仅关注具体的史料，忽视了历史本身的整体性（刘宪阁，2018）。由于观念史被认为是唯一能够将被现代学科区隔化的人类历史和思想之有机整体重新连接起来的方法（诺夫乔伊，2002）[15]，因而，对新闻观念展开基于话语的研究正是希望能够将具体而丰富的历史资料和对于新闻本体性思考进行有机结合，从而对新时期的新闻观念、新闻实践，以及新闻与历史的关联产生新的洞见。

在观念史的基础上，本书还借鉴了知识社会学的视角，来处理和研究主要的观念语料。知识社会学目前并没有一套现成的操作方法，它提供的更多的是一种方法论意义的指导，以便于更好地理解社会及社会中思想的社会学思考方式。恰如社会学家彼得·伯格所言，"知识社会学不同意这样的观念，思想的发生脱离具体的人在思考具体事物时的社会语境。即使在研究非常抽象的、似乎没有社会联系的思想时，知识社会学也试图清理从思想到思想者再到他所处的社会环境的发展脉络"（伯格等，2009）。葛兆光（2005）在反思传统的思想史研究路径时也指出，应当围绕特定观念重新组织史料，研究"具体的知识史问题"，尤其是"直接支持思想在社会生活中合理性的知识背景"。因此，本书借鉴了知识社会学的思路，不仅关注新闻知识、新闻观念在不同时期建构、传播与共享所处的整体社会环境，同时也关切社会进程中知识和观念的具体形成过程。

除了上述两种主要的研究路径与方法，本书还适当采用了其他相关的理论方法。比如，从"正当化"的视角阐释某些系统新闻知识的引入对于使某些特定新闻观念正当化，并以一种系统化、专业化、学科化的话语呈现出来的历史过程。再如，对新闻观念史展开分析的过程中还采用了扎根理论。扎根理论在质性研究中引入了量化分析方法，尝试克服量化研究中深度不够、效度不高与质性研究中缺乏规范、信度较差这对矛盾（吴毅等，2016）。但在具体运用扎根理论进行实际应用的过程中，由于不同学者的学科背景、研究范式及研究问题的不同，扎根理论研究也存在不同流派，从而带来了具体方法上的差别。由于本书是在观念史和知识社会学的研究视角下进行的，因此在研究中主要采纳了英国学者卡麦兹建构主义流派的扎根理论（Charmaz，1995），通过这种方式与既有的新闻观念史认知进行互动与对话，以进一步探索和验证改革开放初期具体新闻评述话语是如何建构和表述新闻观念的。此外，本书还搜集了数十件具有典型意义的获奖报道作品及其评述话语作为案例，将其背后的社会思潮及其他变量等纳入分析视野，透视转折时期新闻观念的历史演变过程。最后，本书还通过文献综述，选取了改革开放初期具有代表性的政策文本作为个案解读，同时将这一时期新闻学界和知识界的重要学术观点和争鸣纳入研究视野，提供历时性的意义资源和共时性的形态对比。

（三）研究史料

全国好新闻的评奖，首先是一种特定领域的专业化实践，服务于新闻报道领域的规范建立和品质提升。同时，作为新闻改革的一个具体措施，全国好新闻的评奖实际上还体现出新时期整体的改革开放的时代力量在新闻领域的影响，或者说，新闻领域通过评奖这样的创新实践，主动地响应和参与到时代改革的浪潮中。

1980年8月30日，新中国成立以来的第一届全国好新闻评选结果在北京揭晓。这届针对1979年新闻作品的评选由中华全国新闻工作者协会、北京新闻学会[1]和《新闻战线》杂志编辑部共同发起和组织，其目的在于"推动新闻改革，多写新闻，写短新闻，写好新闻，更好地为四化服务"（戴邦，1980）。评选活动于1980年年初启动，很快得到了全国各新闻单位和广大读者的积极支持，获奖的作品及评述由北京新闻学会和《新闻战线》编辑部编辑成"全国好新闻评选获奖作品"系列丛书并正式出版。1985年5月份，在成都召开的第六届全国好新闻定评会议上，中国新闻学会联合会会长胡绩伟主持评出了208篇获奖作品，第一次设立获奖作品的等级，取消了往年的表扬稿。

全国好新闻的评选范围广泛，往往以各地评选为基础。例如，在北京市组织的针对1983年度的优秀新闻评选工作中，共评选出优秀新闻作品50件，向全国好新闻评选推荐了21件。这次评选，又是在各个新闻单位初评的基础上进行的，根据全国好新闻评委会的意见，由广播电视系统、新闻美术摄影系统和新华社北京分社在本单位评定后向市优秀新闻评委会推荐。评选活动由北京市新闻学会和北京市新闻工作者协会联合举办（文珍，1984）。在1984年度好新闻的评选过程中，由全国各新闻单位推荐参评的稿件有近2000篇，从不同角度反映了当年四化建设以及在整党、改革、开放等方面的基本概况。

作为当时中国新闻界最具权威性的奖项，全国好新闻的评选与改革开放一路同行，其获奖作品不仅代表了当年新闻作品的水准，集中反映了新闻界工作成果的整体面貌，而且折射了改革开放的进程和成就，充满了时代气息，彰显了时代特色，无异于体现了新时期我国新闻观念的沿革，甚至展示出了新闻观念对于时代精神的反哺——一批批为群众喜闻乐见、耳熟能详的优秀获奖作品深刻地影响和形塑了社会主流价值观的形成，成为影响一个时代的象征性话语。

全国好新闻奖评选的一个重要举措是，组委会邀请了相关专家学者，为每一篇获奖的新闻作品专门撰文进行评述。历届全国好新闻获奖作品的情况综述

---

[1] 北京新闻学会于1980年2月6日在北京成立，是由首都各中央新闻单位组成的新闻学术团体。为了避免与1983年8月23日成立的北京市新闻学会混淆，北京新闻学会于1984年1月1日改名为首都新闻学会。

和单篇评述都由中国新闻学会联合会负责编辑出版。除了一般性的工作总结和表彰之外，出版这些评述内容的一个重要初衷是为具体的新闻工作和新闻从业者提供"参考书"和"教科书"。相较于获奖作品本身，这些评述文章更直接地回答了"什么是新闻""什么是好新闻""如何写出好新闻"等与新闻观念最为直接相关的问题，并且在第一届评选时就展示出相对稳定和显著的对于新闻观念的话语形式。福柯认为，话语是"社会变化的本性"，"变化着的话语实践是社会变化中的一个重要因素"（费尔克拉夫，2003）；反过来，话语又是一种建构社会现实的工具，"在话语里实现着渗透了社会交际的所有方面的无数意识形态的联系"（钱中文，1988）。由此说来，这些新闻奖的评述话语同样既呈现了观念变迁的本质也建构了观念本身，这为本书探究改革开放初期新闻观念的延续与变革提供了珍贵的一手资料和研究基础。

从现有材料的统计来看，仅前五年参与撰写获奖作品评述的就有140余人，其中有些人撰写了多篇评述。这些评述的撰写者主要来自于全国和地方的新闻机构的从业者和管理者（如《经济日报》原总编辑冯并、《农民日报》总编室主任黄实等），新闻专业组织的成员（如全国新闻学会副秘书长何光先、安徽省新闻工作者协会副秘书长程嘉楷等），新闻院校的专业教师（如北京广播学院新闻系曹璐、中国人民大学汤世英等）。这些综述的撰写者同 Zelizer（2009）区分出的诠释新闻和生产新闻话语的三种不同主体——新闻从业者、新闻教育者和新闻研究者——有较强的对应性，可以说涵盖了新闻观念话语的不同主体类别。

从1979年第一届评选至1988年为止，十届全国好新闻评选共产生了近1500件各类受奖好新闻作品（表1）。其中，既包括了消息、通讯、新闻照片、广播电视等，也包括了评论、版面、读者来信、新闻漫画等。为了更加集中地针对新闻报道所折射的新闻观念进行深入探讨，本书在语料选择上选取了700余篇针对消息、通讯，以及展现新闻事件的摄影、广播、电视等新闻报道类获奖作品的评述材料，而排除了评论、版面、读者来信、新闻漫画等非报道类获奖作品的评述。此外，从1984年起，全国好新闻评选不仅开始区分等级、取消表扬稿，而且在评述话语的结构上也做出较大调整。每年出版的作品和评述文集，一方面，根据不同门类，由核心评审人员署名撰写一篇长篇综述。例如，1984年第一篇综述是胡绩伟撰写的对当年第一次评出的七项全国好新闻特等奖的8000余字点评，第二篇是何光先撰写的对获奖作品整体特征的评述，第三篇是常秀英撰写的对获奖消息的综述，第四篇是刘德音撰写的对获奖通讯类作品的综述。此外，还有若干针对评论、版面等其他类别的评述。另一方面，与前五届相比，

表 1 全国好新闻受奖作品情况一览表

年份	获奖篇数	特等	一等	二等	三等	特别奖
1979	31	无	6	25	无	无
1980	49	—	—	—	—	—
1981	81	—	—	—	—	—
1982	112	—	—	—	—	—
1983	112	—	—	—	—	—
1984	208	7	51	66	84	无
1985	233	5	39	74	115	无
1986	231	3	59	78	91	无
1987	227	3	60	74	88	2
1988	206	无	47	70	80	9

针对每篇获奖作品的具体评述的篇幅则大幅下降，大多数只有一至两段，内容主要是对作品优缺点的直接陈述，不再针对具体的报道内容和文字展开举例说明。此外，为了更好地展开具体分析，在对评述话语进行讨论时，笔者还结合这些话语所针对的获奖作品的文本，追溯当时其他类型的语料，尤其寻找其中一些重要话语对于报道实践的具体所指，以求把握当时新闻观念及其话语表述。

四、研究过程及结构安排

本书核心工作是对1979年至1988年共十年的全国好新闻获奖报道的评述内容进行分析和解读，以此探讨改革开放初期中国新闻观念及其话语表述。

首先，根据上文关于新闻观念学术史的回顾，既有研究已经反复指出，新闻的政治属性是中国共产党新闻观念和新闻实践中最核心的观念之一，在不同的历史时期都发挥着主导性的作用（方汉奇，1999；郑保卫，2013；李彬，2009；杨保军，2014b；胡钰，2018）。因此，新闻观念研究中的一个重要而首要问题，就是改革开放初期新闻与政治之间的关系面临着什么样的新挑战，以及采用了怎样的话语形式来重新表述和界定二者之间的关系。这一变化构成了新时期新闻观念"政治轴向"的观念丛。其次，改革开放政策的启动对当时中国社会绝大多数领域都提出了"继承与发展"的时代命题，也就是《关于建国以来党的若干历史问题的决议》中所指出的如何正确地认识历史以服务于改革和发展；新时期新闻观念及其话语表述同样面临着处理历史与现实之间关系的挑战，从而构成了新闻观念"时间轴向"的观念丛。最后，随着改革开放思想中对于研究事物客观规律的强调、新闻学学科领域的逐渐明晰，以及新闻研究的不断深入，新闻观念中"新闻本体论"和新闻规律的部分得到了长足发展（郑保卫，2016；王维佳，2019）。这不仅带来了新时期新闻业态丰富多彩的局面，也形塑了新闻观念"形式轴向"的观念丛。

在具体研究过程中，本书采用扎根理论对获奖作品的评述展开分析，具体探讨改革开放初期全国好新闻获奖作品评述是如何表述这三类观念丛，以揭示新时期新闻观念发展和变化的内在机理和历史细节。本书基于建构主义的扎根理论，在中观的内容—陈述层次采取归纳式的扎根理论方法，对资料进行非结构式的三层编码（Denzin et al., 1994；Charmaz, 2006；Lewins et al., 2007）。首先，本研究对1979年首届全国好新闻获奖作品的全部31篇评述展开开放式编码，将具体的话语在新闻观念的层次上进行抽象化和概念化。例如，针对获奖新闻报道《把有限的钱用到最急需的地方》（原载于1979年2月3日《人民日报》，记者王惠平），署名宗厚撰写的评述《及时提醒、收到实效》，全文共217字，具体如下：

这篇消息及时地报道了一个人们关心的与四化密切相关的问题。它通过对中央决定的报道，及时提醒各地不大搞庆祝活动，讲出了人民的心里话，也启发各级领导干部来认真对待，收到了"不要在这方面多花钱和物"的实际效果。

社会主义政治是民主的政治，如果像过去报道中长期存在的情况那样，什么都向群众保密，那就是向国家的主人封锁消息。这篇消息把中央的决议、领导同志的话，不是作为一般的号召、命令来宣传，而是针对具体问题的意见如实公之于众，这就是它的可取之处。

在对这篇评述进行开放式编码的过程中，本书首先将"人们关心的与四化密切相关的问题""讲出了人民的心里话"以及"如实公之于众"这三个具体的话语表述标注为"与人民群众密切相关"和"为人民群众代言"的单元观念；其次，将"启发各级领导干部来认真对待"和"收到……实际效果"分别标注为"新闻的指导性"和"新闻的社会功能"的单元观念；最后，评述中"不是作为一般的号召、命令来宣传"通过否定的方式为这篇获奖报道提供了一个反面案例，而结合当时的历史语境来看，这种"口号、命令式"的新闻方式其实体现了新闻领域对于前一时期新闻工作中存在问题的一种反思和批判，因此将其标注为"批判历史"的单元观念。在如上开放式编码的基础上，本书将首届所有获奖评述的话语方式归纳为三个主轴性编码，分别体现为"微观与宏观相统一的""群众主体性的"和"历史辩证的"观念表述形式，与上文三个观念丛体现了对应关系。例如，"群众主体性的"话语方式是新闻观念"政治轴向"

的观念丛的重要组成部分,"微观与宏观相统一的"话语方式则同时展示出"政治轴向"和"形式轴向"的观念丛,"历史辩证的"话语方式则体现了新闻观念"时间轴向"的观念丛。因此,本书暂时将这三类观念丛作为选择性编码所指向的"核心范畴"来看待。

接下来,本书对随后九年获奖新闻报道的700余篇评述继续进行了上述开放式和主轴性两层编码。其中,开放式编码所获得的单元观念将具体体现在本书相对应的章节中。本书在对随后九年的语料进行编码的过程中发现,针对首届获奖作品评述话语进行选择性编码所暂时确认的三个"核心范畴"——"时间轴向""政治轴向""形式轴向"三个观念丛,在剩余九年的评述话语中都得到了鲜明体现,而且被更多的开放式编码所丰富,呈现出了"理论饱和"的状态。此外,开放式编码还发现了与西方新闻观念以及报社的企业属性和新闻的商品属性相关的单元观念,但是这些单元观念在这批语料中并不显著,未能形成主轴性编码,本书将在结论部分予以简述。针对改革开放初期获奖作品评述的上述扎根理论研究不仅证实了三个观念丛在改革开放初期新闻观念中的主导性地位,而且发现了这三个观念丛的具体话语表述方式及其与外部语境之间的相互关联,本书将在主体部分具体展开论述。

基于上述研究过程,本书将以下结构展开。

第一章探讨了改革开放初期新闻观念变革的时代背景,将新闻与时代、新闻与历史的关系视作这一时期新闻观念的主导性结构。首先,总体上看,新闻观念必然从属于时代的整体观念和总体性的历史实践,新时期的新闻观念也离不开改革开放初期的整体观念,更离不开改革开放的政治经济实践和新闻本身的改革实践。其次,新闻观念的形成以及新闻与历史的关系,还来自于新闻界外部和内部对于新闻实践所提出的要求和期待。最后,新闻观念的能动性在这一时期典型地体现在以"新闻的战斗性"为代表的观念中。

第二章主要关注"时间轴向"这一新闻观念丛及其所包含的单元观念。本章研究揭示出,改革开放初期的新闻观念话语在试图与两段不同的历史时期展开对话,进而通过对历史的反思建立一种新的叙述和认知来革新和丰富有关新时期的新闻观念和实践的研究。这两段历史时期分别是"文革"期间与五四运动以来,尤其是延安整风运动以来中国共产党新闻舆论工作不断发展和形成自身理论体系的历史。在这个过程中,具体建构出如下几种较为稳固的单元观念或观念要素。首先,是对于新闻的时间属性的强调,体现在各种求新的意识和诉求上;其次,在"批判历史"和"历史批判"的过程中,"实事求是"以及与其相关的"调查研究"的传统成了新时期新闻宣传工作的指导思想和具体手段；最后，针对新的历史阶段的要求形成了关于新闻改革的系统观念，包括以"服务中心工作"为具体表现的政治属性的延续，以"真理标准大讨论"为起点回应重大思想理论问题的意识形态功能的主体担当，以及以"促进改革和发展"为根本目标的舆论监督工作的正确开展。

  第三章主要关注"政治轴向"这一新闻观念丛及其所包含的单元观念。改革开放本身不仅为新闻和政治的关系提供了新的历史节点和时代背景，而且也提出了新的问题和挑战，这两方面因素相互作用最终导致新闻观念中关于新闻与政治关系的新的变化与发展。首先，相对于"文革"时期的政治口号和命令式新闻文风，以及扭曲事实为政治运动服务的做法，改革开放初期在"拨乱反正"的背景下，新闻的事实属性重新被界定为新闻的基本属性。这同时也将新闻与政治之间的辩证关系重新提上新闻观念思考的议事日程，成了新闻学中无法回避的核心问题。其次，改革开放之后，"群众路线"作为党的优良传统被重新唤起和恢复，以修复"文革"时期的党群关系。在应对新闻与政治关系的过程中，"群众路线"产生了重要的影响力，不仅为新闻报道工作中"党性和人民性的统一"提供了政治基础，而且也明确了当时新闻工作的一系列重要任务，包括报道人民群众关心的国家大事和切身事务，发掘人民群众在改革开放中的主体作用，以及发挥新闻作为党和人民群众的"耳目喉舌"作用，特别是反映人民呼声。最后，由于改革开放对于具体的政治实践尤其是社会管理方面提出了新的需求，作为政治实践组成部分的新闻舆论工作，在新时期也发展出新的政治和社会功能，这也是1980年代"新闻多元功能观念"的重要来源。

  第四章主要关注"形式轴向"这一新闻观念丛及其所包含的单元观念。改革开放初期新闻观念话语中的形式轴向的集中出现，首先是与改革开放对既有禁压的突破和关于研究与遵循事物客观规律的指导思想密不可分。在上述时代精神和政治转向中，"按规律办事"的观点尤其促进了对新闻观念形式轴向的话语实践和学理思考。其次，这种形式轴向主要是来自于对新闻价值区分的话语策略，即将新闻的价值和功能区分为"新闻价值""宣传价值""审美价值"三个层次。正是关于新闻的形式思考和实践探索在改革开放初期获得了相比于"文革"更为宽松的话语空间，新时期新闻报道实践在文体和文风方面得到了长足发展，涌现出一批在写作风格上充满创新性和体现独特报道技巧的优秀作品，呈现出新闻领域"百花齐放、百家争鸣"的生动活泼的局面。其中，围绕着新闻人物和新闻事件这两个新闻核心内容要素而形成的观念认识，最具有典型性。

  结论部分，首先总结了新闻评奖话语所呈现出的这一时期独特的新闻观念及其话语表述形式,主要包括了"历史辩证的""微观与宏观相统一的"以及"群众主体性的"等。值得注意的是,从本书的整体视野来看,这些观念要素及其表述并不是相互独立的,而是在逻辑上相互支撑,并且在具体的表述过程中也往往交织在一起,从而构成了当时新闻观念的一个有机整体。其次,本章还总结了影响这一时期新闻观念的五个要素,包括中国共产党的新闻传统、改革开放的时代推力、新闻文体本身的形式演进、市场改革和商品化的影响,以及西方新闻传播观念的渗入。最后,本章还梳理了这一时期新闻观念的历史影响,提出进一步研究的方向和路径。

第一章 改革开放初期新闻观念变革的时代背景

新闻是时代之眼。任何新闻实践和观念都会受到所处时代的制约和影响，具体的社会历史情境也会反过来推动新闻观念的形成和变迁。1978年以后，改革开放逐渐成为时代的主旋律，不断推动从体制到观念几乎所有领域的深刻变革。而新闻就是对这一系列变革的直接记录和历史见证。比如，从1984年为进一步赋予企业家自主权而发声呼吁的《五十五名厂长、经理呼吁 请给我们"松绑"》、1985年反映城市改革之路的《有胆略的决定》、1986年反映前线战士心系改革和国家命运的《今日"两地书"》，到1987年全方位扫描改革进程的《中国改革的历史方位》等，改革开放初期涌现的一系列标志性新闻作品，都体现出新闻与时代的共鸣。新闻在努力"把握时代脉搏""给时代以促进"的过程中"渗透社会经济各个生活领域，寻找它自己的最佳坐标，并发挥着重要的参与作用"。这既是"新闻的进步"，也是"时代的进步"（胡学军，1989）。因而，对改革开放初期的新闻观念展开研究，首先应将新闻观念还原到活生生的历史现场，从具体的历史和时代的土壤里去感受、体悟和探寻对新闻实践和新闻观念起到制约和推动作用的时代动因和政治环境。

第一节 新闻服务中心工作

从中国共产党的早期新闻实践开始，新闻就一直从属并服务于政治。在中国共产党的新闻观念中，新闻的基本社会功能是政治功能，新闻工作本质上是政治工作。具体到特定时期，新闻舆论工作必须围绕期间中心工作开展宣传报道。在改革开放的最初十年里，经济和政治领域的改革无疑是当时最为核心的中心工作。因此，在这一时期的新闻观念表述中，既展示出新闻领域的改革从整体的政治中心工作中获取合法性和政治支撑的建构和表述策略，同时，新闻也反过来服务于作为中心工作的改革，进而体现了新闻观念中的"时代性"

特征。

　　新闻服务中心工作的政治属性和观念，典型地体现在改革开放初期的一系列重要文献，如《中国共产党第十一届中央委员会第三次全体会议公报》（以下简称《公报》）、《关于建国以来党的若干历史问题的决议》（以下简称《决议》）、《关于党内政治生活的若干准则》（以下简称《准则》）等。这些文件不仅为改革开放奠定了思想基础，指明了政治方向，也为新时期党的新闻舆论工作和新闻改革提出了新的要求和挑战，从而成为当时新闻观念革新和话语表述的重要思想资源，界定了新闻工作的基本目标和行动方向。

　　《公报》再次回到了1956年毛泽东在《论十大关系》中所提出的经济建设的基本方针，提出了"以经济建设为中心"的改革开放的总任务。此后，邓小平在多个场合均指出，一切任务都要服从和围绕经济建设这个中心（邓小平，1980a）。《决议》则再次强调了改革开放作为中国共产党当下最为核心的历史任务，将当时中国的主要矛盾重新定义为"人民日益增长的物质文化需要同落后的社会生产之间的矛盾"，从而将党的中心工作由"以阶级斗争为纲"转为"以经济建设为中心"。随后，邓小平在《中国共产党第十二次全国代表大会上的开幕词》中，特别强调了20世纪80年代在党和国家历史发展进程中的重要地位与三大任务："80年代是我们党和国家历史发展上的重要年代。加紧社会主义现代化建设，争取实现包括台湾在内的祖国统一，反对霸权主义，维护世界和平，是我国人民在80年代的三大任务。这三大任务中，核心是经济建设，它是解决国际国内问题的基础。"

　　"改革开放"的提出和实施为包括经济建设在内的一切工作提出了新的时代挑战，其中也包括了对党的新闻工作和新闻观念革新的新要求。例如，叶剑英在庆祝中华人民共和国成立三十周年大会上明确指出，"四个现代化"建设是当前最大的政治，"我们的一切工作，都要围绕现代化建设这个中心，为这个中心服务"，全国的所有地区、每个部门乃至每个个体的工作如何，"都要以对现代化建设直接间接所做的贡献如何，作为衡量的标准"。因此，这一时期的新闻工作致力于社会主义现代化建设，并做出了重大贡献（方汉奇，1999）[437]。随着这一进程，不仅新闻报道的内容重点进行了调整，更多地以新时期现代化建设特别是经济建设这个中心工作为主要报道领域和内容，而且新闻观念也必然在改革开放的浪潮中萌发了革新的需求。

一、做改革的促进派：改革需要新闻

　　"做改革的促进派"，是这一时期党和国家的中心工作转向经济建设的大背景下，新闻服务中心工作这一观念的一种典型表述。它不仅在新时期重新确认了新闻的政治属性，是对新闻从业者和整个新闻领域拥护和促进改革的政治立场的确定，而且还表达了改革对于新闻宣传工作的需求，以及新闻宣传工作对于改革的意义与价值。

首先，"做改革的促进派"这一话语表述方式体现了中国共产党新闻观念中的政治传统。早在延安时期，政治的第一性就明确地成为新闻舆论工作的首要标准。新中国成立后，在历次政治运动中，这个第一属性不断地被强化并被毛泽东提到"政治家办报"的理论高度。1966年4月，《人民日报》发表社论《政治与业务》，就指出包括新闻在内的具体业务工作中政治意识和政治观念的首要地位："必须了解，政治和业务这一对矛盾中，政治是矛盾的主要方面。政治是统帅，是灵魂，决定业务方向和性质，这是一方面。另一方面，政治又要落实到业务上，通过一定的业务来实现。我们必须注意把业务和政治结合起来。"

党的十一届三中全会的召开，标志着党和国家的中心工作的转折，也为新闻的政治属性提出了新的具体要求，即积极参与和促进改革开放与经济建设。1980年2月，北京新闻学会成立，名誉会长胡乔木在会上发表讲话，阐述了邓小平的要求。他强调，"报纸、刊物要成为实现国家和社会安定团结的思想中心"，促进这个政治局面的发展，新闻工作者是社会舆论的向导，要努力运用手中的"新闻工作"的武器，为实现四个现代化、促进和巩固社会安定团结做出积极贡献（胡乔木，1980）。

从1978年的"真理标准大讨论"开始，改革开放初期的一系列大政方针的形成和推进，都离不开新闻界的主动参与，如拨乱反正和揭批林彪、"四人帮"，落实老干部平反昭雪和知识分子政策，关于解放思想、实事求是的思想和舆论准备，对工作重心转向经济建设的鼓与呼，关于整党和加强民主法治建设的宣传，对农业生产责任制政策的推广，关于反对资产阶级自由化的斗争，对以"官倒"为代表的贪污腐败现象的揭露和监督，以及直接参与社会主义精神文明建设，等等。上述报道实践都在不同时期和不同层面切实发挥了新闻促进改革的作用，体现了新闻服务中心工作的政治观念。

其次，"做改革的促进派"还意味着整个新闻战线和记者编辑队伍对于自身的政治立场的明确认知和主动确立。在汉语的传统中，"派"本身就是对于某些属性一致的群体的一种称呼；在近现代中国，"派系""革新派"等更是强调了"派"所称的群体的政治属性。"促进派"这一语汇正是在这样的意义谱系中，被用于改革开放初期的新闻观念的话语表述，来唤起记者群体对于宣传和促进改革开放的主体责任感。例如，胡绩伟在对1984年荣获全国好新闻特等奖的七件作品进行综述时，专门使用了"坚持不懈地做改革的促进派"作为文章标题，称赞了"新闻战线的同志们"在促进改革方面所付出的努力和体现的水平，并鼓励大家要以"改革的促进派"为今后努力方向，将"促进派"用于新闻工作群体的整体定位。

当时获奖作品的评述话语也多次赞赏了记者发挥主观能动性、争做改革促进派的报道实践。例如，1985年获奖通讯作品《一个锐意改革的厂长之苦恼》的评述称赞该报记者敢于提出带有普遍性的社会问题，支持立志改革的同志，坚持了"改革促进派"的立场。1986年获奖通讯作品《一个青年个体户说："我们'穷'得只剩下钱了！"——精神文明建设备忘录》和《大户心态篇》，也都体现出了记者独特的敏感和洞察力，产生了"突出改革，突出创新"的效应，从而展示出新闻工作者对于改革的责任感、使命感和极大的热忱。

最后，"做改革的促进派"还意味着新闻对于中心工作所发挥的功能和体现的价值。在提及新闻对于改革的促进作用时，一系列评述话语都要求新闻要适应和推动经济改革，抓住当下重要主题，发挥正面宣传效果，触及当下主要矛盾，引起全国连锁反应和共鸣，从而切实地推动政治、经济和社会方方面面的工作。例如，1985年《辽宁日报》发表的通讯作品《一个万人大厂搞活致富之路》和1987年《工人日报》刊发的消息《石家庄第一塑料厂实行满负荷工作法》，都帮助企业总结了新鲜的经营和管理经验，并在全国范围内进行推广，既促进了城市和企业的改革，又实现了新闻价值。1984年的获奖通讯《株洲市电子所科技体制改革应予肯定　不能视为"非法"》，则为"改事业费开支为有偿合同制"这样一个科技体制改革中的新事物鸣锣开道，明确了改革的方向，证明了改革的优越性，最终还被国务院总理在1984年的《政府工作报告》中予以肯定。

二、与时代保持同行：新闻需要改革

新闻承担服务中心工作和推动改革的时代重任，同时新闻工作者努力做"改革的促进派"，并非简单的政治表态和报道方向的调整，而是同样需要新闻本身进行改革。只有新闻在报道思路、形式和效果上进行改革创新，才能够与时代保持同向同行，也才能够完成服务中心工作的具体任务。正如时任中国新闻学会联合会副秘书长的何光先谈及1985年全国好新闻评选的特点时所说，改革开放必然要求对思想观念进行深层"爆破"，而新闻工作和新闻工作者只有树立了锐意改革和创新的意识，才能通过新闻报道来支持和促进改革（何光先，

1986）³¹。

　　这一时期谈及新闻本身的改革时常出现的话语表述方式，首先是将新闻的改革置于整体改革的语境中，认为不仅仅是时代的发展导致了新闻改革这一必然结果，而且如果没有新闻本身的改革，就"不可能有经济体制改革报道的前进"（何光先，1986）³²。对于全国的新闻工作者来说，对自身工作的改革和创新被视为立身之本；只有在改革创新中不断地提升自身水平，才能够发挥新闻对于改革开放这一中心工作的服务和促进作用。

　　关于新闻自身改革话语中的一个重要表述是"突出创新"，主要是指新闻本身的创新。到1980年代中期，几乎每一届全国好新闻的评选，其秉持的基本原则都是"突出改革、突出创新"。其中"突出改革"是1985年由全国好新闻评选委员会办公室提出来的，主要针对的是新闻报道的主题和内容，要求新闻作品要在内容上反映改革、促进改革；而"突出创新"则是从新闻的表现形式上来说的，认为好的新闻作品要在表现形式上有所创新、不拘一格。何光先在《长改革之志　兴创新之风》中还强调了新闻本身的创新目的是为了尊重改革开放这一最大的客观实际，这种创新同探索新闻报道的客观规律是一致的，最终目的都是要更好地通过新闻报道来体现改革开放的时代精神。

　　从这一时期对获奖作品的评述话语来看，"突出创新"的具体表现，一是报道领域方面的拓展，二是报道视角与采写方式的革新。对于报道领域来说，由于改革开放带来了全面和深刻的革命，它所带来的丰富的内涵和深远的社会效果，都要求新闻工作者不能仅仅用之前"平面地对单一的人物和单一的事件的报道"去呈现，而是需要从多角度、多层次、多侧面，"从人们的思想意识、精神状态、价值观念和生活方式上，用全方位采访、立体写作的形式来反映这场变革"（郭令炘，1987）¹⁰⁸。1987年获奖作品的综述还特别强调了这一年度的获奖新闻体现了新闻工作者的视野从经济体制改革本身拓展到改革给社会生活、人际关系和思想观念带来的多层次、多样化的影响，如《河北日报》和《承德群众报》先后发表的《"开天辟地第一回"——记西地村为姑奶子们庆功》等新闻就体现了对于报道面的拓展。十年来，在改革创新的大背景下，新闻报道的宽度、广度和深度都得到了显著的拓展，从而展示出新闻报道领域的创新为新闻服务改革这项中心工作带来的推动作用。

　　1985年的两篇新闻评论在全国好新闻评选过程中所引起的争议，典型地展示了这一时期新闻观念中对新闻本身改革创新的强调。这两篇新闻评论分别是原载于《人民日报》1985年2月5日的《收起对策，执行政策》和原载于《新华日报》1985年6月4日的《"对策"也可当镜子》。在复评中，两篇评论虽然得到大家的普遍认可，但在入选等级上引起了争论。从纪律观念的视角看，《收起对策，执行政策》的主题和立论应当强于《"对策"也可当镜子》；但是从鼓励改革的角度看，后者无疑代表着新闻自身创新的方向。最终，经过复评评委的投票，强调纪律观念的新闻评论以一票的微弱优势胜出。然而，在定评时，评选委员会支持了第二种意见，将这两篇评论的等级进行了对调，突出改革创新的《"对策"也可当镜子》最终入选一等奖，而《收起对策，执行政策》则入选二等奖。这场争论，生动地体现出当时新闻评奖所反映出的改革创新的新闻观念，以及这种观念并非理所当然地立即成为当时新闻观念中的主要要素，而是少不了观念博弈的过程。

新闻自身需要改革的观念，还要求新闻记者成为主动的改革者。胡绩伟在对1986年荣获全国好新闻特等奖的作品进行总体评价时所撰写的《对改革的关怀、鼓舞和促进》一文，是上述观念的集中表述。他说，只有热情勇敢地展开对于自己的改革，才能够成为"改革的战士"或者"改革战士的亲密战友"，而不是改革的"旁观者或客人"；才能在获得第一手宝贵材料的同时也身临其境地感受到报道对象，也就是改革者的喜怒哀乐。他还专门以当年的"长江漂流"报道为例，认为它为80年代的新闻记者树立了楷模。胡绩伟对这篇报道的评价和讨论中特别强调了记者本身的创新精神所发挥的重要作用，要求"报道革命的记者，本身就应该革命化，在革命的过程中不断改造自己"。

第二节　新闻与时代

改革开放以来，尤其是整个1980年代，时代与改革之间的关系实际上是无法分割的。当时，改革是最强音，是对中国历史进程起到主导作用的力量；中国社会的政治、经济、文化层面都随着改革的深入而发生着突飞猛进的变化，旧有的机制和观念受到了强烈的冲击，新闻观念和新闻实践也随着改革和时代的发展而不断地更新与深化。可以说，新闻与时代之间产生了前所未有的密切联系。新时期新闻界在推动社会变革的方面不仅同思想界、学术界和文艺界相互呼应，而且起到了"排头兵"的作用（李彬，2009）[469]。

本章第一节已经描绘出新闻促进改革开放，以及新闻在整体改革的浪潮中展开自身改革的图景，新闻与改革之间展示出同向同步的历史面貌。这一小节希望探讨的，则是在具体的改革开放的语境中发展出来的，并且超越了具体历史实践层面之上的，对于新闻在历史进程中更加抽象的角色和功能的观念认识。这种新闻与时代之间关系的抽象观念，典型地体现在1985年全国好新闻消息类获奖作品综述的话语表述中。综述开宗明义地指出，"新闻是时代的记录，历史的见证"；从中可以看出，新闻报道内容的"时代感"成了新时期评价新闻作品的一个重要标准。

一、新闻的历史责任感

新闻与时代的关系，首先体现于新闻记者主动记录时代变迁进而主动参与时代进程的责任感。当然，这种责任感囊括了"做改革的促进派"所表达的记者群体对于改革的积极主动参与的态度与立场，但这里所述的"历史责任感"还不仅仅是指具体的报道内容要与改革同向同行，而是在新闻本体价值的角度所展现的新闻与更加抽象而非具体的时代之间的积极关联；"义不容辞的职责""无愧于时代的报道"等，都是在这一时期得到广泛叙说的话语形式。

改革开放最初几年逐渐形成的新闻与时代之间关系的思考，以及积累下来的表述这些观念的话语资源，在1984年获得全国好新闻特等奖的那幅著名新闻照片《"小平，您好！"》的评述中得到集中突出。这幅照片的评述话语包括三个显著的层次：首先，强调了瞬间的"激动人心"和现场气氛的成功表现，被认为是精当概括了"我国人民的真实感情和创造力量"；其次，图片的情感内涵得到了突出强调，这幅照片被认为是通过北大学生的情感来展示全国人民爱戴领袖的朴素情感，并且还是"作者情感和群众情感"相结合的产物；最后，照片还展示出新闻观念中对记者的要求，除了上述的和报道对象以及人民群众达成情感共通之外，还需要有敏锐的新闻意识和娴熟的业务技术，由此才能够成功地完成这幅作品。对于《"小平，您好！"》的评价还体现了关于好新闻的通用标准，即融合新闻价值、历史价值和艺术感染力三个方面；相对于前些年的新闻价值和审美价值，1984年的评述话语中增加了历史价值这个特殊的方面，这让新闻观念更加丰富。其中，新闻价值包括了前些年强调的"时代感"和新闻改革过程中不断强化的求新求变的意识；历史价值是这一时期用以思考新闻的独特方面，只有反映时代发展和社会进步的新闻作品，也才能够完成自己的历史使命。

按照上述观念，新闻记者应当主动承担记录时代变迁的历史责任，除了积极地报道和参与当下的改革之外，还需要以更加宏观的视角让新闻容纳时代进程中的各个方面，并且在此基础上要主动提高自身思想的当代意识和分析能力，准确地把握社会生活表象之下能够真正展现时代变革和时代进程的"最尖锐、最新鲜"的内涵，并通过准确、深入和哲理性的采写将其表述出来，这样才能够产生更广的影响力和冲击力，"诞生无愧于时代的佳作"（常秀英，1986）[129]。在1986年获奖消息的综述中，开篇的一段文字最能够描绘出这一时期记者应当展现的广阔的时代面貌：

> 广袤而沸腾的大地，多姿多态；变革发展的生活，给我们新闻工作者注入了新的激情。他们把自己的灵性融进绿色的旷野、滚沸的厂矿以及生机勃勃的生活之中，从多角度、多侧面、多层次去观察和反映多姿多彩的生活，从而一扫过去的狭窄、乏力和肤浅，呈现出一批报道范围广、内容丰富、信息量大的好作品。空间之辽阔，时间之深远，让我们饱览了大千世界的新风貌（常英，1987）[46]。

除了对于时代进程的宏观关照，这一时期的新闻报道还有意识地拓展了历史深度；很多报道跳出了对于当下具体事件"一事一报"的简单反映，而是通过具有时间跨度的长时段的宏大叙事，来传达新闻的历史感和时代感。例如，在1949年之后中国的历史进程中，大寨是一个具有里程碑意义的案例。1985年10月5日，《人民日报》刊发了记者李克林采写的长篇通讯《今日大寨》。这篇获奖作品的评述专门强调了大寨的独特性，表扬了通讯中所成功采取的现实与历史相互对照的结构与写作方式，让读者通过大寨的长时段历史认识到当下中国农村正在经历的历史性变迁，并且引导读者对时代变革产生客观认识和准确评价。这一年的另外一篇获奖作品，由《山西日报》刊发的《哥哥今日走西口 妹妹欢喜不再留》，则成功地通过陕北农民三次修改传统小调"走西口"的歌词这样一件具有生动生活气息的小事，展现了三中全会之后农村和农民的新气象。获奖评述特别指出，这篇文章很好地"驾驭了历史的跨度"，简洁有力地描摹出新中国成立前、"十年动乱"和改革开放这三个历史阶段，在历史的对比和变化中真切地描摹出时代的特征。

新闻记者的历史责任感在这一时期还特别地表现在对于历史进程中的政治演进的关注。改革开放初期的新闻报道，利用批评性报道和正面宣传等方式开展舆论监督，积极地推进体制机制改革和政治的民主化和现代化进程。例如，1983年，中共中央做出了整党的决定，以纠正以权谋私的不正之风，修复被官僚主义和贪污腐败所损害的党群关系；在这个过程中，新闻工作者积极投身到整党过程中，撰写了《化肥追踪记》等一系列由具体的社会现象去追溯不正之风的历史根源和社会土壤的新闻作品；这篇获奖作品的评述指出，通过"大声疾呼"而"引起普遍重视"，是"新闻工作者义不容辞的职责"。在对政治演进的关注和舆论监督过程中，这一时期的新闻观念还要求记者能够通过历史责任感而生发出勇气、胆识，要"有创风险的意识"与"无私和磊落的一身豪气"，不怕触及有权人士和"中箭落马"，以完成对于政治生活和政府工作的透明报道（常秀英，1988）[89]。

最后，具有历史责任感的新闻报道还特别地强化了时代中个体与历史之间的关系，通过小人物来描摹大时代。例如，在1986年底，《大连日报》刊发了《"小人物"参大政》的通讯报道，介绍了刚刚踏上科研岗位不到两年的"小人物"金凤德论述特大城市工农业发展的论文被时任国家总理批阅的新闻事件。这篇报道因为对社会主义民主政治的主题进行了深入浅出的阐释而获得了当年全国好新闻通讯类一等奖。评述认为，报纸是社会生活的"晴雨表"，个体并非孤立存在，而是能够代表一个时代的侧面和一个时期的政治演进，这篇通讯正是通过个体的故事成功地呈现出历史感。同年，《农民日报》刊发的《走出封闭的小天地——昌邑县农村党支部书记采访记》，通过党支部书记冲破传统观念束缚的事实，反映改革历程中个体折射出的时代背景，具有较强的历史感。

二、新闻报道的时代感

改革开放初期新闻与时代的密切关系，不仅进一步强化了记者群体的历史责任感，而且这一观念也体现在报道内容对于时代感的多方面呈现上。

首先，表现在通过新闻报道对于时代本质特征的追寻和探讨中。尤其是在新时期这样的激荡时代，既有开拓和前进，也有踟蹰和反复；既有各领域的发展，也有深层次的结构性变迁。时代的本质究竟是什么，不仅是一个认识论的问题，也关乎当下具体的改革实践。在1980年代，对于时代本质的探寻，既是新闻工作的一个必然内容，同时也带来了各类题材的报道中对于主题深刻的观念性要求。改革开放的最初十年，对于时代本质的追问，最典型的新闻报道当属1987年《人民日报》的通讯作品《中国改革的历史方位》。这篇报道长达7500字，虽然超出好新闻作品评选规定字数上限的一倍多，但是由于这篇报道对时代本质展现的深刻和全面，破例在评选委员会投票中获得认可，入选当年的特别奖。为了解答时代本质这样一个认识论的课题，这篇报道借用和综合了10多位中青年理论工作者的最新思考，将中国的改革置于人类发展宏大历史的叙事中，尤其是通过不同国别之间的横向对比以及中国改革所经历的"抉择""革命""复兴"这样的纵向轴线，展示了这一时代的主流力量和历史底色，也解答了改革开放实践中出现的众多理论难题，引发了改革者和广大群众的深刻思考。文章刊发之后，因为对于时代本质的深刻揭示，加上创新的笔法和独具匠心的题材，赢得了广大干部群众的喜爱，为改革者提供了理论指引，体现出新闻与时代交相辉映所产生的独特魅力和巨大影响力。

其次，在探究时代本质的同时，这一时期的报道内容还通过具体的新人新事的报道，力求揭示时代的发展潮流和发展方向，也摆脱以往的静态式反映，赋予时代以历史的流动感，这也体现了第二章将具体阐释的新闻观念对于"求新"的要求。例如，1986年《新疆日报》刊发的报道《揭开面纱走上街头经商》，展现了改革开放给民族地区和历史传统带来的深刻变化，体现了时代的潮流与脉动。当年获奖消息的综述指出，这篇报道抓住了一个历史性时刻，展示出时代为个体生命带来的动人光彩，在这样一个时代中，"党的开放、搞活政策之风吹进了喀什古城，维吾尔族妇女也不空着双手跨进这历史性的门槛"。1988年《河北日报》报道的消息《二万张地图走进清河县农家》，荣获了当年全国好新闻的二等奖。这篇新闻报道了河北省清河县农村百姓家庭陈设的变化，中国地图和世界地图取代了墙壁上的传统的风俗画，从地图售卖这样的小事出发，折射出了时代给农村和农民带来的开阔眼界和开放心态，从整体上展示出"十年改革开放给农村经济带来的历史性变化"，成为一篇"既富乡土气息又具时代特征"具有深度的新闻作品。

最后，新闻报道的时代感也离不开对于时代的兼具深度和广度的反映；而深度与广度在题材和内容层面对于主题深刻的诉求，也成为这一时期新闻观念的重要方面，典型体现在第三章将要论述的"求深"的新闻观念中。1985年针对获奖消息的综述文章专门要求，新闻消息要致力于摆脱过去"千报一面"的窠臼，要顺应时代潮流、从不同层面反映时代的深度和广度；1986年针对全国好新闻所有获奖作品的综述也提出，新闻要成为历史的记录和时代的号角，必须不断地向广度和深度开拓，以反映时代的真实面貌，新闻工作者应当"把握向广度和深度开拓的规律，造就向广度和深度开拓的才能"，来满足时代的需要（何光先，1987）。这种对于时代的兼具广度和深度的报道，也体现在新时期的大多数新闻作品中。例如，1987年的获奖作品、由《大众日报》刊发的《马胜利跨省承包菏泽造纸厂》不仅展示了石家庄企业家跨省承包的过程，而且还揭示了这一新闻的社会价值，展示出改革给时代带来的深刻影响；1988年《江西日报》报道了农村专业户王求晓夫妻考上中国人民大学的新鲜事，赞扬了这个时代出现的新人和新观念，也在一定程度上展示了新闻对于时代新貌的广泛关注。

第三节　新闻的战斗性

新闻的战斗性是中国共产党在长期的新闻实践中所发展出来的重要观念。不论在革命斗争年代，还是在社会主义建设时期，党和国家的领导人都不断地强调和要求，新闻宣传工作应当发挥战斗作用。战斗性，实际上代表着马列主义和毛泽东思想中关于社会发展规律的阐释，尤其是对于"阶级斗争"在社会发展中的重要地位的阐述；正是因为人类社会的发展主要是由生产力和生产关系不平衡而导致的斗争实践所推动，因而，作为革命和政治工作一部分的新闻宣传工作，同样要具备战斗性，要积极投身推动社会进步的各项斗争中。只不过，在不同时期战斗和斗争的对象是不同的，这又是由特定时期的中心任务和历史特征所决定的。

在改革开放初期，新闻的战斗性是新闻服务中心工作的政治属性，以及时代激发出的历史责任感等新闻观念之间相互融合的具体产物。新时期新闻宣传工作，秉承了战斗性的传统，并在新的历史语境中发挥了服务中心工作和参与时代进程的重要作用。这一时期，新闻的战斗性主要体现在为改革保驾护航和揭露与时代发展相背离的问题两个方面。

一、为改革保驾护航

关于改革开放，当时一个普遍性观点是将其视为延续近代中国革命传统的又一场伟大革命，因而号召人们拿出"惊人的胆识"和"切实的谋略"来持续性地开展对旧的事物的勇敢战斗（胡绩伟，1986）[2]。在时代的呼唤和本身的政治功能的要求下，新闻战线力求反映人民对于改革的愿望和要求，通过文字的魅力和舆论的威力为改革和开放"鸣锣开道""保驾护航"。例如，《湖南日报》1985年的获奖消息作品《株洲电力机车厂保护群众改革积极性　企业越搞越活》，就针对当时一些对于改革的错误认识，介绍和肯定了株洲电力机车厂对于"改革中的失误"和"不正之风"之间划定出的清晰界限，保护了改革进程，从而发挥了新闻的战斗性特征。1988年的全国好新闻评选，更是在"两突出"（即"突出改革，突出创新"）的总体框架下，以"为加速和深化改革鸣锣开道"为重要评选标准，将新闻评奖视为影响和促进全国改革报道、进而推动改革事业的重要手段。改革开放最初十年，不仅年度获奖作品中3/4都体现了

"突出改革"的标准,而且在改革遇到显著阻力的1985年,获奖作品中改革的内容也超过80%,体现了正确的指导思想(全国好新闻评选办公室,1989)[2]。

为改革保驾护航,首先也是最明显地体现在对于改革先锋人物和重点人群的报道宣传和舆论捍卫上。1987年荣获全国好新闻特等奖的《经济日报连续报道"关广梅现象"》是一个典型案例。关广梅是辽宁本溪市的一名共产党员,在改革政策的鼓励下,租赁了8家副食品店,雇用了上千名员工,是当时全国正在展开的承包、租赁等改革形式的集中体现,也引发了人们对于改革是否坚持了社会主义方向的担忧。这一系列报道借助关广梅这一现象,围绕当时"姓社姓资"这一改革热点话题,以报刊为平台,对各种意见进行了深入广泛的讨论,批判了长期以来形成的"极左"思维习惯和僵化的评判模式,形成了关于评价改革标准的最根本和最重要的观点,即改革是否正确,最关键的是要以是否有利于发展生产力为衡量标准。

除了在正确看待改革和维护改革方向方面的效果之外,这一系列报道还特别体现了党的十三大所提出的"重大问题经人民讨论"的精神。对于新闻领域来说,它的重大意义不仅仅在于形成了正确的被普遍接受的结论,更在于新闻领域的确成了时代的"风暴眼",为这个时代最重大、最核心、最引人瞩目的问题提供了协商对话和广泛讨论的平台,因而体现出新闻对于改革、对于时代的不可替代的重要地位。具体到这组报道的策划和操作上,《经济日报》有意识地刊登出争论双方的不同意见,既有强烈支持改革的看法,也有相反的意见。这种开放争鸣的态度引发了国内外更加强烈的反响,据统计,报社收到了1000余封读者来信,甚至海外华人也来信参与讨论,报道还引起了20多个国家和地区的媒体转载和评论。由于报刊在处理这一系列报道时所采取的既保持观点开放,又坚持改革导向的态度,"关广梅现象"成为改革开放初期的一个标志,并较长时间地延续着这一"新闻事件"对于时代的影响,成为评价社会主义初级阶段的一个"代表性词汇"。在系列报道结束时,报社专门刊发《告读者》:

本报就"关广梅现象"展开一个多月的讨论,今天暂且告一段落。讨论的结果并不是认识的结束。实践不会完结,认识就不会完结,随着改革的不断深化,人们的认识也将经历由表及里、由浅入深的过程,不断发展,不断深化,因此,我们衷心希望同广大读者继续加强思想交流,随时探讨与改革密切相关的重大实践问题和理论问题。

可见,在当时,新闻报刊的这种"平台效应",延展和扩大了新闻典型带来的影响力,中央单位也派人进行了专题调研,从而有力地发挥了新闻服务改革、为改革保驾护航的重要使命。

除了通过广泛报道改革先锋人物而发挥的对于改革的保驾护航作用之外，当时的新闻报道还特别重视对于另一个特殊群体——知识分子群体的保驾护航。尤其是在改革开放的最初几年，知识分子群体广受社会关注，对于这一群体的关注、重视以及给予的相关政策，不仅鼓舞了一代科技工作者为现代化建设的忘我投入，而且对于社会其他群体和整个中国来说，也都具有体现拨乱反正和改革开放政策的标志性意义。对于知识分子群体给予广泛关注，保护他们在新时期的工作热情和社会地位，不仅是在解决这一群体本身的问题，也成了时代特征的反映。因此，包括小说、绘画、电影等艺术门类，都在讲述知识分子的故事，展现他们的历史际遇和精神风貌。而这一时期的新闻报道则主要关注知识分子群体的政策落实情况，以及科技发展对于改革开放的重要作用。例如，1983年5月10日刊登在《人民日报》上的《工人上书为知识分子说公道话》，通过工人的视角表达了舆论的呼声，批驳了当时社会上所谓"给知识分子落实政策，工人群众有意见"的说法。1984年的报道《知识分子的知音——记唐山市委落实政策办公室信访组组长刘振东》，树立了新时期保护知识分子、尊重人才的国家干部的典型形象，旗帜鲜明地批评了少数部门领导歧视和打压知识分子的做法。1983年的另外一篇报道《绿了章古台 白了少年头》通过长达31年的历史回溯，展示了知识分子群体对于中国现代化建设的贡献，着力刻画出一批长期在艰苦条件下坚持科技工作的知识分子的形象，既证明了落实知识分子政策的必要性和这一群体在改革开放中的重要作用，也让知识分子的人物形象充满了感染力，让他们的献身精神为整个社会所了解和钦佩。

可见，在改革开放的最初几年，针对知识分子群体政策落实和历史遗留问题的清理，成为当时新闻报道的一个重要领域；在评奖过程中对于这些新闻作品的肯定，从一个侧面展示出新闻领域对改革保驾护航的战斗性观念。

二、对问题的批评揭露

新时期新闻战斗性的另一个重要体现，是对于改革开放之后出现的错误观念和现象的揭露和批判。应当说，在不同时代，新闻业都或多或少发挥着社会守望者的功能，都要进行批评性和揭露性的报道，以维护社会公义，促进改革和进步。新时期中国的新闻实践在秉持自身战斗性传统的基础上和时代的要求下，主要是针对两方面问题展开了揭露和批判，一是资产阶级自由化、精神污染等在政治方向上的问题，一是贪污腐败等经济领域中的负面现象。

在改革开放开始后的一段时间内，关于如何坚持社会主义的改革方向和中国特色社会主义道路，既是具体改革政策制定和实施中带来的思考，也是思想政治领域和舆论宣传工作的核心宗旨。因此，在开展新闻报道工作和全国好新闻评选的过程中，不仅要"突出改革"、反对僵化教条的思维，同时也要反对资产阶级自由化与"精神污染"等倾向。例如，1986年3月11日《湖南日报》刊发了评论《共同努力　办好党报》，明确提出了坚持四项基本原则、反对资产阶级自由化的党报办报原则；在同年夏天《经济日报》发表的《勿忘比较》，则通过对比社会主义和资产阶级民主，说明两者之间的区分和不同，从而肯定了社会主义制度的优越性。这类新闻作品在1986年的集中出现，一方面是与当时的学潮密切相关，另一方面也的确体现了党报和党的新闻观念中的战斗性意涵，尤其是在辨析正误、坚持导向方面所发挥的重要作用，具体的社会实践使得战斗性的观念在一定时期体现得更加鲜明。

随着改革的深化，尤其是经济改革的全面展开，在整体经济形势向好、商品生产和流动活跃的同时，一些经济领域的负面现象也开始出现。这不仅影响到了改革的持续深入，而且其中出现的以权谋私、"官倒"现象，也败坏了党的作风建设和在人民群众心目中的良好形象。因此，这一时期，对于"官倒"的揭露和批判，成为新闻领域发挥战斗性的一个重要方面。例如，1986年《辽宁日报》刊发《一不带职务，二不带工资，处长李明弃官经商》的消息，批判了"只能为官不能为民"的观念；1988年《工人日报》刊发的《"罪恶的"包围圈》，则揭露了北京亚运村发生的由内部管理人员和盗窃者联合作案的倒卖建筑材料的行径。1988年，评委会更是接到了数十篇来自全国的"官倒"报道，最终有4篇入选全国好新闻，其中，《辽宁日报》再次刊发了《是经营商品还是贩卖权力》，被认为是最早揭露"官倒"的报道；《中国机械报》刊发的消息《家用录像机非法进口触目惊心》，最早地揭露了进口家电领域的"官倒"问题。

这一时期对于"官倒"等现象的揭露及其所体现的新闻的战斗性，也凝聚于当时的具体评奖之中。例如，1988年的评选过程中，虽然有些报道如《官倒爷毁了全国最大的铝品厂》《大批化肥压在港口急煞农民》等都涉及了十分重要的问题，但是由于揭露得不彻底，"只说现象不说人，话到嘴边留半句"，而最终没有入选。这在一定程度上又体现出对记者的具体要求，即要求记者必须坚定地做"改革的促进派"，要突破重重阻力，要"善于发现和敢于支持"。只有这样，才能够体现新闻的战斗性观念，发挥新闻对于时代的特殊贡献。

本章小结

新闻与时代、新闻与历史的关系，是改革开放初期新闻实践和新闻观念的主导性的结构。一般来说，历史发生剧烈变化的时期，往往能在当时人们的主观感受中激发更多的时代感和历史感。考察新时期的历史实践可以发现，正是历史巨变激发下的新闻记者群体，将他们所体会到的时代感和历史感通过一篇篇具体的新闻报道作品表现出来。它既为今天提供了一份记录时代精神的宝贵档案，同时也成为当时读者体悟和参与那个时代的重要来源。随着改革开放四十年后《报章里的改革史》等著作的出版，20世纪80年代中国新闻实践和代表性新闻作品的历史价值正在被当下的中国社会所重新认识（左志新，2019）。

实际上，新闻的时代感和历史感，并非是1980年代中国新闻领域的独特观念。自从现代新闻学在民国初年引入我国之后，以李大钊、蔡元培为代表的中国知识分子就提出了新闻和历史之间具有密切的关系（张泉泉，2017）。1994年，时任中国社会科学院新闻研究所所长的喻权域在新华社新闻学术年会上系统地比较了新闻学和历史学这两门学科的相似性，再次强调了"今天的新闻就是明天的历史"（喻权域，1994）。老一辈新闻理论工作者甘惜分也指出，新闻工作者必须具有历史感，才能够更好地完成作为"时代的前哨"的使命，造就新闻记者思想上的"深邃和凝重"（甘惜分，1996）。新闻与历史之间的密切关系和中国传统文化中本就具有的历史意识甚至催生了民国时期"史家办报"的思想（王蔚，2014），当时的报人如史量才等对其有详尽的论述（马庆，2011）。新中国成立后，邓拓等新闻工作者的办报实践也体现了这种"史家办报"的思想，将传统史学家的史才、史德和史识的专业素养都运用到了新闻实践中（黄艳林，2008）。此外，改革开放初期新闻观念中对于历史与时代的重视，和西方新闻观念与新闻作品的传入也有密不可分的关联。美国记者曼彻斯特的《光荣与梦想》是体现新闻与时代关系的典型文本，借用新闻特写的笔法生动勾勒出从1932年到1972年四十年间美国历史的全景画卷。以这部著作为代表的一系列美国非虚构文学作品对改革开放之后中国新闻工作者在新闻报道实践中如何处理"新闻与历史、新闻与时代"的关系产生了重要的影响，对这一时期的新闻观念革新产生了推动作用（李彬，2014）。

然而，新时期对于新闻的时代性和历史性的认识，仍然具有与上述内容不尽相同的独特内涵。新闻固然是历史的初稿，但改革开放初期的新闻观念指导下的新闻作品和新闻实践不仅在书写历史，而且也在参与和影响历史，从这个角度上说，中国改革开放初期的新闻，不仅是历史的初稿，而且也是历史本身。正如西方新历史主义（new historicism）（White，1973）的观点，新闻文本作为一种话语事件既受到历史文化结构的制约，同时也反过来影响和塑造了历史与社会的发展（阎立峰等，2018）。新时期新闻与历史的这种特殊的双向关联和作用，源于中国共产党新闻观念传统中的新闻与政治之间的密切关系，即新闻应当积极参与到政治进程和政治实践当中，而非仅仅是旁观和记录，由此形塑了中国语境下新闻和历史的独特观念。

首先，总体上看，新闻观念必然从属于时代的整体观念和总体性的历史实践。改革开放的政策推动了全国新闻事业的改革与发展，从而促进了新闻观念层面的不断革新。这个过程典型地呈现出马克思主义的唯物史观，即社会实践是历史领域的客观范畴，而观念则属于历史领域的主观范畴（马克思，1859）。因此，新闻观念离不开改革开放初期的整体观念，更离不开改革开放的政治经济实践和新闻本身的改革实践。其次，新闻观念的形成以及新闻与历史的关系，还来自新闻界外部和内部对于新闻实践所提出的要求和期待。改革开放初期，来自外部的要求主要是新闻应当发挥政治功能和服务中心工作，而这种外部的要求也影响了新闻界内部的自我定位和期待，即做改革的促进派。而这种内外部的期待，实际上也影响到本书接下来所探讨的新闻观念的时间、政治和形式这三个观念丛的形成。最后，新闻观念也不仅仅是被历史和实践所决定，它的能动性在这一时期典型地体现在以新闻的战斗性为代表的观念中。这种能动性让新闻报道得以参与到改革开放的中心工作中，从而展示出新闻对历史的参与和推动作用。

第二章 时间轴向：新闻本位的回归

本章主要探讨新闻与历史的关系，这组"观念丛"是新时期新闻界与自身历史展开对话的过程中形成的。这里的历史，非指作为表现对象的历史，而是指改革开放之前即已存在的中国共产党的新闻舆论工作和观念的历史。改革开放初期，新闻观念在表述和建构自身的同时，不可避免地要与这种历史传统发生关联；对于历史传统的延续与变革，实际上一直主导着改革开放最初十年新闻获奖作品评述的话语体系。只有将变革和延续看作是有机统一的整体，才能够理解新闻与社会之间的"内在关联"与"多重动因"（李彬，2015a）。新闻观念在形塑和表述自身的过程中如何处理既有的历史传统，如何在话语的层面上继承传统并扬弃旧物，进而推动新闻改革、创造属于这个时代的新的传统，是本章所要探讨的核心内容。

第一节 批判历史与历史批判

以十一届三中全会为起点的改革开放，对党和国家的各项工作提出了新的要求，其中也包括对党的新闻宣传工作及其观念进行系统革新的要求。而新闻改革和观念的革新，首先意味着对历史传统和既有做法进行批判性的反思。另一方面，这时期恢复和继承党的优良传统的政治导向，也必然包括了对党的新闻宣传工作优良传统的再发现与新发展。因而，改革开放最初十年，对于新闻观念展开探讨和话语表达的一个重要方面，就是与既有的历史传统展开对话。这里首先是对历史进程中错误观念的批判，如对政策和政治观点的简单图式和印证式的报道、对政治口号式的"极左"新闻报道等进行批判，也就是"批判历史"。其次又是将传统新闻观念中优秀的部分视作历史资源，对当下的报道实践和观念在批评的基础上展开更新和改革，也就是"历史批判"。

在历史背景对新闻领域的具体影响下，改革开放初期全国好新闻的评述，发展出一种可以称之为"历史辩证的"新闻观念。所谓"历史辩证的"新闻观念及其表现形式，具体是指将新闻标准的表述和对新闻作品的评价置于党的新闻工作的历史脉络中进行比照，凡是优秀的表现，均被归结为符合党的优秀新闻工作传统；而它的对立面，即存在不足和缺陷的新闻报道，则被认为是这种历史传统的逆流。换言之，对新闻的历史传统的辩证认识与对当时新闻报道的优劣评价，被这种话语方式有机地结合起来，成为新时期新闻观念的一个重要组成部分。区分和辨别历史的主流和逆流，警惕和防范违背传统的历史逆流，从优秀传统中重新获取养分，使之恢复进而焕发生机，成为改善新时期党的新闻工作的重要方式。

一、批判历史

在"改革"的叙述和话语框架下，改革开放初期的新闻改革的起点和原初动力均来自于"拨乱反正"，尤其是向新闻报道领域的"左字和假字开刀"。具体来说，这主要是指"林彪、江青反革命集团制造的'事实为政治服务'的反动谬论"；它使新闻工作严重违背了"事实第一、新闻第二"的马列主义、毛泽东思想基本原理，从而将新闻舆论工作变成了"他们阴谋政治的工具"。因而，作为整体的改革开放的一部分，新闻改革所针对的正是上述历史遗留问题，强调新闻应当脱离旧的框框，挑战旧文风，要有新意、变化。当时国家主流媒体已经开始有意识地对新闻报道中存在的问题进行总结反思，针对如报道面太窄、消息零碎、片面性大、时间性差、片源单调、"禁区"太多等，提出合理化的改革举措；特别是对已有报道中突出宣传个人和神化领袖，以及标语口号式的"配合政治任务式"的内容进行了清理整顿（方汉奇等，2018）[998]。1980年1月17日，胡乔木还专门写信给穆青、李普，针对新华社新闻稿件提出建议，指出新闻必须以客观地叙述事实为主，一定要避免延续"文化大革命"时期骂人的大字报的作风（方汉奇等，2018）[1008]。

那么，具体到全国好新闻获奖作品评述话语这组语料中，新闻的哪些特征被定义为党的优秀新闻传统而哪些是违反了这一优秀传统的做法呢？对此，军事斗争题材的评述中常常直接出现对于"党的新闻传统"的定义和追溯，特别是"通过短新闻报道战斗和英雄人物"的优良传统。例如，对1979年获得首届全国好新闻的作品《"活着的黄继光"杨朝芬》的评述《无产阶级新闻的优良传统》的主体逻辑，正是基于追溯这种"无产阶级的"或者"党的"新闻工作的优良传统而展开的，这实际上提供了一种看待党的新闻工作历史的态度和结构。综合现有的语料来看，这种优良传统包括采用短新闻的文体、多展开细节描写、朴实记述英雄事迹，等等。相反，违反这一传统的历史逆流则主要是堆砌空话，描写英雄"想什么"的"神化"镜头，以及舍身刹那"说什么"的"闪光"的豪言壮语，等等。如1987年通讯类一等奖作品《"吹灯兵"的情怀》的评述表扬了新闻通篇用地道的"兵话"，没有记者人为雕画的痕迹和故意拔高的所谓"闪光"语言，使具有思想感情的人物跃然纸上。这种评述方式是"批判历史"的话语方式的一个典型体现。

在具体的评述中，体现"历史逆流"的空话和套话的新闻方式，常常被用来作为"反面教材"进行对比和批评。例如，对于"一致表示"这句惯用语的滥用。首届获奖作品《"光棍堂"引来四只"金凤凰"》的评述指出，其缺憾之处是，"文章最后的一段用'一致表示'这个空话，代替了深受感动的马文志一家的肺腑之言，落了俗套"。又如，标语口号式的"配合政治任务式"的内容以及"绝对化"的表达方式。首届获奖作品《把有限的钱用到最急需的地方》的评述认为，这篇新闻报道把中央决定1979年建国30周年庆祝活动不大搞，"不要在这方面多花钱和物"的上级指示精神，不是"作为一般的号召、命令来宣传"，而是针对具体问题的意见如实公之于众，这正是其可取之处。1983年获奖作品《冲破"关系网"，过好"亲友关"》的评述认为，这本是一篇很好的作品，但是却用了"刘来荣廉洁奉公，不贪不占，从不利用职权为家庭和亲友谋私利"等话语，其中"从不"二字的"绝对化"用法，使人感到不实，应当用充分的事实加以说明。另一种被定义为"历史逆流"的方式是"打棍子、戴帽子、凭空训人的'极左'做法"。1981年获奖作品《明知故犯吃特殊饭　陈爱武在职工支持下坚持反对不正之风》的评述认为，应当推广这则新闻所采取的"只提供事实，让读者自己去思考、去分析、去判断"的方式，来代替此前很长一段时间内盛行的"极左"做法，达到令人信服的效果。

此外，违背优良传统的另一种表现是，经济题材报道中"离开经济的政治空谈"。例如，首届获奖作品《农民希望："水长流，货常来"》的评述指出，多年来经济新闻常见的报道方式是"政治口号加上经济数字"，而这篇新闻好在通过朴实、具体而细微的描写，使经济新闻生动活泼，真实亲切。首届获奖作品《一张营业证解决了十三口人的生活》的评述认为，这篇经济新闻没有枯燥乏味地写经商业务，也没有板起面孔讲大道理；相反，新闻写了主人公艾得力斯的音容笑貌、爱憎感情，读起来亲切动人。1980年全国好新闻的获奖作品《经济学家赶集》也被认为是避免了政治说教的方式，通过选择经济学家薛暮桥"赶集"这一典型案例进行报道，具有较强的新鲜性和鲜活感。

二、历史批判

历史不仅为当下提供了参照面和对立面，同时也提供了继续前进的思想资源。改革开放初期的一个典型事件是，1979年2月5日，《光明日报》《解放日报》等大报都在头版刊登了周恩来1961年6月19日在文艺工作座谈会和故事片创作会议上的讲话。周恩来在讲话中将"为谁服务"的政治标准和"如何服务"的艺术标准并举，强调"文艺为政治服务，要通过形象，通过形象思维才能把思想表现出来"。虽然这一讲话并非直接针对新闻工作，但它所传递出来的对于政治性和艺术性，也就是对于政治和专业之间关系的重新思考，提供了展开批判和反思的历史资源，也推动了新闻改革的进行。

在讨论上述问题的时候，周恩来反复引用毛泽东"我们并不一般地反对功利主义，我们要讲无产阶级的功利主义"的话语，这和后来邓小平的"黑猫白猫"理论有异曲同工之妙。这些历史的思想资源被用来说明，文艺和新闻工作只有技术高超、产生了影响、打动了观众，才真正服务了政治。这无疑为新闻改革的推进打消了政治方面的顾虑，也体现了对于辩证法和矛盾论的使用，强调在特定时期要抓住主要矛盾和主要矛盾的主要方面。这些观念资源在改革开放初期被唤起，为新闻工作的改革和发展也提供了依据和动力。

具体来看，新闻观念的这种历史辩证式的话语表述形式，与改革开放初期党的十一届三中全会的胜利召开，尤其是力图告别"以阶级斗争为纲"的历史语境密不可分。正是基于这样的背景，新时期新闻观念既努力与"文革"划清界限，从它的负面影响中走出来，同时也在这样的一个起始阶段不可避免地带有"恢复性质"（李良荣，1995），有意识地去追溯和恢复"文革"之前党报可被唤起的观念资源。例如，1979年10月，在北京地区社会科学界庆祝建国30年学术讨论会新闻学组的会议上，大家集中围绕无产阶级新闻学的理论和实践问题进行了讨论；会上还提出了对报纸的新要求，即增强人民性，提倡真实性，发挥战斗性（方汉奇等，2018）[1004]，为新闻媒体充分发挥优良传统提供了方向指导。此外，这一时期的新闻专业刊物还频频刊载在党的新闻史中具有重要地位的文章和观点，并阐释它们在改革开放语境中的理论和实践价值。《新闻战线》1980年第2期重新发表李大钊1922年2月12日《在北大记者同志会上的演说词》，以及《新闻研究资料》1980年第2期发表张闻天1933年12月1日的文章《关于我们的报纸》，都体现出在新时期延续党的新闻工作的优良传统的努力。

第二节　新闻观念中的求新意识

历史，首先是一个有关时间的轴线，传统在轴线的一端，当下在轴线的另一端。批判历史上存在问题的新闻观念、继承党的新闻工作历史传统，就是在当下报道实践及其评述中展示出各式各样的"求新"的意识和诉求。"新"，是一个较为复杂的课题，相当部分的评述话语中都会对"求新"有各式表达，如新现象、新视角、新方法、新话语、新立意、新思想等。1984年由何光先撰写的获奖作品整体评述文章《创新与竞争——谈第六届全国好新闻评选》，罕见地将"创新"作为新闻观念的关键要素进行了长篇和较为完整的论述。文章认为，当时已经举办的六届评选中产生的全国好新闻作品，明确地回答了怎样才能写出好新闻这个问题：只有创新，才有竞争力，也才能够从众多的新闻作品中脱颖而出。他指出，时代和事物的变化必然要求新闻报道去主动地适应，只有在形式、内容等方面努力创新，才能够真实地反映报道对象的特点和面貌。到了1988年，全国好新闻评选办公室更把好新闻评选标准由过去的"真、短、快、活、强"改成了"真、短、新、活、深"，以"新"换"快"，进一步强调了"求新"的新闻观念的重要性。

一、新闻的时效性

"求新"存在不同的层次和方面。首先，"新"体现在时效上的重大突破。对于今天的新闻业来说，时效性已是司空见惯的新闻标准，时效性代表着记者和媒介机构的竞争力，甚至常会出现为了时效性而"抢头条"，从而违背新闻真实性原则的反面案例。但是，在新时期最开始的几年里，时效性对于当时新闻从业者和社会公众来说，具有不同的意味。它代表了对于"新"的渴求，对于改革和创新的期待，新闻的"时效性"本身甚至象征了整个时代渴求变化、憧憬未来的社会心态。例如，1984年诸多入选新闻作品均体现了这一特点，最具代表性的当属新华社刊发的消息《我国选手获得奥运会第一块金牌》。评述文章特别强调指出，这是第一个向全世界发布了许海峰获得奥运会第一块金牌的新闻，还进一步对比了其他新闻机构的发稿速度，如比东道国的美联社快20分钟，比路透社快15分钟，等等。进而，何光先将这条新闻在时效性方面的突破和创新，同许海峰获得奥运会第一块金牌从而突破了我国在奥运会历史上

"零的纪录"相提并论，强调新闻业创新的重要性和这篇报道在时效性创新方面的里程碑意义。

具体到报道操作层面，新闻"求新"观念中的"时效性"，主要体现在时间性和时新性方面，强调新闻是否是最早或者第一次刊发或播出，是否是独家新闻或第一次曝光。例如，1988年新闻作品《约翰逊再次欺骗全世界》的评述，表扬了该篇报道的记者在与世界各地千余名记者的竞争中，善于发现问题，巧用"奥运日记"形式在国内独家发布怀疑约翰逊服药的信息，成为国内最早最详尽的有关"约翰逊服药败露"的消息。这一时期时效性往往被用于和国际新闻同行展开比较，体现了新时期整体上"先开放、后改革"（温铁军，2004）的态势——在新闻领域中，报道的改革一定程度上也是开放带来的结果，通过对海外新闻的报道和展开国际交流而发展出来的"全球意识"，显著推动了新闻宣传领域的改革。例如，在1986年11月中旬国际上"金日成遇刺身亡"的谣言四起之时，新华社记者郑保勤不失时机地采写了短消息《金日成前往机场迎接巴特蒙赫来访》，该篇报道荣获当年全国好新闻消息类一等奖。评述认为，记者采写消息后率先向世界发布，澄清了事实真相，受到国际同行的重视和好评，突出反映了新华社"短、新、快"的特点。此外，1987年关于国际题材的两篇新闻《菲律宾兵变目击记》与《西德飞机突然降落红场》，也因"在'抢'字上下功夫"受到好评，荣获全国好新闻奖。评述指出，我国以往在国际新闻的报道上时常慢于其他国家，但是这两篇报道却在时效上以及写作方式上超越了以往报道，这说明国际新闻报道在新闻改革中也取得了新的突破，并且暗示我国新闻事业在新时期正在追赶其他国家的意味。

此外，从1979年之后的很多新闻评述话语中可以发现，对于时效性的强调或者有些时候对于某些获奖报道在时效性方面不足的指出，实际上是针对改革开放之前新闻工作对时效性的忽视而发出的呼吁。这样一来，对于时效性的强调和在时效性方面的改革与创新，就不简单的是实践问题了，它实际上呼应了本书在第三章将要讨论的新闻与政治之间的关系，以及在这种关系下如何确定和发挥新闻本体规律的问题。需要指出的是，这一时期还特别强调时效性中的"时宜性"因素，也就是指新闻报道的时机是否成熟，体现了一种对于时效性的辩证态度，即"并不是抢时间的都是好新闻，压了时间的就是不好的新闻"，也将在第三章中一并详述。

二、新闻主题求新

在时效性之外，"求新"更加系统地体现在对于报道的题材和内容追求创新的观念和实践中，改革开放之后涌现出的"新人新事"成为新闻报道中的鲜明主题。新时期新闻观念中对于时代性的强调以及宣传改革开放成就的政治要求，都具体地落实在新闻题材和报道内容的求新上。对于新领域、新现象和新事物的创新报道，其核心目的正在于通过新闻宣传的方式进一步地促进改革，努力做好"改革的促进派"。反过来，也可以说，报道题材和内容中的大量的"新人新事"，也是对于改革开放成就的一种肯定——正是改革开放的成功进行，才能够推动社会经济的迅速发展，从而为新闻报道提供更加丰富多元的领域和素材。新闻报道和新闻改革的创新观念，在这里体现出了新闻与时代的交织与互动：新时期锐意进取和不断开放的时代精神，必然会通过包括提供潜在的报道对象等各个方面而影响到新闻观念领域；而以创新和改革为核心的新闻观念，又直接地指导了具体的报道实践，为这个时代贡献了一批脍炙人口的新闻作品，从而进一步促进和强化了时代精神，或者说新闻作品中的"新人新事"成为新时期时代精神的重要承载。

报道题材和内容的创新突出表现为集中对"新人新事"开展报道，并体现在改革开放带来的经济和社会发展的典型个案中。例如，1981年获奖作品《立碑改过的故事》，报道了农民父子打破"家丑不可外扬"的习俗，将所犯错误刻在石上并立于路边的新奇题材，表现了农民直爽、质朴和诚实的性格，从而在"新奇之中蕴含着新鲜的思想"，通过农民父子正确处理"公与私、个人与集体"矛盾的美德闪现出"时代的光彩"，为读者呈现出了新时期农民的新风貌。1986年的获奖作品《农家妇女孟玉香率队前往贵州》，则讲述了个体专业户孟玉香致富后自筹经费创办旱冰场，不仅活跃了农村文体生活，而且还为国家培养了体育人才——自己组队代表所在省参加全国旱冰比赛的新事。正如评述所说，该篇新闻突破了以往报道农村专业户如何发财致富的旧有叙事框架，题材新颖，蕴含新意，体现了改革开放带来的农村妇女解放以及空前的气魄与全新的风貌，令人鼓舞。1988年获奖作品《劳模马学良嘉奖乡亲促进双文明建设》的特色也在于题材新颖，独具匠心地捕捉到劳模富裕后自己掏腰包奖励在双文明建设中做出突出贡献的乡亲的事迹，展现了新时期劳模的精神境界。同年另一篇新闻《致富不忘求知　更望知识富有——专业户王求晓夫妻双双考上大学》，也因题材新颖、内涵丰富而荣获全国好新闻奖。该篇报道敏锐地发掘到了专业户王求晓夫妇通过努力自学、双双考上中国人民大学的新鲜事，反映了新时期富裕后的专业户这一新的人物群体及其"求知胜于求富"的新的精神追求，体现了农村经济改革和学校教育改革的新成果。

三、报道形式创新

"求新"还体现在对于报道形式和新闻写作的创新思维上,要求好新闻作品要不拘一格、创新报道,以适应时代要求和受众需要。在新时期新闻自身变革的观念、体制和业务的三个层面中,新闻文体的多样化和创新居于所有新闻变革的最前列(李彬,2009)[445]。具体来说,报道形式的创新要求新闻形式要根据改革的进展因事制宜,准确反映客观事物的运动特征。这种形式方面的创新,主要包括了叙述视角、语言风格、报道结构等,以及不同媒介如广播、电视等结合自身特点发展而来的对于多种新闻报道手段的综合运用。

报道形式的创新首先体现在报道和叙述的视角上,它能够带来对于老主题的新阐释。例如,1985年获奖作品《请你理解我的爱》就是一篇新闻视角独特的好新闻。评述认为,该篇通讯虽然报道了新闻中的老主题——正常人与残疾人之间的爱情故事,但是却打破了一般新闻"凸显正常人牺牲精神"的常规叙事手法,而是"以爱来写爱",使老主题增加新意境。此外,这篇新闻还运用了白描的手法描写主人公质朴而丰富的情感,不拔高,少议论,做到了情感的真切可信。

其次,报道形式的创新还广泛地体现在这一时期不拘一格的新闻写作手法上。随着改革步伐的不断迈进,人们的生活节奏也在不断加快,随之带来的是读者阅读习惯和口味的逐渐转变。这就要求新闻改革要适应这种变化,特别是在写作手法上不断突破习惯模式,根据内容"因事制宜"地进行创新。例如,1987年获得全国好新闻通讯类一等奖、《人民日报(海外版)》刊发的新闻《相思正是吐黄时》,就借用闽台地区广为覆盖的植物"台湾相思",将几个探亲的故事串联在一起,通过类似于《诗经》中"赋比兴"的修辞方式展示出台胞们的迫切归乡心情。另一篇获得通讯类一等奖的新闻《"吹灯兵"的情怀》也在报道形式上独具匠心,采用了"第一人称"口述实录的方式,讲述了一位在爱情和婚姻问题上遭遇"吹灯"、失恋不失志的现代军人的事迹。这种写作手法的创新在于用地道的"兵话"真实自然地传递出人物的崇高思想,避免了之前类似报道中的人为刻画痕迹和故意拔高的"闪光"语言。此外,同年另一组获奖新闻《"关于猪肉问题的思考"的系列报道》也在新闻的写作上寻求突破,将过去"单向灌输式"改为了"讨论和对话"式的宣传,将"结论式"改为了"进行和思考"式的报道,通过现场观察到的情节和人物对话来深化主题,"对改革新闻宣传,充分发挥新闻的舆论监督作用,进行了有益的探索"。

再次,报道形式的创新还体现在对于同一题材的不同媒介形式的综合运用上。1982年以后，电视作为一种新兴媒介在新闻领域中的重要性逐步凸显，甚至被认为是当时的"第一媒介"（常江，2018）。在广泛的新闻报道实践中，对于逐渐丰富的媒介形式进行综合运用成为这一时期新闻报道领域新兴的观念。例如，1987年荣获特别奖的灾难报道"大兴安岭森林火灾报道"，就集中体现了中央新闻单位通过多种形式协作行动的创新之举：中央人民广播电台利用广播"短和快"的优势最早向全国播报了火灾情况；中央电视台随后通过电视图像播放了森林火灾的实况；紧接着新华社以及《人民日报》《经济日报》等纸媒利用报纸深度报道的优势进行了持续近两个月的报道，声势之大、涉面之广、持续之长，都是以往灾难题材报道所没有过的。这种多媒介形态联合报道的创新带来了特殊的效果，它"突破了过去灾害报道的框框，打破了'报喜不报忧'的惯例，摆脱了封锁，深入火灾现场抢写、抢拍、抢录"，提供了灾难报道的成功范例，为新闻改革提供了弥足珍贵的经验。

最后，本节所讨论的新闻报道题材、内容以及形式的"求新"，同新闻与时代的关系以及对于新闻本身规律的认识都密不可分。在第十届全国好新闻评选中，评委们专门针对事实很有新闻价值却难以获奖的新闻作品，指出了两个普遍性的问题：一是写作形式僵化，"千佛一画"，不能因事制宜地表现特定内容；二是观念陈旧，事实虽新，但往往是新事实旧思想，不能揭示事物的深刻含义，不能发挥应有的指导作用（全国好新闻评选办公室，1989）[3]。所以，新闻的"求新"与"突出改革""做改革的促进派"之间是互为因果并缺一不可的。而新闻形式创新，又和新闻观念中对于新闻本身规律的思考与探索密不可分，这将在第四章中进一步展开讨论。

第三节　实事求是：历史传统的改革价值

"实事求是"是新时期新闻观念的重要组成部分。它不仅展现了党的优良作风和新闻工作的历史传统，而且还为新闻改革提供了当下的理论动力。实事求是和调查研究的作风，在中国共产党的政治传统中的一个重要来源是毛泽东对于湖南农民运动的考察报告，以及之后他关于实事求是的一系列论述。20世纪80年代整个社会思潮中的"实事求是、调查研究"，均可以看作是从历史资源中被唤醒的、有助于当时中心工作和改革开放的一种历史资源。而新闻工作本身由于应对事实与报道之间的独特关系，既是这组观念的受惠者，也是它的建构者。因而，"实事求是"提供了新闻观念在时间轴线上的延续性，是中国特色新闻观念的重要组成部分。

一、新闻与事实关系的重新确认

在批评"文革"期间一些拔高、夸大，甚至捏造事实服务政治目标的错误新闻观念之际，改革开放初期的新闻观念话语再次启动了新闻与事实关系的讨论和思考，其中主要包括了对于新闻价值的界定、事实对于新闻报道的重要意义以及新闻如何做到真实性和真实感等。

改革开放并不意味着与优良传统的断裂，相反，在新时期开始的若干年里，中国共产党特别强调要恢复和发扬既有的优良传统。邓小平在1979年3月30日《坚持四项基本原则》中总结了十一届三中全会以来对于优良传统的恢复，特别提出以实事求是"恢复毛泽东思想的科学面目"，而"四人帮"和林彪是"伪造、篡改、割裂马克思主义和毛泽东思想"。叶剑英（1979）在总结"文革"的教训之后，认为新时期的重要成就就是打破了精神枷锁，重新恢复了解放思想、实事求是的原则，把林彪、"四人帮"颠倒的一切重新颠倒过来。胡耀邦（1982）在中国共产党第十二次全国代表大会上的报告《全面开创社会主义现代化建设的新局面》中，同样提到要恢复毛泽东思想的本来面目，要在新时期坚持和发展毛泽东思想。可见，改革开放之初，政治思想和观念领域并非与前三十年断裂，而是力图寻找和定义毛泽东思想中对改革开放具有推动作用的那部分内容进行继承和发扬，而这些也为改革开放之后的新闻观念提供了重要的思想资源和历史的延续性。

"实事求是"正是这一时期力图恢复的党的优良传统之一，被确立为毛泽东思想活的灵魂三个关键词之一。早在1978年底，邓小平就指出，关于真理标准问题的争论是思想路线和政治问题，关系党和国家的前途和命运，而"实事求是"正是在这个大讨论中被重新提出成为指导思想的。邓小平（1978）指出："实事求是，是无产阶级世界观的基础，是马克思主义的思想基础。过去我们搞革命所取得的一切胜利，是靠实事求是；现在我们要实现四个现代化，同样要靠实事求是。"1980年，邓小平再次强调，"实事求是"是毛泽东的伟大历史功绩，是对于马克思、恩格斯所创立的历史唯物主义和辩证唯物主义的思想路线的中国化的成果，是党的马克思主义的思想路线。《决议》将"实事求是"追溯到1930年毛泽东反对本本主义，并以中央文件的方式对"实事求是"进行了定论，认为它主要解决的是马克思主义认识论的问题，是"辩证唯物主义关于认识的源泉、认识的发展过程、认识的目的、真理的标准的理论"。

"实事求是"所涉及的认识论的话题，实际上与新闻报道实践和新闻观念的关系特别密切，因为新闻并非是有闻必录的被动反映，而是要展现现实的联系、规律和趋势，这就必然涉及如何定义事实和认识事实的话题。改革开放初期的新闻观念话语对这一话题进行了探讨，体现出"实事求是"与新闻观念之间的密切关联。如1981年好新闻作品《周恩来同志四十一年前为林卓午先生题词 传邮万里 国脉所系》的评述指出，新闻价值存于客观事实之中，谁也无法拔高它；记者需要抓准时机，适时地表现出事实本身具有的积极价值和意义，否则事实也可能会成为一般的动态。对于已经过去的事实，新闻需要运用历史材料展开新闻的广阔背景，历史事实因为有了新闻根据和现实意义的主题也会产生新的活力，而具有新的活力的历史事实反过来又会深化新闻的主题和意义。上述评述提出的新闻应当如何理解、界定和报道事实的话题，是探讨新闻与事实关系的一个重要框架。作为报道对象和先在于新闻活动的事实，是新闻观念中必须要处理，也是最体现新闻独特性的要素。在改革开放初期的新闻观念中比较一致的看法是，记者应当坚持用事实说话，用事实来表达新闻的主题思想，发挥新闻的宣教功能。

但是，新闻用事实说话并不等于简单地罗列事实，也不等同于西方新闻学中的"客观性"。随着改革开放，特别是西方传播学的引入，"客观性"开始出现在这一时期的评奖话语中，用以赞扬一些新闻获奖作品坚持用事实说话的做法。如1981年获奖作品《美科学家找到一种癌变的基因 可能成为征服癌症的突破口》的评述，表扬这篇报道以"客观形式"报道国外科研新成果的好消息，不仅运用了概括性很强的背景资料，并且采用了通俗易懂的文字对致癌机理以及这次突破的意义进行了介绍，同时引用意见性材料对美国科学家的研究成果进行了客观评价，没有褒扬过度和夸大其词，实事求是，分寸得当。事实上，这里的客观性是指新闻报道坚持用事实说话取得的效果。1985年获奖作品《对江南命案的所谓审判实系抛出替罪羊》的评述认为，这篇报道好在"不仅符合对外报道客观公正的原则，而且恰到好处地表达了我们的观点"。而这里所说的客观是指"提供了比较充实的背景材料，用事实说话，逻辑清晰、环环相扣，同时寓观点于事实中，所以可信性强"。可以看出，这一时期的"客观"报道在我国的新闻观念中主要代表着增强新闻可信性的若干技术手段，与西方客观性原则中所谓的事实与价值相分离、避免个人观点的概念截然不同。

从历史的具体话语实践中可以看出，在对"新闻与事实"关系的表述中，实事求是和客观性是两种具有差异的新闻观念。中国新闻学强调对于事实的选择和整体的真实观念，要求在用事实说话的同时要在内容上层层深入、结构上井井有条，使读者置身于事实中而不感到杂乱无章。在事实第一性的基础上，要能够进一步发掘和展现出时代的真实感。1983年获奖新闻《老红军的女儿乐当"烧火兵"》的评述《新闻的魅力——真实》典型地呈现出上述真实观念。评述认为，首先，在于真实地反映时代精神和生活的主流，也就是说，需要体现时代的主题；其次，还在于真实反映人物的面貌和人物思想状态的转变过程，通过暴露和解决矛盾的过程来呈现典型人物具体转变的过程，达到真实可信的效果；最后，在于用朴实的语言记述人物的真情实事，即对新闻叙事和文字表述层面如何表达真实的一种要求。这里，在"实事求是"的传统下界定的新闻真实性，包括了三方面的内涵：真实是时代精神的主流，真实是呈现矛盾及其转变的过程，真实是对于真情实事的朴素表达。

二、调查研究：如何获取事实

"调查研究"的方法是坚持"实事求是"优良传统的必然要求和必由之路。作为重要的历史观念资源，"调查研究"已经融入改革开放初期新闻观念和实践的各个层面。在新闻报道中强化"调查研究"，与新闻本身的规律以及新闻所处的社会大环境密切相关，可以视为一种具有中国传统和特色的新闻业务观念。

早在抗战相持阶段的1941年8月1日，中共中央就发布了《中共中央关于调查研究的决定》的文件，实际上是在为整风运动、倡导和落实将马克思主义的理论与中国实践相结合，尤其是针对本本主义的问题进行理论和思想上的准备。文件开头就提出了"主观主义""形式主义"的问题，主要表现在"粗枝大叶、不求甚解、自以为是"等。文件重申了"没有调查就没有发言权这一真理"，将主观主义作风视为党性不纯的表现，而"实事求是、理论与实际密切联系，则是一个党性坚强的党员的起码态度"；文件进而要求各级党组织将调查研究的决定和增强党性的决定联系起来，从而将调查研究与党性进行了直接的关联，使调查研究成为党性的重要组成部分。同年9月13日，毛泽东也发表了《关于农村调查》一文，详细描述了自己是如何从1920年开始，从马列相关著作中初步获得了认识问题的方法论，然后一步步地去具体调查研究中国的农村问题的。

新中国成立之后，刘少奇在讲话中总结了毛泽东对党的领导干部要亲自进行调查研究的要求，建议用典型个案的方式，"认真地调查研究一两个农村，一两个工厂，一两个商店，一两个学校，以便取得知识，取得发言权，以利于指导一般的工作"（刘少奇，1962）[396-400]。调查研究还是党在历次拨乱反正时期的重要思想武器。例如，在针对三年自然灾害时期的问题进行反思的过程中，周恩来在1961年中共中央工作会议中南、华北小组会上讲话时，专门强调了调查研究和群众路线之间在观念和逻辑上的密切关联。他说，下去调查的时候要坚持毛泽东提出的"从群众中来，到群众中去"和"集中起来，坚持下去"的原则，这也就是"民主集中"的原则。刘少奇（1962）将主观主义作为不坚持调查研究工作的一个后果，定义为党性不纯的表现，在三年自然灾害之后提出要继续将实事求是的作风和调查研究的方法作为加强党性的第一个标准，否则就是反科学、反马列。

在改革开放启动之后，调查研究再次成为党在领导经济工作和全国范围推进改革的重要武器，也成了新闻改革和新闻报道领域的突出观念。调查研究能够确保新闻的真实性和产生积极的社会效果，从而发挥舆论宣传功能。1980年初，《人民日报》就提出要加强调查研究，同时在调查研究中提高报纸工作人员的实际知识水平（方汉奇等，2018）[1007]。1984年6月26日至7月1日，中华全国新闻工作者协会和山西省新闻工作者协会联合在太原市召开了"全国新闻真实性问题座谈会"并形成会议纪要；8月7日，中共中央宣传部转发了这个纪要，将维护新闻真实性原则作为新闻单位整党的主要内容之一，指出了各级党委、宣传部门和社会各方面在维护新闻真实性方面所担负的责任（中共中央宣传部，1989）。具体落实到维护新闻真实性的做法上，除了对于《毛泽东新闻工作文选》等学习之外，《纪要》特别强调"深入实际、联系群众、仔细采访、调查研究"的作风。可见，调查研究在这一时期成为针对新闻工作中出现的各类问题、确保新闻领域坚持实事求是作风的主要抓手，具体又体现在如下两个方面。

一方面，调查研究被表述为记者主动地承担时代重任、发挥新闻社会功能的主要方式和应有的工作精神和状态。例如，针对1987年全国好新闻消息类作品的综述指出，在改革开放加速的进程中，记者需要以饱满的政治热情以及崇高的责任感和使命感，从不同的角度积极切入时代，展开调查研究，根据自己的观察和理解，及时快速地报道改革的新风貌和取得的新成就，描绘改革过程中涌现出的新人新事，提出或解答广大群众热切关心的重大问题，"写出与时代和社会发展相适应，又不粉饰现实，图解流行政治概念的平庸化的趋时之作，同时将笔触深入到积存、沉淀于自己内心深处鲜为人知的生活素材中去，从冷静的审视与认真思索中开掘兼具现实价值和历史意义的积极主题和深刻的内涵"（常秀英，1988）[86-87]。

另一方面，在改革开放的巨变语境中，调查研究能够确保新闻报道和新闻记者从生活表象中总结出正确的认识。按照毛泽东的"实践论"的观点，正确的认识是通过深入实践和深入群众的方式产生的。而调查研究的方式和调查性的报道正是在真理与实践的框架下展开的关于新闻实践如何探寻和反映真理的具体体现。新时期,调查研究成为记者发掘真相、伸张正义、揭露和批评问题的重要武器。例如,1987年获奖作品《钱向金动用"拉达"轧场火烧连营》《人为狗吊孝》《一则报道的背后》《假酒追踪记》中所反映的社会问题都是异常复杂,正是因为记者坚持了调查研究的方法,深入一线,不畏艰难、追根溯源,才挖掘出触目惊心的一手资料,写出有深度的报道,客观准确地反映问题的实质,使新闻报道真正发挥了"揭露犯罪、伸张正义、捍卫党纪国法"的作用。

此外,调查研究还可以使新闻报道体现更强的主动性和创造力,积极发掘事物本质。我国新闻报道长期以来存在"紧盯上面、强调舆论一律"的情况;在新时期全国启动改革开放的背景下,很多新闻报道仍然只是简单地赞扬改革成果,在报道内容和语态上"一律是改革好,一改就灵,一包就富"(常秀英,1988)[86],缺乏对于现实的深入探究和思考,对很多违背事物发展规律的事情"视而不见",无法发挥新闻舆论工作的实际效果。因此,这一时期新闻界着重强调和提出了"深入实际、联系群众、仔细采访、调查研究"的优良作风。调查研究的传统不仅提供了具体的方法指导,也成为一种观念性的资源,推动改革开放初期新闻报道中不断涌现更加主动和具有创造力的佳作,既深入探究事物本质和规律,又为现实的改革提供了更为主动的政策支撑和现实依据。例如,1979年5月16日,《人民日报》在头版头条刊发范敬宜原在《辽宁日报》上发表的《分清主流与支流,莫把"开头"当"过头"》时,专门以编者按方式指出,作为新闻记者就应当像范敬宜同志一样,多进行扎扎实实的调查,用事实来回答那些对三中全会精神有怀疑和抵触的同志(方汉奇等,2018)[1000]。

第四节 新闻自身的改革

除了反思和继承历史传统之外,这一时期新闻观念的时间轴向还体现在针对新闻自身改革的观念表述中。正如第一章所述,时代的变革推动着新闻进行同步改革;与此同时,一系列具体新闻报道所引发的行业内外的讨论则进一步推动了新闻从业人员及整个社会关于新闻自身如何改革的思考和探索。这一时期,对于新闻自身改革最重要也是出现频次最高的话语,是对于新闻自身观念的革新。这首先包括了新闻思维方式的更新,"变单向思维为多向思维",以便能够全方位、多侧面地报道和分析改革开放以及四化建设的成就、经验、情况和问题。此外，新闻自身观念的革新在于对新闻主动发挥功能和记者主体意识的强调，要求记者在具体的新闻操作过程中不仅要积极发挥主观能动性，还要展开关于新闻媒介在社会变革过程中的"功过得失"的自我反思。这样就使得新闻的功能从以"解释政策"为主变为更加客观和多视角地展开纵深报道，从而能够"影响政策"和促进改革开放。

到1980年代中后期，上述新闻改革的观念得到不断的凝聚和强化，特别是进一步明确了主流媒体的改革方向，对其改革的进程和效果提出了更加迫切的要求。1987年，针对第九届全国好新闻作品特等奖的长篇评述《知情权和议政权》，系统阐述了这一时期具有代表性的关于中央媒体的改革观念。这里所说的中央媒体是指《人民日报》、新华社、中央人民广播电台和中央电视台四家国家级新闻媒体，改革的设计思路主要涉及两个层面，一是作为宏观层面的领导体制的改革，也就是党中央的直接领导，这被视为中央新闻媒体单位的核心特点和优势；二是微观层面也就是新闻报道业务上的改革，如新闻报道内容上的进一步丰富以及增加知识性、趣味性等。

按照上述改革观念，以中央媒体为代表的国家主流媒体主要应当承担以下三方面的使命。第一，及时而充分地报道党中央的重大部署和方针政策，因为这代表了当下中国最应当得到讨论并且是人民最为关心的重大问题，体现了中国新闻观念中鲜明的政治属性，即服务中心工作。第二，针对上述重大问题以及重要的思想理论问题，新闻媒体应当发挥讨论平台的作用，凝聚人民群众的意见和建议，形成正确的观点和共识，发挥新闻宣传工作的思想教育功能。第三，通过新闻媒体展开正确的舆论监督工作，揭露并批评各级领导干部和各行各业中的突出问题和倾向性错误，特别是违反四项基本原则和违背改革方向的根本性错误。中央媒体的改革实际上是这一时期新闻领域改革的排头兵，促进了新闻观念的变革向纵深发展。

此外，新闻改革所要求的新闻媒介发挥讨论平台和舆论监督的作用也催生了一批代表性报道。其中，最引人瞩目的是1985年的"袁庚纳谏"事件。1985年2月28日，《蛇口通讯报》刊发了一篇独特的报道，这篇题为《该注重管理了——向袁庚同志进一言》的批评稿，将矛头直接对准了时任蛇口工业区党委书记、管委会主任的袁庚，犀利地指出管理区的整体管理水平落后，管理机构臃肿膨胀，以及合资企业、独资企业与直属企业之间的不合理分配局面，并认为袁庚应该承担主要责任。收到这篇来搞后，报社向袁庚本人请示了刊发意见，袁庚认为，"在蛇口办报，除不能反对共产党，不能搞人身攻击之外，凡批评工业区领导人的文章"都是可以刊登的。最终，来稿得到了完整刊发，不仅促进了当时对于蛇口工业区的改革与发展的深层次反思与探讨,也在新闻领域激发了如何创新性地处理"党委、党报和人民关系的"观念思考。这则报道的刊发也从一个侧面说明,党报和主流媒体承担讨论平台和舆论监督的功能已经被领导干部和人民群众所认同,是改革开放初期新闻观念革新的生动折射。当年全国好新闻评委会授予了这则报道"特等奖",并在评述中专门针对这个案例进行了讨论:

在蛇口党委的领导下,广大人民群众对待党委和党报的态度是正确的。人民爱护领导,他们对领导敢于批评也乐于批评,表现了他们真正的主人翁态度,表现了他们对领导工作的监督精神。人民群众相信党报能反映人民的意见,也愿意督促党报鼓起勇气来反映人民的意见(胡绩伟,1986)[18-19]。

最后需要指出的是,新闻自身的改革既是新闻观念中时间轴向的具体体现,同时也涉及新闻观念的政治轴向和形式轴向。可以说,新闻改革改变和发展了人们对于新闻的政治属性和具体报道实践的既有看法,这在第三章和第四章还将进一步展开论述。

本章小结

改革开放初期的新闻观念话语试图与两段不同的历史时期展开对话,通过对历史的反思建立一种新的叙述和认知来革新和丰富新闻观念和新闻实践。第一个得到反思和探讨的自然是"文革"期间新闻宣传工作的教训。改革开放之后,中国的新闻界对于"文革"期间受到"左"的错误思想的影响而形成的新闻观念进行了彻底批判。新时期新闻评奖的话语中所体现出来的"万象更新"和"新闻改革"等,都可以视作是这种批判反思的直接成果。这些观念迅速地带来了新闻报道实践的新气象以及重塑了新闻战线在人民群众心中的正面形象。另一段被重新提及和重视的历史是五四运动,尤其是延安整风运动以来中国共产党新闻舆论工作不断发展和形成自身理论体系的历史。改革开放后,随着整体的"拨乱反正"工作以及以《关于建国以来党的若干历史问题的决议》为代表的对党的历史和毛泽东思想的科学总结,党的新闻工作中的优良传统得到了恢复和发展,特别是恢复了实事求是的思想作风和维护四项基本原则、保障改革开放进行的战斗风格。

这一时期的新闻观念话语在处理历史和当下的时间轴线的过程中,具体陈述和建构出如下几种较为稳固的观念要素。首先,是对于新闻的时间属性的强调,体现在各种求新的意识和诉求上。这不仅包括了"时效性"这一当代新闻实践的基本要求,也包括了对于改革开放之后出现的新的社会现象和新闻题材的强调,以及在报道形式方面尤其是基于媒介技术发展所带来的对于媒体形态的创新性使用。其次,在"批判历史"和"历史批判"的过程中,"实事求是"以及与其相关的"调查研究"的传统成为新时期新闻宣传工作的指导思想和具体方式。它不仅代表着一种与西方的客观主义新闻学具有显著区别的关于新闻事实的定义和认识,而且也提出了基于中国共产党的理论与作风的获取新闻事实和达成新闻真实性原则的实践路径。与"公平""独立""中立""非介入"等西方客观新闻学的原则不同,"实事求是"和"调查研究"都拒绝将事实与它的社会价值和功能进行机械化分离,强调记者在报道过程中,对于新闻事实发展出符合改革开放和辩证思维的主体认识。最后,针对新的历史阶段的要求,形成了关于新闻改革的系统观念,包括以"服务中心工作"为具体表现的政治属性的延续,以"关于真理标准大讨论"为起点的回应重大思想理论问题的意识形态功能的主体担当,以及以"促进改革和发展"为根本目标的舆论监督工作的正确开展。

第三章 政治轴向：新闻与政治

在马克思主义新闻观中，新闻作为一种意识形态从属于政治，服务于政治。新闻观念的"政治轴向"的观念丛强调新闻的本质功能是政治功能，新闻工作本质上是政治工作，以及新闻舆论工作必须围绕和服务于党和国家在特定时期的中心工作。

党的十一届三中全会的召开，为新中国历史开创了一个崭新时代，为党和国家的中心任务指明了新的方向。改革开放的最初十年，改革尤其是经济领域的改革无疑是最为核心的政治任务。这一时期，新闻服务中心工作的一个重要话语表述就是"新闻工作者要做改革的促进派"。在具体的新闻评述话语中，政治第一性常被表述为"主题论""思想性""战斗性"等。这一时期的新闻观念表述中，新闻领域的改革既像上一章所展示出来的、从整体的改革开放中获取合法性和政治支撑，又反过来服务于改革这项中心政治工作，进而体现了新闻观念中的时代性特征。

早在延安时期，政治第一性就明确地成为新闻舆论工作的首要标准。新中国成立后，在历次政治运动中，这个第一属性不断得到强化。1966年，《人民日报》发表社论《政治与业务》，就明确提到政治在各项业务中的统领地位："必须了解，政治和业务这一对矛盾中，政治是矛盾的主要方面。政治是统帅，是灵魂，决定业务方向和性质，这是一方面。另一方面，政治又要落实到业务上，通过一定的业务来实现。我们必须注意把业务和政治结合起来。"新时期以来，新闻观念的政治轴向通过一系列话语表述实践得到了继承和发展，在党的新闻宣传历史中发展出的对于新闻的政治属性的认识都得到了重新认识，而新时期经济和政治改革也为这一轴向贡献了新的内容。

第一节　新闻的思想性和指导性

新闻的思想性和指导性，是新闻服务于政治的基本前提和重要保障。改革开放初期，新闻观念的话语特别强调新闻的思想性和指导性，要求新闻报道应具备思想深度，而不仅仅是当前工作的被动反映和政治口号的直接表达。新闻评奖要求获奖作品应当旗帜鲜明、观点醒目，在新闻报道中应当明确指出提倡什么、反对什么。在改革开放初期的具体语境中，这种对新闻的思想性和指导性的强调，也是对"文革"为代表的僵化新闻观念的反思和革新。只有做到思想深刻正确、对中心工作具有指导价值，新闻才能够主动而有效地发挥其政治功能。

一、新闻的思想性

新闻的思想性，具体体现在发挥新闻报道的思想政治教育功能。在改革开放初期，新闻报道具有思想性，主要意味着对于党和国家的方针、政策与路线的宣传，以及对于思想政治和意识形态领域的重大问题的回应；在1980年代的中国具体政治语境中，后者主要包括党的思想工作作风和反对资产阶级自由化等。

1989年，全国好新闻评选办公室在总结十年来评奖经验的基础上，专门撰写了《关于全国好新闻评选标准的几个问题》，提出了"十二字"的总要求，即"评出水平、评出方向、评出团结"。其中，"评出方向"是这十二个字的核心，主要是指新闻要坚持四项基本原则（全国好新闻评选办公室，1989）[4]。这与十一届三中全会以来逐步确立的"一个中心、两个基本点"的基本路线相呼应，并在好新闻的评选过程中得到贯彻。在具体的评选操作环节，这体现在对于导向功能的优先考量上，即新闻写作技巧纯熟老练但导向不健康、思想不正确的作品不能入选，而写作技巧不够高但舆论导向好的作品则有望入选。如1986年入选的新闻作品《讲民主不能离开四项基本原则》《还要发扬艰苦奋斗精神》以及《大字报不受法律保护》等，都体现了舆论导向在新闻观念中的第一重要性，具体来说，这三篇新闻作品都从不同的角度积极回应了当时中央提出的反对资产阶级自由化的重要指示，体现了新闻报道的思想性。

在改革开放初期，伴随着市场化、商品化浪潮的冲击，中国社会出现了很多新问题和新情况，这进一步引发了如何看待传统与改革的问题。在这种历史语境中，新闻的思想性观念更多地体现为树立正确的导向、坚持原则与优良传统、加强精神文明建设、反对资产阶级自由化的倾向。如1984年12月13日《工人日报》刊登的通讯《值得思考和探讨的问答——一位企业党委书记关于企业思想政治工作答青年问》，被评价为一篇"多年不见的政治性好文章"，尤其受到广大青年的好评，荣获了当年全国好新闻评选的特等奖。对这篇新闻的评述《献给人们的一束思想鲜花》直接指出，这篇通讯对于在改革中思想政治工作所发挥的作用、存在的问题和解决的对策，以及从事思政工作的态度、方法等问题，都进行了鞭辟入里的分析和回应，并且广泛地回答了当时青年们在党风、理想信念、道德情操以及工作生活等方面遇到的困惑和难题，达到了"思想深刻、富有哲理、令人深省"的思想性标准。1986年的获奖新闻《一个青年个体户说："我们'穷'得只剩下钱了！"——精神文明建设备忘录》的评述直接点明，这个新闻关注的是新时期崛起的青年个体商贩这个庞大而特殊的群体开展精神文明建设的重要问题，无论对政治工作还是对经济工作都值得深思。

在1988年全国好新闻的评选中，对于新闻思想性的强调尤为突出。因为当时社会上一部分人中普遍存在"向钱看、唯利是图、损人利己"的情况，对精神文明建设产生了负面影响，甚至有些人开始对"党和党员失去信任"。因而，新闻报道针对上述情况开展思想政治教育，展示出新闻的政治功能。1988年5月3日，《吉林日报》刊登了一篇消息《"党义"，你在哪里？》，报道了铁道部长春机车工厂内，共产党员不肯留下姓名，纷纷以"党义"（也就是"以共产党员的名义"）为名，向家庭生活贫困的53岁老工人郭希有提供资助的事迹。评述指出，这篇新闻情理交融、内涵深刻，"在当前的确难能可贵"，体现了共产党员对群众的关心以及无私奉献、乐于助人的高尚品德。另一篇荣获1988年全国好新闻奖的新闻作品《最后的冲刺——记著名眼科专家、优秀共产党员申尊茂》，是一篇人物通讯报道，正如评述《难得的"浓缩"》指出的，它在"知识贬值、医德回落"之际，发出"尊重知识的呐喊和对医德回归的呼唤"，弘扬了正确的思想认识和政治方向——只要是全心全意为人民服务的人，人民一定会铭记于心。1988年12月20日刊载于《南宁晚报》的通讯《人间自有真情在——记一群尚未成婚的"爸爸妈妈"》，通过一群尚未成婚的青年男女共同抚养弃婴的事迹，展示了80年代青年的精神风貌。获奖评述认为，这篇新闻之所以堪称佳作，就在于它反驳了当时社会上存在的所谓"人与人之间关系被物化、淡化"的思想，重新让人们意识到助人为乐的优良传统仍然是社会的主流。另一篇评述文章《传统与改革的和谐统一》直接指出，同样荣获1988年全国好新闻奖的报道《老红军当上了"破烂王"》的难能可贵之处，在于批驳了"陈旧的世俗观念"，通过朴实的笔法、情理兼容的叙事，成功阐释了在社会主义现代化建设过程中既需要改革，也需要脚踏实地、保持艰苦奋斗优良传统的正确价值导向。

二、新闻的指导性

在新时期的新闻观念话语中，新闻的指导性经常与新闻的思想性一同出现在具体的表述中。但是，相比于思想性来说，新闻的指导性更多侧重于以下三方面：一是通过发挥新闻报道"耳目喉舌"的作用，来助力党和政府的政策的制定、修订与宣传；二是通过强化新闻报道的教育意义和经验推广价值，使读者从中受到教育、感染和启发；三是针对具体的社会问题和现实困惑，通过新闻报道给出解答，为社会大众指明方向。此外，这一时期新闻指导性的观念话语表述还特别强调，指导性要巧妙地与可读、可信、可亲性融于一体，达到事实、价值、效果的和谐统一。这既是对新闻采写提出的具体要求，也是新闻媒体发挥社会功能的价值所在。

一是助力政策的制定、修订、宣传与落实。改革中出现的新事物、新情况和新问题，要求党和政府必须根据社会现实情况，制定、完善、宣传和落实新的政策，从而进一步提升服务人民群众的水平。这一时期，新闻的指导性首先体现在为党和国家政策的制定及修订提供支撑。例如，1986年《人民日报》刊发的通讯《大户心态篇——温州风景画之三》，通过定量分析和深入访谈的方式，对当时农村中先富裕起来的部分专业户的心理状况进行了剖析，呈现出改革引发的社会心理结构的深层次变化，从而"为政策的制定和实施提供了佐证"，荣获当年全国好新闻通讯类一等奖。1988年，《新晚报》刊登了消息《本省难分配　出省要交费　兽医博士无奈摆烟摊》，是对当时各地方制定的关于高校毕业生实行"有偿分配"新政策是否可行的一篇见闻式和调查性报道。这篇报道通过事实证明，新政策弊端大，不利于贯彻党和国家关于知识分子的政策，引发了多方关注和重视，从而影响了政策的下一步走向，体现了新闻报道的指导性观念。

其次，新闻的指导性观念还体现为，通过新闻报道加强对于国家重要政策的宣传力度，从而指导具体工作的落实。例如，1987年11月12日，《人民日报（海外版）》刊发了通讯作品《相思正是吐黄时》，通过真实典型的案例、饱含深情的笔法，情真意切地描述了台湾同胞的思乡之情和探亲之苦，在海外读者中引发共鸣。获奖评述指出，该篇新闻的指导性，正在于宣传了我国政府关于台胞来去自由的精神，堪称"对海峡两岸关系影响深远的佳作"。1988年荣获全国好新闻奖的新闻作品《但存方寸地　留与子孙耕》和《玛纳斯河谷的"超生盲流村"》，也都通过准确的数据和大量令人信服的案例，针对我国土地和人口的重大国策进行宣传报道，起到了对于现实工作的指导意义。

再次，在具体推动政策的落实方面，这一时期的新闻观念也要求新闻报道积极发挥指导和督促作用。例如，1985年8月2日《福建日报》刊发了《二百零五家企业调查　半数的自主权不落实》，呼吁各级政府督促有关部门继续贯彻国家各项扩权决定，"松绑"放权，助力经济体制改革，搞活企业。这篇消息集调查、事实、分析于一体，说理性强，产生了很好的社会效果，荣获当年全国好新闻消息类一等奖。正如其评述指出，该篇消息在当时改革受到非议的情境下，仍然能够通过深刻扎实的报道来指导和监督相关政策的落实，是"难能可贵"的，对处于"胶着"状态的改革注射了一剂"强心针"。1987年，针对全国好新闻奖获奖作品《六名承租者为何迟迟不到岗》和《应当让国库券上市流通》的评述也明确指出，这两则新闻紧密围绕经济体制改革中出现的新矛盾，及时反映了群众、专家和记者的观点、看法和建议，具有很强的政策性和指导性；特别是后一篇报道，直接推动了国库券于1988年上市流通。这些案例无不围绕当时党和国家的大政方针和具体工作展开主动并富有创造性的报道，体现出指导性这一重要的新闻观念。

二是通过推广好经验指导具体工作开展。这一时期，新闻的指导性还体现在鼓励新闻记者把有教育意义和推广价值的经验提供给广大人民，使其从中受到教育、感染和启发。例如，1985年获奖作品《一个万人大厂搞活致富之路》的评述指出，该报道在全国第一个提出了"要划小核算单位、层层放权"的问题，并且对几条主要的经验总结概括得很好，指导性很强。这个报道还引起了当时中央领导的重视，要求广泛介绍沈阳电缆厂如何搞活大企业的经验。可以说，这篇新闻报道在经济改革的过程中，对于推广有效经验发挥了积极的作用。1986年3月20日，《河南日报》刊登的消息《给耕地建"档案"》，打破常规消息写作的模式，采用散文化的结构，介绍了邓县（今南阳邓州市）通过土地划定等级、升奖降罚的办法调动农民养地种地积极性的有效经验，发挥了新闻较强的针对性和指导性，荣获了当年全国好新闻二等奖。同年5月6日，另一篇在《安徽日报》刊发的新闻《淮南市粮油食品厂厂长陈国良　调离时接受审计部门审计公证》也荣获了好新闻二等奖。其评述认为，这篇报道的成功之处在于及时地报道了厂长离任接受审计检查这一经济体制改革过程中又新又好的措施，在全国范围内产生了一定影响，促进了这一经验措施的推广。

为了达成新闻的指导性，需要抓住有利的报道时机，并在报道方式上做到充分全面。1987年4月3日，《工人日报》刊发了消息《石家庄第一塑料厂实行满负荷工作法》，用精炼的文字介绍了企业家张兴让推出并率先实行满负荷工作法的经验，荣获当年全国好新闻消息类作品一等奖。其评述认为，这则新闻很重要的一个特点就是报道时机足够早，这才能够在企业界产生强烈反响，真正发挥出这一解决企业内部沉积多年的"大锅饭"问题的新创举的借鉴价值。同年，另一篇荣获全国好新闻深度报道一等奖的作品是湖北《孝感报》采写的系列报道《贫困乡的出路在哪里？》。为了提升报道的指导性，编辑部派出了1/2的记者深入一线，从不同角度剖析了各种导致贫困乡贫困的原因，并从不同方位、角度和层次提出了脱贫的对策和建议。正是由于报道方式的充分全面，该篇新闻实现了新闻和宣传的双重价值，发挥了经验推广的重要作用。1988年12月16日至28日，《四川农民报》推出深度报道《农业发展探源连续报道》，通过《症结究竟在哪里？》《"大小子"还在吸奶娘》《莫老对生产关系打主意》三部曲，提供了扎实详尽的调查资料和案例材料，深刻分析了农业发展过程中存在的诸多矛盾，介绍了相应的解决对策，因而荣获当年全国好新闻深度报道类二等奖。其评述认为，该篇新闻报道最大的优点就在于对处于当时"农业过冷、工业过热"大背景下的广大群众带来了启示和经验，发挥了新闻的指导价值，产生了较好的社会效果。

三是针对新问题和现实困惑指明方向。新时期的新闻指导性还体现在针对具体的社会问题和现实困惑，明确主流，为广大群众指明方向。例如，1985年5月27日，《湖南日报》刊登的消息《株洲电力机车厂厂长正确区分改革中的失误与不正之风的界限　保护群众改革积极性　企业越搞越活》，荣获了当年全国好新闻一等奖。其评述认为，该篇新闻作品贵在坚持原则，分清是非，有观点，有定论，是一篇"排除非议、推动改革"的力作，帮助人民正确地区分了改革中的失误与不正之风的问题，在当时发挥了重要的指导作用。

针对新问题和现实困惑指明方向的这种新闻指导性观念，在1988年的全国好新闻评选中表现得尤为明显。1988年1月27日，《人民日报》刊发新闻《一人沉浮　千夫评说——步鑫生被免职后的种种议论》荣获了当年全国好新闻通讯类报道一等奖。其评述认为，该篇通讯最为显著的特点即在于提醒广大群众，在四化建设进程中改革家的沉浮实属正常现象，不能用僵化的、小农经济的观念去看待经济体制改革中的先进典型。这篇新闻为改革浪潮中身处错综复杂社会生活的人们指明了方向，有助于人们做好心理准备。另一篇通讯类一等奖作品《话说"不稳定感"》，通过夹叙夹议的报道形式，呈现出社会转型时期在各行各业的广大群众中普遍存在的"不稳定感"及其具体表现,并且运用新观点分析了新问题,揭示了引发"不稳定感"的深层次社会和心理根源,即"哪里引入竞争机制,哪里就会产生'不稳定感'"的实质,引发了正处于机构改革中的国家机关的强烈反响。其评述认为,该篇报道好在具有超前意识,抓住了事物的本质,为社会大变革中的人们指明了破除"不稳定感"的明路,指导人们及时变革观念,提升素质和本领,勇于迎接新的挑战。同年,另一篇产生较大影响的获奖新闻是《内蒙古日报》10月14日刊发的通讯《好听不好听 我叫第一声——访我区第一则婚礼广告的当事人》。其评述认为,该通讯在婚事大办之风愈刮愈烈的情势下,报道了"广告婚礼"这样一个婚礼文化改革的创举,移风易俗,是对"陈旧陋习的有力冲击",针对社会生活中的问题指明了勤俭节约的新时期社会主流风尚。

可见,在1980年代后期逐渐驶入深水区的政治经济改革和逐渐呈现出复杂性的社会文化生活领域中,具体的新闻报道一直秉持了新闻的指导性的观念,力图在芜杂的现实生活中发现社会发展的深层脉络,从而回应问题,指明方向。

第二节 新闻主题与选材的政治标准

正如前面所述,在改革开放初期的新闻观念话语中非常强调新闻的思想性和指导性。那么,如何真正发挥新闻的思想性和指导性呢?首先,离不开对于新闻的主题层面的要求。这不仅要求主题思想正确且具有指导意义,更重要的是要深刻,要能够抓住事物的本质和趋势。在新时期,"主题深刻"成为对全国好新闻展开评价的重要标准,常常作为获奖评述中的第一条和最重要的一条内容。随着改革开放的不断深入,各种新情况和新问题的不断涌现,对于新闻宣传工作提出了迫切要求,具有深度的新闻报道越来越受到重视,以此来准确地反映问题,帮助寻求解决之道。求"深"成了这一时期对新闻报道提出的时代要求,也是新闻观念中关于新闻主题以及新闻与政治关系的一个重要表述。事实上,对于"主题深刻"的追求一直存在,但是"在过去从来没有像今天这样执着地追求过"(何光先,1988)[11],甚至可以说已经成为当时的标志性新闻观念。在全国好新闻的评选标准中,新闻作品是否具有深度,往往成为评价新闻优劣的一条重要标准(常英,1987)[48]。那么,什么是主题深刻?如何做到主题深刻?这就进一步涉及新闻题材的创新性与针对性的问题,以及通过内容和形式两方面积极"求深"的途径。

一、主题深刻：思想性和指导性的具体要求

主题深刻，或者说在新闻报道过程中对主题进行提炼和深化，首先是一个认识论的话题，它代表着新闻记者在报道实践中对事物及问题的认识发生了由感性到理性、由表面到深层的飞跃。这种认识论的过程在毛泽东的《实践论》中得到经典阐述，他说："要完全地反映整个事物，反映事物的本质，反映事物的内部规律性，就必须经过思考作用，将丰富的感觉材料加以去粗取精、去伪存真、由此及彼、由表及里的改造制作工夫，造成概念和理论的系统，就必须从感性认识跃进到理性认识。"（毛泽东，1937）[291]因而，对于新闻报道来说，如果没有这个认识过程，就不可能表现事物的本质和特征，也不可能对材料进行正确的取舍和有机的组织，所报道的新闻也就发挥不了更大的价值。

改革开放初期，随着社会转型带来的社会生活的急速变化，整个社会观念都发生着革新。改革的时代精神已经深刻地影响到人们对于社会、人和事物的看法和判断，整个社会对于中国历史进程和改革开放事业的认识也逐步深化。这不仅为新闻报道提供了日趋丰盈的主题资源，而且也对新闻报道的主题求深提出了时代的要求。在改革开放初期的特定历史背景下，强调作品的深度，就是强调新闻要全面、深刻地反映新鲜事物的发生发展以及社会变迁过程，这既是改革的需要，也是发展大局的需要。主题深刻不只是报道技巧问题，更是指导思想问题，它是新闻宣传领域突出改革、突出创新、充分发挥舆论监督作用的基础；作品没有一定的深度，不仅达不到这个目的，而且还可能适得其反（全国好新闻评选办公室，1989）[4]。因此，主题深刻的新闻观念不仅反映了时代的要求，还能够对它所处的具体社会语境产生反作用。具有主题深度的新闻报道，能够更好地发挥思想性和指导性的作用，从而有力地推动改革的加速和深化。可以说，主题深刻的新闻观念既根植在时代形势和现实生活的沃土，又是时代精神和改革观念中的一个有机部分。

因此，新时期的好新闻评选，一直特别重视新闻作品对于主题的深层次的展现，要求新闻报道应该尊重客观实际，正确认识形势，站在历史潮头，通过深刻的主题来引导、支持新生事物的成长，反映时代新风貌。例如，1983年的新闻评述中就将主题深刻和新闻价值联系起来，指出体现新闻价值的重要标志在于主题；主题抓得好，那么新闻的社会效果肯定就好；而"主题比较一般化""轻了或老了"的报道，不仅无法发挥很好的社会效益，也无法在评选中得到认可。这一时期，对于主题深刻的常见话语表述多为"含意深长""深化主题"等。事实上，"含意深长"并不属于新闻自身，而是在新闻自身基础上

对于主题深刻性和社会意义的一种延展和进一步的挖掘；而"深化主题"这时候已经成为一个能够体现中国特色新闻观念的关键词。1987年的全国好新闻获奖作品综述，将"求深"视为"时代的要求，受众的意向，新闻发展的必然"，好的新闻作品必须在"求深"的总体要求下正视现实、遵循规律、善于创新（何光先，1988）[26]。

最终，主题深刻的新闻观念作为全国好新闻评选的重要考量，被纳入评奖标准。1988年，全国好新闻评选办公室在对改革开放十年来全国好新闻评选标准进行梳理总结时指出，好新闻的标准一直采用五个字概括，但是内容却有所变化，过去是"真、短、快、活、强"，这一年则把"强"字换成"深"字。在当时，这既是新闻业务标准的革新和提升，也体现出对于新闻发挥政治导向作用的要求在逐渐加强。"深"字的突出，体现了新闻观念变革的大趋势：只有主题深刻、抓住事物本质和规律的新闻报道，才能更具有思想性和指导性，也才能切实有效地发挥政治导向作用。相反，如果新闻作品没有深度，就无法深刻揭示事物的本质、改革的主流，也很难受到群众的欢迎，从而失去了舆论导向的核心作用。因此，这就要求记者深入到基层生活中去观察和体验，切身感受时代变革中的新人新事，深入采访，抓住问题的实质，反映事物的发展趋势，歌颂光明，批评谬误；只有作品写得深入，对事物的本质揭示得深刻全面，同时可读性和感染力强，才能真正发挥新闻的指导性作用，提升新闻本身的价值。

二、创新性和针对性：好主题的题材要求

伴随着改革开放，社会生活涌现出了大量的新生事物，各类情况层出不穷、瞬息万变，为新闻报道领域提供了很多新颖的题材。作为改革的见证者和记录者，新闻肩负着记录时代精神风貌的重任，每一篇优秀的新闻作品本身也烙有锐意创新的历史印记。因此，在新时期的新闻观念中，好的主题首先意味着新闻题材具有创新性和针对性，重视在题材的选择上下功夫；而这又与记者的创新意识、洞察力，对题材的认知水平、挖掘提炼的能力以及具体的表现手法密不可分。

新闻题材的创新性主要是指题材具有新鲜性和时代性，能够反映全国各条战线随着改革的深入所获得的新成就和所遇到的新课题。其中，"新鲜性"不仅强调第一次"曝光"，而且还强调新颖的角度和巧妙的构思。越是具有新意的内容，就越是具备写出具有主题深度的作品的"先天基因"。例如，1987年《深圳特区报》刊登了新闻《首次土地使用权公开拍卖在深圳举行》，因为是首次

"曝光",题材不仅具有新鲜性,而且也具有反映改革进程的意义,报道在具体写作中还辅以权威资料做背景支撑,使主题得到深化。最终,该报道因为题材的新鲜性以及对主题的深化处理,荣获了当年全国好新闻消息类一等奖。1983年全国好新闻获奖作品评述中也明确指出,选材新,开掘深,新的内容加上新的表现形式,是当时获奖作品的共同特点。例如,1983年1月15日,《人民日报》刊发的通讯《效率——深圳特区见闻之二》,连同"深圳特区见闻"的其他系列报道,如《工资》《物价、货币》《富在前头》《以我为主,为我所需》,都是围绕经济特区试行改革后涌现的大量新事物进行选材,进而在报道和写作中归纳主题、提炼思想,体现出鲜明的时代特征,成为一篇篇"为建设经济特区和改革呼喊"的好作品。同年,另一篇获奖作品《农民有了新的时间观念》的评述以《历史性变革的新浪潮》为题,指出报道反映出农村实行承包责任制之后发生的历史性变化,如新型农村的形成以及农民勇于开拓新的生产领域、追求新的文化生活的精神面貌。这些都是题材的新鲜性的典型体现。

新闻题材的针对性,主要是指能够针对现实生活中的具体现象和问题,选取有代表性的事实和新的报道视角展开报道。新闻题材的针对性有助于深刻揭示报道对象所具有的社会意义,从而收到牵一线而动全局的社会效果,使新闻报道兼具深度和广度。例如,1984年获奖通讯《在"转化"中看多数》的评述认为,该报道具有较强的思想性,正是因为它选择了独特的报道视角,通过当时农村经济向商品生产转化过程中的某些侧面,深刻反映了"转化"中需要正视和解决的实际问题。1985年获奖作品中反映农村改革的新闻,如《临汝县积极发展股份式合作经济》《价比黄金贵,一滴满室香》《大名县一年建成三万亩"千元田"》《岳阳县八十八套临街新房出售给农民》等,都不再是单纯地报道农民如何致富,而是通过针对性的报道从深层次上反映农村经济结构的变动以及新时期农民观念的变革(唐钧,1986)[62]。同年,《"富光棍"之谜》《外行出国搞引进的教训》《"洋豆腐"为何无人问津?》《一个锐意改革的厂长之苦恼》等荣获全国好新闻奖通讯类的作品,也不再是单纯追求改革气势和歌颂党的政策好,或单纯描写改革者的成功与失败,而是针对事物的内在问题和内部矛盾来反映经济体制改革以及社会观念变化的情况(何光先,1988)[25-26],强调对题材的深入挖掘以深化主题。由此可见,在新闻题材的针对性方面,对于新题材来说,关键在于抓深,事实不抓深,新闻就写不新;而对于老题材来说,关键在于抓新,把握最新特征,深度也就水到渠成(常秀英,1986)[125]。

三、如何深化主题：内容求深和形式求深

在改革开放初期的新闻观念中，实现主题深化，除了在选材方面注重创新性和针对性外，还特别强调从内容和形式两个方面向深度开掘。

一是内容求深。深化主题，首先意味着新闻报道应当完成从事实到观点、从信息到主题的提炼，也就是完成从现象到本质的认识跃升过程。作为新闻内容深度，也是思想深度方面的主要目标，这一时期的新闻观念强调具有深度的新闻报道必须能够揭示事物的本质和社会的主流，在此基础上选取具有典型性和代表性的事实展开报道。就具体的报道层面而言，新时期的新闻观念话语对深化主题给出了两条建议：一条是基于新闻事实采取深度与广度辩证统一的思维，一条是在具体的报道过程中采取调查研究的方式。

深度与广度辩证统一的思维在新闻观念话语表述中的一个典型体现是，对于新闻兼具深度和广度的要求以及对于二者之间辩证关系的强调。在当时的评述话语中，求深要求报道内容兼具深度和广度，"既深又广""深中有广"，在广的基础上深化。何光先在《深度报道漫谈》中阐释了深与广的关系，他认为具有深度的报道应当能够展示出"新闻事件的来龙去脉、前因后果、内在实质和外部联系以及意义影响、发展趋势，从而显示出新闻的强烈指导性"。实际上，这正是对于深与广的辩证关系的一种典型表述：在由"广"及"深"的过程中，要基于广泛而充分的事实，对有关新闻事件的各种情况进行详尽报道；报道的内容必须和新闻事实紧密结合，这种具有广泛性的事实应当包括在新闻发生、发展的过程之中的新闻事件，以及和新闻事件相联系的思想、观念（汪新源，1988）[269]。这要求新闻报道的范围不仅要包括上层，还要包括基层；不仅要报道政策方针的制定过程，还要报道政策方针的贯彻执行情况；不仅要报道活动和人物的变化，还要报道思想和观念的变动；不仅要报道成功的经验，还要报道失败的教训；等等。例如，1987年由《经济日报》刊发的连续报道《关广梅现象》深受广大读者赞赏，就是因为它在广泛报道事件来龙去脉和各方面观点交锋的基础上也使内容具有深度，成为具有思辨性和哲理性的经典报道。

在广的基础上求深就要求记者能够进行深入的调查分析，通过综合、归纳、推理、分析、判断，透过现象触及新闻事实的本质，把报道引向深入。事实上，新闻之所以要"求深"，最终目的是为了满足人们对于新闻的思想性和指导性的期待和要求，使中国社会对改革的历史必然性和改革进程的规律性有更深刻的认知。正如1984年全国好新闻通讯类获奖作品《1+1+1=？》的评述所指出的，这之所以是一篇有气势、有深度的报道，就在于记者通过对纷繁的现象进行了

分析和提炼，对众多事实进行了比较和筛选，从而抓住问题实质，全面地反映党的十一届三中全会以来农村的巨变。1987年深度报道获奖作品《私奔》《出路》，也对青年的爱情浪潮、贫困乡脱贫等人们普遍关注的社会问题，进行了"冷静、深刻"的剖析和揭示，催人思考。此外，这一时期的获奖作品评述中还常常表扬编辑部和记者的认识的深度和采访作风的深入，认为"没有认识上的深度，没有作风上的深入，要撰写出思想有深度、隽永的作品是不可能的"。这都是内容求深的、具体的话语体现。

二是形式求深。深化主题，还包括了形式上的求深，这一点尤其体现在对于"深度报道"这一新闻报道形式的运用和强调上。改革开放初期的新闻实践不断探索采用组合、系列、连续报道等深度报道的形式，将其视为新闻报道实践中的"重武器"，到了1980年代后期更是这样。自1986年起，全国好新闻评奖专门设置了"深度报道"类奖项，新闻实践领域已经形成对深度报道的兴起、形式、特点和功用的基本认知（樊凡，1987）；到了1987年，在全国、省区、地市具有"震撼"度的新闻报道，大多是深度报道（汪新源，1988）[269]，227篇（幅）荣获全国好新闻奖的作品中，具有深度的作品占多数，并且以通讯和组合、系列、连续报道为主。

作为一种特定的新闻形式，深度报道直接呼应了这一时期新闻观念对于主题深刻的要求。由《经济日报》刊发的连续报道《关广梅现象》就是一个典型，这组历时40多天、发表78篇、共20套各类体裁的系列报道，堪称1987年深度报道中的佼佼者，通过丰富的报道形态开掘出这一题材对于改革开放政策和方向探讨的深度。这一时期的广播新闻和电视新闻也通过深度挖掘达成主题深刻的目的（何光先，1988）[11]。1987年4月，由天津人民广播电台录音剪辑的广播节目《天津市人民政府市长办公会议》，是广播首次播出的大型社会协商对话节目，是广播新闻在求深上的一次成功尝试。正是因为涌现出一批创新的报道形式以表现深刻主题，1987年成了新闻界的"深度报道年"。深度报道颇有"忽如一夜春风来，千树万树梨花开"的势头，被广大新闻工作者所认识和喜爱。新闻界则通过总结经验和理论探讨，在新闻报道的形式领域丰富了"求深"的新闻观念。许多媒体把深度报道看作"开拓新闻领域加强重大题材报道的必经途径""能够洞察全局预告未来的佼佼者""为新闻报道走向生动活泼的形式开路"，是在改革形势下进一步深化新闻改革的必然结果（汪新源，1988）[270]。

采用深度报道的形式固然是新闻求深的重要手段，同时也可以看出，这一时期的新闻实践也存在着将"求深与深度报道形式等同"的倾向，认为"有深度的报道必须采取组合报道、系列报道、连续报道等形式"。对此，获奖新闻的评述中专门对这种认识倾向进行了分析，要求新闻从业者应当正确认识新闻"求深"与报道形式如长文的关系。新闻应当根据报道对象的实际情况量体裁衣，选择最优的报道形式和体裁，不能教条刻板、随意拉长行文和简单采取流行的方式。深度报道作为"重武器"要重用（汪新源，1988）[270]，如优先用于报道重大题材。1987年吸引全国舆论界注目的连续报道《关广梅现象》、具有深沉思想内涵的《定远县农村青年恋人"私奔"采访记》，以及多层次和角度的连续报道《贫困乡的出路在哪里？》等重大题材的宣传报道，对于深度报道的运用是合理和有效的。至于单篇新闻可以讲清楚、说明白的问题，就不应当"小题大做"，否则就会出现报道形式的乱用，给新闻"长风"开了后门。

除了对于深度报道的使用之外，形式上的求深还体现在具体新闻采写层面的采访方式和背景资料的使用上，在具体的写作中做到"立体化"，多侧面、多角度、多层次地观察事物，清晰准确地表达问题。例如，1987年获奖作品《他们为何争"黄牌"？》和《中曾根一锤定音，自民党又生嫌隙》，都在写作风格和行文方式上讲求层层深入，通过写事实披露内幕，通过写前景展望未来，描写的人物也各具特色，这些形式上的努力和创新最终都增强了新闻报道的深度。

此外，在针对新闻求深的观念话语表述中，还特别强调记者要有创新意识和洞察能力，进而要求记者具备理论修养和写作技巧。其中，理论修养是记者政治洞察力的基础，决定了记者对具体题材的认知水平。只有对党和政府的重要路线、方针、政策等有及时的学习和掌握，记者才能够从社会生活的复杂面貌中发现和挑选出好的题材，开掘主题的深度和广度。而写作技巧的修养则是创新的前提，只有在敏锐的政治洞察力的基础上具备新闻业务上的创新，才能确保题材的广度和深度的最终实现。例如，1983年获奖作品《效率——深圳特区见闻之二》的评述中就专门表扬了撰写这篇通讯的作者、《人民日报》的老记者林里，认为报道之所以达到了内容新、事实清、道理明，是因为作者能够"下力气调查，下功夫研究"，而且文笔很好，少有"套话"。1984年获特等奖的连续报道《广州群众争相献血抢救一名受伤工人》的报道团队，也被评委称赞为"具有较强的创新精神"。同年，由中央人民广播电台播发的连续报道《天津静海县大邱庄坚持改革集体致富》，虽然在复评时只被列为受奖作品，但是经过评委定评环节的反复比较，最终授予其特等奖，其核心原因也是在于作者勇于开拓主题的创新毅力（何光先，1985）。1986年消息类二等奖获奖作品《在第七届世界杯体操大赛中，谁是"最紧张的观众"？》的评述也指出，正是由于作者敏锐的洞察力和创新才能，才可能找到新颖的角度，进行巧妙的构思，从而把产品质量这个主题给写活了。同年通讯类一等奖获奖作品《汉城决战的最后四十秒》的评述，则赞赏了作者在写作形式方面的创新能力，特别是别出心裁地将影视艺术——画外音的手法引进到文字报道中，使报道动静结合，突出了既有广度又有深度的主题，成为当年新闻报道的创新之作。1988年通讯类获奖作品《一人沉浮　千夫评说》《话说"不稳定感"》《倾斜的"金字塔"》《中国铁路悲歌》《南中国海在呼唤》等的评述认为，这些作品体现了高屋建瓴、纵横捭阖的气势，采用大容量、快节奏的行文方式，将读者带入更广阔的视野和背景中去观察事物、考虑问题，反映出中青年新闻工作者强烈的创新意识。

第三节　"微观与宏观相统一"的新闻观念及其话语形式

正如前面所述，新闻观念的政治属性是第一属性，事实属性是新闻的基本属性，二者之间一直存在着竞合关系：正是由于新闻的政治属性，让事实不仅仅是事实，还包含了意义、精神等层面的价值；而由于新闻是对事实的报道，又使得新闻必须重视对事实的选择和处理等实践性话题。"微观与宏观相统一的"新闻观念，实际上处理的正是新闻在事实与政治这一轴线上的关系问题，是新闻观念在政治轴向上要解决的核心逻辑和话语表述。新闻在事实与政治属性之间如何展开观念建构与表达的上述挑战，不仅形成了1979年就已经出现的"微观与宏观相统一的"具体的话语形式，而且也体现在新闻报道观念中对于社会主义现实主义的话语系统的借用，尤其是"典型化"的观念与方式。

一、改革开放初期"小和大"相统一的观念话语

以1978年"真理标准问题大讨论"为契机，"实事求是"被十一届三中全会公报等党的核心文件重新确立为毛泽东思想的核心内涵和改革开放的指导思想。"实事求是"在新时期首先意味着马克思主义的认识论，解决的是人的正确思想从哪里来的问题。具体而言，它要求深入具体的实践，形成对客观规律和发展方向的正确认识。而新闻报道提供了对于当下社会实践的一种认识渠道，也应当遵循从微观实践到宏观规律的认识过程。上述这一认识过程也体现在关于新闻的观念及其话语表述中，形成"微观与宏观相统一的"这一特定内容和表述方式，从而解决了新闻的事实属性与政治属性之间的关系问题。具体来说，这种话语方式是将对新闻的具体选材和对细节的表现这种针对新闻的事实属性视为微观实践，并与新闻的价值和新闻活动所应承担的社会功能这种具

备政治属性的宏观主题并置在一起。在具体的评述中，这一关系常常被通俗地表述为"小与大"的关系，具体表现为以下几层含义。

一是小事情大问题：主要是指通过普通事件的报道反映影响国计民生的大问题。例如，首届获奖作品《北京酱油为啥脱销》的评述《大和小》指出，"买酱油难"这件与人民生活密切相关的事，可以视作是"小"；但是这件事不仅与人民生活密切关联，还是改革开放的政策落脚点，并体现了对于官僚主义的批判，因此又反映出"大"政治。1982年的获奖作品《两千多双女鞋的遭遇说明了什么？》的评述认为，女鞋积压这样一桩"小事"，通过这篇优秀的新闻报道，成为商业体制僵化、官商作风等宏观问题的一个"缩影"。1984年《经济参考》刊发的调查报告《访厕所》，虽然关注的是厕所这件"小事"，但将其与国计民生和两个文明建设问题紧密联系起来，就成了一件"大事"，并引发中央和北京市领导的高度重视，促使首都公厕面貌在短时间内发生了明显改观。从这类评述中还可以发现，"与人民生活密切相关"其实是"微观与宏观相统一的"新闻观念的一种固定的话语形式，这在本书后续讨论"群众主体性"的时候还将深入涉及。

二是小事情大主题：主要是指从小事入手，客观、简练地对相关主题进行报道的新闻表现形式。例如，首届获奖作品《直升飞机代替了马拉爬犁》的评述《"今天"新闻》指出，"事情不大，却反映出领导机关深入实际、领导干部关心边防战士的优良传统和优良作风"。1980年获奖作品《从邮局看变化》的评述则赞扬了记者从邮局这个小的"窗口"，来反映十一届三中全会以后我国经济形势向好和农业生产蒸蒸日上的重要主题。1985年获奖作品《一个老党员的情操》精心选择老共产党员燕秀峰一些平凡而闪光的"小事"，让读者心生敬意，不经意中受到了深刻的共产主义思想教育，"在中国共产党成立64周年之际尤其体现出重要的主题教育意义"。1988年的获奖作品《玛纳斯河谷的"超生盲流村"》的评述认为，该篇通讯通过对超生盲流村图景的描绘以及超生者愚昧复杂心态的剖析，关涉并诠释了人口——这一困扰着我国亿万人民的重大主题。

三是小事情大政策：主要是指用具体事实宣传和推动党和国家的政策，寓理于事、以事明理的新闻报道手法。例如，首届获奖作品《天津市一居民在中国银行协助下找到了失落在国外公司的二十九万美元的财产》的评述指出，这是一条"值钱"的新闻，把党的政策变成了群众的实际行动；另一篇获奖作品《王魁包山超产奖励全部兑现》的评述《寓理于事 以事明理》指出，通篇新闻全是事实，写了三件经过精选的事例，做到了寓理于事，将相关奖励政策落实到位的情况说得清楚明了。

四是小事情大思想：通常指于平凡中见伟大、于琐细中见崇高的新闻表达方式。例如，首届获奖作品《北京医院出国人员努力节约外汇》的评述指出，出国考察在当时是个不小的报道题目，但是这篇新闻却用平凡的小事，使读者"从简洁的账单和琐细的账目"中，窥见新闻人物的精神面貌；另一篇获奖作品《邓副委员长一行在京都等地游览》的评述《看得清　记得下　选得准　写得好》指出，此新闻作品之所以好，就在于将访问活动的主要政治内容——加强中日友谊，"通过当时的活动、气氛、对话以至景色的描写"等微小的细节来表达，寄政治意涵于山光水色、人情叙述之中。

通过以上的话语表述方式可以看出，微观与宏观相统一的新闻观念，可以视作一种以"实事求是"为指导的具有中国哲学特点的新闻观念及其表达。微观或者说"小"，指的是新闻的具体内容和表现形式，也是新闻作为一种文体和实用领域的基本属性要求。同时，宏观即"大"，又是新闻报道的终极追求，代表了新闻的政治功能和属性，尤其是在政治参与以及现代化建设方面的重要作用。因此，微观与宏观可以视为新闻本体和新闻价值的一种辩证存在。胡耀邦在1982年4月24日的一次谈话中也表达了类似的观点，他指出，当时很多说理文章的一大通病就是以概念推导为主，而"不是根据事实做具体分析""不是夹叙夹议"。而"微观与宏观相统一的"这种新闻观念及其实践形式，正是回应了胡耀邦提出的上述问题。

二、新闻观念中的典型化元素

（一）典型化在中国文艺领域的历史脉络

典型化在中国有着悠久的历史。这种对现实的表现手法的追求可以追溯到清末，以梁启超的《论小说与群治之关系》为代表的新的小说观念将小说的政治和社会功能置于显著位置。胡适在《论短篇小说》中提出关于具体表现社会现实，也就是"描写"的技法及要求，从而将事实与特定主题的表达联系起来，即"具体的描写并非仅描写事实，背后象征着一定思想或意识形态"。胡适的意见是，写实并非是描写事实，而是描写某种深层思想之主导下的"事实中最为精彩的一段或一方面"。事实上，这也可以被理解为早期有关"小与大"关系的一种观念及话语表述。

马列主义以及苏联文学观念引入后，对于中国文艺领域的典型化的观念形塑具有决定性意义。Realism在1930年代之前主要被国人翻译为"自然主义"和"写实主义"，直到瞿秋白从1932年起系统翻译马克思主义文艺理论著作，以及以周扬1934年发表在《现代》杂志第4卷第1期的《关于"社会主义的现实主义与革命的浪漫主义"》为标志,"现实主义"这一表述及其代表的整套创作观念在中国才得到了正式确立(森冈优纪,2013)4-5。"社会主义现实主义"这一口号,是1932年10月29日至11月3日在莫斯科召开的"全俄作家同盟组织委员会大会"提出的(周扬,1933),而周扬和胡风都是较早将这种观念介绍到国内的重要人物。

在现实主义的总体观念下,周扬在1933年5月1日发表在《现代》第3卷第1期的文章《文学的真实性》中,已经提到了通过"典型"描写来达到社会主义的真实的具体方法。而胡风在《什么是"典型"和"类型"》一文中,引用恩格斯的"典型环境中的典型性格"的论述,并以鲁迅的《阿Q正传》为例,分五个方面探讨了何谓典型人物:第一是人物的普遍性和特殊性,第二是抽取和描写特定群体中每个个体必备的共通特征,第三是尊重历史的时代和阶级的界限来创造人物,第四是人物必须反映社会的相互关系,第五是描写符合历史发展趋势的人物。

(二)典型化在新闻观念中的具体体现

新闻作为文艺宣传领域的一部分,不可避免地受到了典型化观念的影响。不过,和文艺领域的典型化相比,新闻的典型报道具有自己的特殊性:文艺可以想象,而新闻只能基于事实;文艺作品可以虚构,通过采用"深入生活——抽象生活——赋予文艺"创作方式,而对于新闻只能靠事实说话,根据表现主题从现实生活素材中选择与上面第二个阶段贴合的部分。正如1981年全国好新闻获奖作品《买缸记》的评述中所说:"艺术创作十分讲究通过典型环境和典型人物来反映社会生活。新闻当然不是文艺创作,但要在事实的基础上,生动而深刻地反映现实,同样要善于捕捉具有典型意义的事件和人物。"(邹大毅,1982)

事实上,新时期围绕"典型报道"也出现过激烈争论,有的学者将"典型报道"视为业务层面的内容,认为应当淡化这种报道观念,这种看法遭到当时各地方党报总编辑的反对(陈力丹,2009b);大部分人还是强调新时期应当坚持典型报道,但应有所改善,通过突出时代特色,以新的报道形式求真求新,来实现"典型"的多重价值(童兵,2001)407。这一时期的新闻评奖评述话语中也对"典型化"如何发挥作用进行了界定。典型化在新闻观念中的具体表现首先在于用事实说话,这是对新闻基本属性的认识。但新闻的典型化在用事实说话的同时,还必须对事实进行选择和取舍。同一主题由于选择的具体材料不同,最终的报道效果及其所能发挥的功能也会有明显区别。例如,1983年5月

10日,《人民日报》刊登了一篇新闻《工人上书为知识分子说公道话》,其评述直接指出,以往揭露落实知识分子政策遇困受阻的调查性新闻报道虽不少,但是都没有起到实质性效果。而这篇新闻由于选材新颖,抓住了工人直言陈书为工程师金铭打抱不平的典型事例,充分体现了工人群众的主人翁意识以及知识分子为四化建设贡献力量的重要作用。正是在选材方面体现了典型化的要求,这则新闻迅即在社会上引起强烈反响,真正发挥了新闻报道应有的作用,而作品本身也获当年全国好新闻奖。由此可见,选材关乎揭示主题的深度和体现新闻价值的大小,甚至有时"决定了一条新闻的命运"。

其次,典型化并非意味着对于当下情况的"普遍代表"的报道方式,在更多的时候是要求报道出具有"方向性"的典型,这也是事实选取原则在新闻中的具体操作。例如,1986年全国好新闻作品《投资一万八购机 十七台服务千余户》,及时抓住"十部机长"苏善和这个典型人物,用事实说话,以典型表明农业生产条件的改善,需要依靠于像苏善和这样富裕的农民同国家和集体齐心协力增加农业机械投资,同样是通过典型化的方式体现了改革的方向和趋势。

除了选材之外,典型化还被表述为新闻的概括力。典型化的基本原则是能够达到生活的深层真实;因此,好的典型,要求对普遍的事实具有很强的概括性,即新闻的概括力。在实际新闻操作层面,就要求对选材后的事实进行加工处理时,要进行高度的凝练和概括,从而完成对于深层真实的揭示。具体而言,一是这种概括必须是对新闻事实的概括,要善于取舍,不能画蛇添足,更不能虚构幻想;二是概括需要进行去粗取精的提炼过程,选择最具代表性、富有特征性的人物、细节和片段分层次立体化地展现;三是这种新闻的概括力要求记者对所采访对象的本质有着深刻的认知,把握核心要义,在"典型故事"的叙述中灵活运用相关背景资料和对事实的评价,做到不枝不蔓,主线分明。

最后,典型化最终是和主题深刻相关联的。主题深刻是典型化在报道事实基础上的必然追求,否则,没有表达深刻主题,或者无法从事实归纳和引申出深刻主题,就没有典型化本身,新闻也就沦为简单的反映论、机械唯物论和有闻必录。只有成功地选择和报道了典型,才能够为主题深刻提供具体手段。正如1988年获奖作品《唉!十四岁的拖拉机手》评述指出的,该篇通讯敏锐选取了14岁少年开拖拉机赚钱的典型事实,通过对话描写、层层深入,深刻反映了伴随商品经济发展而出现少年儿童辍学的严重社会问题,并辅以记者的评述,使主题逐步得到升华。总而言之,典型化在新闻报道中的具体运用,与"小和大"相统一的话语表述方式相配合,目的都是为了抵达改革开放时期的深层时代精神,完成时代赋予新闻的政治任务。全国好新闻评选于1982年新设的典型报道奖,可以视为最直接地回应和肯定了新闻观念中的"典型化"。

第四节 "群众主体性的"的新闻观念及其话语形式

改革开放之后,"人民"和"群众"的概念虽然继承了阶级分析的话语和内涵,但在新闻观念的话语表述中又不仅仅是政治表态和立场陈述,而是体现了这一时期新闻观念中的丰富内涵。早在红军时期,毛泽东就提出"宣传工作是红军第一个重大的工作",强调"枪杆子"和"笔杆子"的同等重要性,其原因正在于宣传工作可以"争取广大群众"和"组织群众、武装群众"(毛泽东,1929)。新时期党的新闻宣传工作也秉承了这一优良传统,成为践行"群众路线"的有效路径。在新时期的新闻观念及其话语表述中,这具体体现为使用"群众主体性的"表述方式对新闻作品展开优劣评价,即新闻报道是否与群众生活密切相关,是否为群众代言。这种表述体现出这样一种观念:作为一种文体,新闻的主要特征和主要任务应该是与群众利益相关、反映群众呼声。这从另一方面强化了新闻活动的主体应当是人民群众,虽然这段时期已经不再强调"业余路线"和"群众办报"(李海波,2018),但是新闻活动的对象和目标仍然是以人民群众为主体。

一、以"群众路线"为指导辩证处理党群关系

改革开放初期,中国共产党面临的一个挑战,是如何修复"文革"时期的党群关系,通过加强党的各方面的工作,重新树立党在人民群众中的威信,发挥社会主义现代化建设的领导核心作用。在这样的语境下,"群众路线"成为一项非常重要的优良传统被继承和发扬。《决议》中写道,"一切为了群众、一切依靠群众、从群众中来、到群众中去",是马列主义关于人民群众是历史创造者原理的具体运用。

"群众路线"首先是形成正确观点的有效路径。早在1930年的《反对本本主义》中,毛泽东就呼吁:"到斗争中去!到群众中作实际调查去!"1979年庆祝建国30周年时,时任全国人大常委会委员长叶剑英在讲话中也专门引用了毛泽东的"人民,只有人民,才是创造世界历史的动力",强调了在新时期人民群众的主体性和党的领导之间的辩证关系,尤其是保持党和人民群众的"经常的密切的联系"——依靠人民发挥四项基本原则的作用,带领人民共同建设

四化，依靠群众的批评、监督和帮助及时纠正工作中的错误，密切关心群众利益，细心倾听群众呼声，深入体察群众情绪，在党的领导中贯彻人民的意志。

其次，"群众路线"还意味着党和群众关系的辩证统一。尤其是在改革开放初期复杂的社会经济环境下，这种辩证思维对于坚持党的领导和团结群众具有现实意义。《中国共产党第十一届中央委员会第三次全体会议公报》在民主集中制、群众路线以及和群众展开经常性的经济状况沟通的层面上，强调党和群众的关系。1979年，邓小平在党的理论工作务虚会上号召思想理论工作者通过自己的工作"把全国人民更紧密地团结在中国共产党的周围"（邓小平，1979a）[184]，随后在《高级干部要带头发扬党的优良传统》中强调要密切联系群众、做好宣传教育工作（邓小平，1979b）[229]。当物价抬高以及经济工作八字方针（调整、改革、整顿、提高）面临困难时，引起了群众的不满情绪的情况下，邓小平认为，问题很大程度上出在相当长时间内脱离群众，因此要求发扬党的优良传统，尤其是密切联系群众的传统，要把困难向群众讲清楚，把正在采取的办法向群众讲清楚（邓小平，1979b）[229]。

新闻宣传和舆论引导工作，也是被置于密切加强党和群众的联系的框架中发挥作用的。《决议》指出，"群众路线"其实处理的是党和人民之间的关系，具体到建设过程中，要"把群众的意见集中起来，化为系统的意见，又到群众中坚持下去，在群众的行动中考验这些意见是否正确"，从而"把马克思主义的认识论同党的群众路线统一起来"。这种"群众路线"的观点，在中国共产党后来处理党群、干群关系以及形成全国稳定团结局面的任务中，不断地被提及和贯彻，而新闻宣传工作正是主要针对传播和沟通中出现的具体问题发挥作用的。

二、作为读者和政治群体的人民群众

在"群众路线"的传统下，新时期的新闻工作对于群众主体性体现出前所未有的重视，既要求新闻报道的对象以群众为主体，又要求媒体承担密切联系党和群众的政治功能，发挥"耳目喉舌"的作用。因而，新闻观念中的"群众主体性"主要体现在两个层次：一是新闻报道应当响应人民群众的需求，这也是改革开放总体话语的一部分；一是人民群众又是新闻报道的主体。反过来，新闻观念也定义出了两个层面的"人民群众"，即作为读者的群众和作为政治群体的人民。

（一）作为读者的群众

群众主体性的新闻观念首先将群众视作报道的读者，要求新闻应当主动报

道读者关心的事务。正如针对1985年度全国好新闻评选结果专门撰写的评述文章《经济改革需要新闻改革》所指出的,虽然全心全意为人民服务是我们党的根本宗旨,但改革开放初期的新闻宣传工作却常常侧重于按照上级领导的具体行政指示来解决群众的问题、满足群众的需求,并不能主动地、创造性地、千方百计地根据党的原则方针来满足广大人民群众的需求和希望。虽然这些话语可以视作对当时具体新闻报道题材的要求,但是由于它涉及如何正确处理党、党报与人民群众三者之间的关系问题,因而也成为当时群众主体性新闻观念的一种具体体现。在这一时期的新闻评述话语中,突出了新闻应当主动报道读者关心的两种事务类型:国家大事和与读者密切相关的切身事务。

一是新闻要报道国家大事。改革开放初期,伴随着经济改革出现了很多新事、大事,亟须通过新闻予以报道,并且通过深度报道进行解释说明。这一方面可以帮助群众理解和消化相关新事物和大事件,把握具体的发展规律用于指导具体的工作和实践;另一方面通过公开、透明的新闻报道,可以将新事物的深刻意义和发展前景揭示出来,在更高的层次上启迪群众的思想和智慧。这种对于国家大事的报道,还完成了对群众的教育和团结的作用,体现了人民群众的政治属性;同时,也是作为政治群体的群众参与政治过程的需要。

1986年11月5日,《人民日报》刊载了由人民日报记者罗同松与部队新闻干事马文科合作采写的通讯《今日"两地书"》。这篇荣获当年全国好新闻特等奖的通讯,典型地体现出作为读者的群众对于了解国家大事的渴求。通讯表明,浴血奋战在老山前线的人民子弟兵,也迫切希望获知与国家建设与改革相关的信息;而报道中的军委机关干部正是通过"两地书"这种特殊的形式,满足了前线战士这一特殊群众主体对于国家大事的知晓需求。这篇通讯在当时社会上产生了强烈反响,通讯也借助这一形式发挥了重要的思想政治教育功能和团结人民的作用。正如时任云南前线某军政委在给人民日报社的来信中称赞的,"《人民日报》是边防战士的知音,是人民理解的桥梁"。另一个典型的报道案例是:1987年11月12日下午5时,党的十三届一中全会刚刚选出的新一届政治局常委在人民大会堂会见中外记者。会议之后,中央电视台以电视实况录像的方式,使观众目睹、聆听了国家领导人解答国内外重大问题的新闻。专题新闻播放后,引起了国内外强烈反响,广大群众一再要求重播。应该说,这一专题新闻主动积极而又创造性地贯彻了"重大问题让人民知道"的原则,保障了人民的知情权。

固然,报道国家大事在任何国家都是新闻媒体理所应当的责任和义务,也是评价新闻报道权威性和品质的重要标志;但是,改革开放初期的这套新闻话语表述的特殊性在于，将报道国家大事纳入新闻工作应当主动发扬全心全意为人民服务的党的根本宗旨以及"群众路线"的指导方针中。正是因为人民群众有对国家大事的知晓需求，因而党领导下的新闻工作需要以满足群众上述需求作为自身工作的指导，由此构成了群众主体性的新闻观念的独特逻辑和表述。

二是新闻要报道切身事务。除了国家大事以外，改革开放初期的新闻观念还强调要多报道与群众生活息息相关的切身事务。一方面，这类事务关乎群众的切身利益，需要确保群众的知情权；另一方面，由于切身事务与群众的自身利益相关，因而群众并不是被动地知晓这些信息，而是会根据实际情况主动地发出呼声和呼吁，这就需要新闻成为群众的"耳目喉舌"，体现出下面还将详细探讨的"新闻作为党和人民的耳目喉舌"的观念。这一部分所讨论的引发群众"呼声"的事务，主要是指新闻题材上选择与人民生活密切相关的内容；下面介绍的"呼声"，主要定义为与群众密切相关的宏观层面的大事。

这种报道与群众息息相关的切身事务的新闻观念及其话语表述，在1987年荣获全国好新闻的新闻作品及其评述中表现得尤为突出。如1987年《文汇报》的消息《应当让国库券上市流通》之所以获当年好新闻的一等奖，是因为记者在政府决定正式上市流通国库券之前的两个多月，就深入社会进行实地调查，发现了由于国库券不能上市引发的各种现实棘手的问题，而这些问题也是群众普遍关心的关系切身利益的问题，与此同时，新闻还有理有据地列举了国库券上市流通的五大好处，推动了国库券发行的改革。另外一篇获奖新闻《外出经商者不再是"散兵游勇"》，也是在于关注了当时个体户普遍关心的切身问题——伴随着农村商品经济的极速发展，作为农民，如果外出经商，会受到怎么样的对待和管理呢？这篇作品的评述指出，其亮点就在于朴实、亲切、深刻，"与生活靠得近，与群众贴得紧"。此外，同年《四川日报》在川猪自供不足、群众急迫知晓的背景下，派记者主动调查采写的深度报道《"关于猪肉问题的思考"系列报道》，也是一篇与群众切身利益密切相关的新闻作品，不仅使广大群众"及时了解到猪肉紧张的原因"，而且新闻本身也为推动党和政府根据实际情况、制定相关政策提供了依据。1988年5月22日至6月3日，《江苏工人报》刊发了一组"关于南京特价商店的报道"，获当年全国好新闻深度报道作品一等奖。当时物价是一个非常敏感和复杂的社会现实问题，《江苏工人报》敢于发声，抨击南京刚刚开业的特价商店哄抬物价、损害群众切身利益的行为，对于当时乱涨价的歪风起到了很好的遏制作用。新闻作品不仅反映了群众的心声，更重要的是维护了消费者的合法权益，发挥了舆论监督作用。

（二）作为政治群体的人民

在新时期的新闻评述话语中，除了将群众作为读者或受众以外，更主要的是将群众作为政治群体的人民，而这里所体现的对于新闻的指导观念，更加强调新闻应当成为党和人民的政治工具，进而将其作用和职能归结为党和人民的耳目喉舌与纽带。

作为党和人民的耳目喉舌。作为耳目喉舌的新闻实践，是马克思主义新闻观的重要组成部分，最早可以追溯到马克思在《〈新莱茵报〉审判案》一文中写道的："报刊按其使命来说，是社会的捍卫者……是无处不在的耳目，是热情维护自己自由的人民精神的千呼万应的喉舌。"（马克思，1849）改革开放初期的新闻实践中，常常片面强调党报的宣传和教育的功能，却忽视了新闻同样为干部接受群众教育、加强群众之间相互学习提供了载体和平台。对此，胡耀邦同志专门强调："党报是党的喉舌，政府的喉舌，也是人民的喉舌。可在实际工作中，就是片面强调党报是党的喉舌，而比较忽视也是人民的喉舌；片面强调是党的喉舌，而比较忽视也是党的耳目。一般都比较注意党报对既定政策的宣传教育，而忽视政策的制定、政策的修改和在政策的酝酿过程中如何发挥党报反映实际情况和反映广大群众意见的作用。"群众路线的指导方针也特别强调，要先做群众的学生，汲取群众丰富的经验，总结规律，凝聚智慧，进行提升，才能做群众的先生。上述这些论述，意味着党的新闻工作所要发挥的重要功能之一，就是成为党的耳目、人民的喉舌，这正是群众主体性的新闻观念话语背后的重要逻辑和政治诉求。

这种新闻观念的话语表述，首先强调新闻要作为党的耳目去倾听人民的声音，特别建议记者多直接引用群众的语言，用群众说得出、听得懂的话来进行报道。例如，《利润留成促进了生产》的评述《击响了一根绷紧的弦》专门强调，用基层干部群众"见面常念叨"的话而非记者自己的综述来客观、深刻和生动地宣传三中全会的政策；再如，《农民希望："水长流，货常来"》的评述专门赞扬了文章结尾处对农民群众的直接引语"希望水长流，货常来"。群众语言的引用，除了能够增加新闻报道的生动性和"乡土气息"，还能更好地助益于理论性主题的生动表达，就像1982年获奖作品《奋不顾身可贵 不懂科学吃亏》的评述所说的，真正具有理论色彩的新闻绝不应当是简单地贴标签和洋洋洒洒地讲道理，而是应当使用"群众精炼而生动的语言，说群众亲身感受到的实在道理"。

同时，这种评述话语还强调新闻报道要作为人民的喉舌，应当说出人民群众想说的话，反映人民群众遇到的问题和提出的意见和建议。因此，要求新闻要真实地反映人民群众的呼声和要求，对人民关切和议论的问题注意捕捉和研究，进行深入报道。例如，首届获奖作品《周末一条街夜市受欢迎》的评述《一条好快讯》指出，作者抓住这个与人民生活息息相关的题材迅速报道出来，称得上是一条新、快、短、活的好快讯。在对1981年获奖作品《王崇伦抓豆腐》展开评述的话语中，专门强调了新闻要做"党和人民的知音"，呼应人民在生活中遇到困难或存在问题时对党和政府所提出的迫切要求，同时去体现"党中央对广大党员干部在密切联系和服务群众方面的殷切期望"。1987年12月9日，《人民日报》刊登新闻《安徽某些领导干部撕破脸皮要官 省委书记不留情面提出严厉批评》，针对省委书记就一些撕破脸皮要官的问题在省委扩大会上进行严肃批评的事情予以报道。这篇新闻获得了当年的全国好新闻奖，评述文章《新闻观念更新 消息折射异彩》指出，作品可贵之处在于，记者勇于突破禁区，围绕群众关注的"热点"公开了内幕，代表群众发声和质询，说出了广大群众想说而又未说的话。

马克思主义的历史观将人民群众视作历史的创造者和历史舞台上的主角。因而，新时期的新闻观念同样要求新闻报道应当更多地展现人民在社会改革发展过程中的生产、生活和工作情况，将他们作为新闻报道的主体。早在1979年中共中央宣传部召开的全国新闻工作座谈会上，胡耀邦的发言以及与会者的讨论都认为，新时期党的新闻工作，既要坚定地宣传党的路线、方针、政策，又要充分反映人民的意见和为四化献身的英勇精神，体现党性和人民性的一致。当时，国家主流媒体如中央人民广播电台在对新闻报道进行改革的过程中，在业务方面特别提出要多从"群众角度"进行新闻报道的要求，以改变当时"从上往下灌的多，反映下面丰富多彩的实际生活少，反映各级领导机关活动多，反映群众的活动少"（方汉奇等，2018）[1006-1007]的现象。对1987年获奖消息的综述《新闻观念更新 消息折射异彩》也明确指出，新闻报道的主体应当是人民，要从人民群众的日常生活和工作中去发掘能够深切感动自身的人和事，通过扎根现实生活而获得的独特视角和切身感受，秉承对人民利益和改革事业高度负责的态度和情感，创作出读者喜闻乐见、引起共鸣和赞赏的有品格的新闻作品。

例如，首届获奖作品《就是不涨这一分钱》的评述《"一分钱"的意义》直接点明，新闻好在"抓住了小小一碗阳春面涨不涨钱"这一件群众日常生活中的具体事件。事情虽然不大，但是却写出了一个"一分钱"关系群众切身利益的重大主题，体现了新闻报道为群众说话，对人民负责的态度。1987年湖北《孝感报》刊发的系列报道《贫困乡的出路在哪里？》，将镜头对准贫困乡中的人民群众。为了更深入地了解报道对象的实际情况，编辑部派出了1/2的记者深入一线、从不同角度剖析了导致贫困乡贫困的各种原因，从多个方位、角度和层次为贫困乡脱贫提出了对策和建议。最终发表的系列报道《最可怕的是惰性》《近攻与远谋——关于贫困乡经济开发阶段性的思考》《山重水复应有路——关于贫困乡经营门路的思考》引发了强烈社会反响，成了贫困乡脱贫者的知音。该报道所产生的实际效果和意义也远远超出了报道范畴本身。1988年获全国好新闻二等奖的作品《大连市部分动迁户"回迁难"》，也是因为聚焦于数以百计的拆迁户群众回迁难的问题，通过新闻的报道、舆论的支持使得该事件得到有关部门的重视，最终解决了拆迁户新房分配问题，使之得以安居乐业。

作为党和人民的纽带。"群众主体性的"话语中还表达了另外一种观念上的诉求，即新闻报道应当成为党和政府与人民群众之间的沟通桥梁，并且发挥群众舆论监督的作用。这种新闻观念首先体现在新闻工作者身份地位的变化上。时任新华社记者的南振中认为，相对于"文革"期间新闻工作者在人民群众心中地位的明显下降，党的十一届三中全会召开以及实事求是思想路线的确立，让新闻工作者重新发挥了党和人民群众之间的沟通桥梁作用（南振中，2018），涌现出"一大批与时代同呼吸、与人民共命运的新闻名篇、新闻人"，"在共产党、共和国的新闻史上谱写了洋溢着生机活力的新篇章"（李彬，2018）。1980年4月7日，中共中央宣传部针对加强财贸工作的宣传召开会议，指出财贸工作及其宣传能够充分体现党对人民群众的关怀，新闻工作加强财贸宣传，就是在加强党和人民群众的联系，主动发挥新闻舆论作为党和人民群众之间纽带的作用（方汉奇等，2018）[1012]。

这种桥梁作用同样也体现在改革开放初期获奖新闻作品的评述话语中。例如，1981年获奖作品《中南海的春天》是一篇新中国成立以来并不多见的报道党中央领导班子工作情况的通讯，评述专门强调了此篇报道是对过去类似题材新闻报道框框的突破，真正地发挥了党和人民之间纽带的作用，"使党中央和全国人民的心贴得更近、更紧"。此外，新闻的这种沟通桥梁以及舆论监督的作用，同时也是政治实践的一部分，体现了人民主体性的观念。例如，1985年2月28日《蛇口通讯报》刊登的《该注重管理了——向袁庚同志进一言》，虽是一篇批评稿，但是来信"充分表达群众的呼声和要求"，为当时的批评性报道和监督报道带来了一股新的风气，"被批评者和来信者彼此的心是相通的，有了宽松的舆论环境，有了民主、和谐的气氛，就能更好地促进人与人之间建立信赖、理解、团结的新型关系，这对充分发挥群众的积极性、主动性、创造性，同心同德建设四化，是大有裨益的"（陈进鹏，1986）[31]。作为政治实践组成部分的新闻，将在下面有更多讨论。

总之,"群众主体性"的新闻观念,是对"文革"期间新闻的单一和极端政治化的一种纠正,突破了以口号和政治活动为主要内容和选材标准(方汉奇等,1999)[357]的禁锢。自1979年起,好新闻标准逐渐从政治活动变为群众的日常生活,在各个方面贯彻"群众路线",体现出群众在新闻中的主体位置,也为"党性和人民性的统一"提供了实践支撑。当然,这种变革也有着重要的外部原因,正如第一章所揭示的,新时期的大政方针即十一届三中全会所提出的"以经济建设为中心"以及"改善人民群众的物质文化生活水平"的核心任务,为新闻报道从题材到观念上的改革提供了不可替代的历史机遇和时代土壤;正是在实际的政治经济生活中所折射出的时代精神与历史潮流,让新闻报道实践和群众路线之间产生了密切的互动与交融,从而促进了群众主体性新闻观念的形成。

第五节 新闻作为政治实践的一部分

新闻与政治的密切关系在改革开放最初十年中的一个重要的体现是,新闻报道不仅是中心工作的反映,而且由于新闻工作的实质是政治工作,新闻舆论工作和新闻报道也被看作是政治经济改革等中心工作的一个环节。这一新闻观念要求新闻报道借助对于当下工作的指导性而"渗透社会经济各个生活领域,寻找它自己的最佳坐标,并发挥着重要的参与作用"。这种观念的一个典型表述,是党的十三大所要求的"通过各种现代化的新闻和宣传工具,增强对政务和党务活动的报道,发挥舆论监督作用,支持群众批评工作中的缺点错误,反对官僚主义,同各种不正之风作斗争"。1987年和1988年,中央政治体制改革研究室、中宣部、广电部、新闻出版署以及国家主流媒体单位,受中央宣传思想工作领导小组委托,围绕新闻改革专门举行了座谈会,并形成了《新闻改革座谈会纪要》(以下简称《纪要》)。《纪要》指出,新闻改革应当抓好四方面的工作,即:提高开放程度,增大信息量;组织好社会协商对话的报道;正确开展批评,发挥舆论监督的作用;提高宣传水平,增强宣传效果。(童兵等,2001)[377]相对来说,改革开放初期新闻评奖评述话语对新闻的政治实践属性以及新闻改革方向的表述,主要体现在舆论监督和沟通桥梁两项功能上。

一、新闻的舆论监督功能

新闻作为政治实践的一部分,离不开批评性报道等舆论监督的具体方式。

(一)以批评性报道为代表的舆论监督

在中国共产党的新闻宣传工作中,对于以批评性报道为代表的舆论监督的实践与思考,从延安时期就已经开始并形成了较为成熟的观念,这也成为新时期新闻观念的重要历史资源。围绕鲁迅为什么选择阿Q作为典型,1940年代的延安文艺界掀起一股关于批评的"歌颂与暴露"的讨论,直接确立了批评和暴露问题的标准。这次论辩双方分别以邵荃麟的"写真实"和欧阳凡海的"为革命"为代表。前者认为,对于消极和积极的评判标准,应当在于作者自己的态度是消极抑或积极,而不应当完全由文学形象的消极和积极来决定。他说:

不管是正面的描写或反面的暴露,只要作者对于现实不是悲观绝望,而是取积极的斗争的态度,那么这种主观的情感和思想,通过艺术的表现,都足以唤起两者的积极情感。一个成功的艺术家往往是从社会的本质的矛盾关系上,去展开他的主题和创造他的典型人物,并不一定要从正面去描写斗争现象或创造革命的典型人物而算是表示积极——那只是一种庸俗的见解罢了。所谓暴露,这意思并不仅只限于暴露黑暗的现象,主要的倒是从这种黑暗现象的里面去抉发社会的本质矛盾,从这里使人们去认识历史的真实。因此,暴露也并不能说是消极的(邵荃麟,1981)。

批评性报道也从上述讨论中获取了自身的正当性:只要批评者和批评的目的是积极的、斗争的,那么它就有利于促进革命。此外,正如第一章所展示的,以批评性报道为代表的舆论监督还体现出党的新闻工作的战斗性传统,是对于新闻应当做什么、发挥什么作用、如何配合中心工作、如何发挥政治属性的一个典型的实践领域。

进入1980年代,伴随着经济体制改革逐步深入,出现了一些新情况、新问题,特别是一些借改革之名搞歪门邪道的情况如"官倒"更是引起广泛关注。这一时期的批评性报道数量也呈现逐年增多的态势,如1985年入选的40篇全国好新闻消息类获奖作品中,批评性报道就有8篇,其中获一等奖的4篇中3篇都是批评性报道。针对这一年消息类获奖作品的评述认为,这在历年好新闻评比中是罕见的,并对这些报道予以好评,认为报道跳出了过去"就事论事"的一般性批评的圈子,而是批评了一股思潮或倾向,不仅立意高、有新意、责任感强,而且批评的艺术性也掌握得好,产生了很好的社会效果。在一定程度上,批评性报道的增强也反映了我国民主与法制的进程。这一时期关于批评性报道观念的一个难题在于,批评性报道的边界问题,或者说是否应当无限制地批评?比如,如何将批评性报道与对党和国家的攻击以及资产阶级自由化区分开。

（二）新时期舆论监督的意义与价值

为深入推进我国民主化进程，党的十三大强调，新闻媒介应当发挥的重要功能之一就是舆论监督。因此，这一时期的全国好新闻评选中，也加大了对具有舆论监督作用的新闻作品的重视和选拔力度，特别是在"突出改革"的时代背景以及"求深"的新闻观念的引导下，相关参评作品的数量也逐渐增多。例如，1988年第十届全国好新闻评选中，参与各个系统复评的千余件新闻作品中发挥舆论监督作用的占比近八成；而在进入复评的作品中，则有95%以上具有舆论监督作用。（何光先，1988）[18] 可以说，加强新闻的舆论监督作用是新时期党对新闻工作提出的政治要求和政治任务，是深化改革、端正党风和建设社会主义民主政治的需要。

首先，加强舆论监督，积极开展引导，有助于深化改革。从历届全国好新闻获奖作品中可以看出，发挥舆论监督作用的新闻作品所涉及的题材和报道的范围非常广泛，囊括了经济、政治、文化、教育众多领域，城镇、乡村诸多类型，以及工、农、兵、学、商各种群体，不仅充分反映了改革开放以来各方面所取得的成绩，而且也对改革过程中遇到的问题进行了及时揭露和有效引导，发挥了舆论监督的威力。例如，1988年《科技日报》刊发了一组关于《"顾惠东效应"的启示与沉思》的深度报道，通过鲜活的事实和深刻的评述，从多个层次和角度揭示了打破"大锅饭"、实行企业承包后出现的各种新问题以及复杂的心理矛盾和心态纠葛，引导广大读者密切关注改革浪潮中涌现的各类新情况，积极发表意见，畅谈认识和感受。此外，这组系列报道还特别注重启发人们通过自身的观察和研究加深理解，以此更好地参与和推动改革，对深化改革发挥了重要的舆论引导作用。同年，针对《兽医博士无奈摆烟摊》《8人承包盖章，40天盖270枚》《名目繁多的表彰奖励有泛滥之势》《裂缝加大 变形加剧》等消息类获奖作品的评述也指出，这些力作的出现都起到了特别好的舆论监督的效果，有力地促进了改革开放健康、深入的发展（刘俊琪，1989）。

其次，舆论监督有助于民主政治的建设。程嘉楷在对1988年获奖深度报道作品进行综述时，将党的十三大精神作为基本框架和理论资源，对舆论监督的意义和价值进行了系统阐释，可以被视为这一方面的典型话语文本。综述指出：

舆论监督，是党的十三大为推进我国民主化进程，强调新闻媒介所应发挥的功能。从1986年开始参评的深度报道，以其抨击时弊、伸张正义、扶正压邪之长，而日益深受广大受众的欢迎，成为舆论监督的一个最有力的形式。这既是我国改革开放的一个成果，也是我国新闻改革深化的一个反映。

这一时期，新闻报道不断在内容的深度和广度上拓展，并且以政治实践的方式参与或干预相关事物的发展过程，揭露矛盾，匡正时弊，积极发挥新闻的舆论监督作用，从而使事物朝着有利于国家和人民的方向发展，得到公正、合理、合法的解决，进一步推进了国家民主化的进程。

此外，正确的发挥新闻的舆论监督功能，不仅有利于加强对国家公务员和公共事务的监督，让政治过程具有广泛的公开性和较高的透明度，而且有助于端正党风、树立人民群众对党的信念。这种舆论监督功能主要体现在两个方面，一方面是指对于国家决策的监督和评议，一方面是指对于党政干部的监督，其标准为国家宪法和法律以及党章、党纪等的要求和规定。这就要求舆论监督报道进行全方位、全景式的深入调查研究，提供具有说服力的事实，公开透明地揭示事物和问题的实质。例如，1987年获奖作品《"人为狗吊孝"事件连续报道》堪称加强对党政干部批评监督的力作。1987年4月9日，原云南省丘北县酒厂党支部书记朱家平、原丘北县锦屏镇副镇长郭丽云等六人滥施淫威，强迫失手打死一条狗的农民为死狗披麻戴孝，沿街爬行。该事件一出，《文汇报》在40天内通过消息、通讯等体裁连续发表了24篇报道，从不同角度层层深入揭露了这起罕见的侵犯公民人身自由的恶劣行为。报道触及了党群关系、党性教育、干部队伍建设和社会主义法制等重要问题，产生了深远的社会影响，引发《人民日报》等国内多家媒体纷纷报道，上级领导还专门做出批示，发挥了较好的舆论监督作用。1988年获奖作品《书记取消厂长的预备党员资格　厂长又将书记夫妇辞退出厂》的消息，揭露了这个厂的领导干部互相利用职权"对着干"的恶劣行径，以及由此带给生产的严重后果，发挥了新闻的舆论监督作用，无疑对领导干部起到"清醒剂"的效用。

（三）新时期舆论监督报道的标准

新时期全国好新闻评选对什么是好的舆论监督报道有着一定的衡量标准，这体现出新闻观念对于这类报道的具体要求，并反映在获奖作品的具体评述中。评价舆论监督报道是否出色，主要依据以下五个方面：是否首次"曝光"，即监督报道要具有时效性；报道对象是否典型以及是否产生了深刻影响；是否用事实说话，是否敢于完全彻底说真话；是否提出了建设性的意见和建议；是否掌握了批评的艺术。

首先，对于舆论监督报道时效性的强调，要求新闻报道注重时间性、时新性和时宜性。具体来说，这考量的是舆论监督报道是否首次报道相关的问题，即在问题出现之前进行报道而非"马后炮"式的报道，是否在一个适于暴露问题、解决问题的时机展开报道。例如，1987年的获奖作品《潜在危险和恶性预兆——我省生猪生产发展情况探讨》的评述特别指出，该通讯对生猪生产即将萎缩发出了令人深省的警告，"比中央和其他省市新闻单位同类报道早两个多月"。1988年《中国青年报》刊发的连续报道"武威收报事件"，成为舆论监督报道的一个成功范例，评述指出该报道"主题、时机、时效、方式、方法"俱佳，特别是大部分报道均为"当日新闻的"。这两则报道的获奖原因，都体现了这一时期对于舆论监督报道时间性的观念要求。除了时间性，时宜性也是考量的一个标准，展开舆论监督报道不一定要简单机械地去抢时间；选择合适的报道时机，也就是时宜性，有时候更加有利于暴露和解决问题。

其次，批评对象应当具备典型性，以便报道本身能够迅速地产生深刻影响。例如，1985年2月28日，《蛇口通讯报》刊发的《该注重管理了——向袁庚同志进一言》虽是一篇批评稿，却反映了一种强烈的改革精神。这封信被称为"新闻冲击波"和"袁庚纳谏"，成为一时美谈，是新闻留给历史的一颗明珠。当时大家普遍认为，报道体现了读者对于领导干部的爱护、尊重但不隐讳问题的主人翁精神。而这封来信的刊登和影响，被认为是正确地运用了社会主义报纸的"批评与自我批评的武器"，"充分表达群众的呼声和要求"（陈进鹏，1986）[31]。来信展现了改革开放对人们的思想带来的解放，普通的群众主动地关心现实、关心改革、关心管理的科学化水平。它为当时的批评性报道和监督报道带来了一股新的风气，"被批评者和来信者彼此的心是相通的，有了宽松的舆论环境，有了民主、和谐的气氛，就能更好地促进人与人之间建立信赖、理解、团结的新型关系，这对充分发挥群众的积极性、主动性、创造性，同心同德建设四化，是大有裨益的"（陈进鹏，1986）[31]。1987年新华社刊发的揭露性新闻《一些中央国家机关的情况表明需要加强劳动纪律》获好新闻奖，其评述直接点明，记者批评的不是一般机关，而是中央的八个部委机关，层高面广，批评对象具有典型性，能够充分发挥新闻的舆论监督作用。1988年获奖作品《戴晓钟案件》通过连续报道揭露了杭州市有关部门以权代法，违反党和国家对科技人员的政策，把对改革有功的民办杭州市精细化工研究所所长戴晓钟逮捕入狱的冤案，为科技人员伸张了正义，通过这样一个典型的案件显示了舆论监督的威力。

再次，这一时期的舆论监督报道，尤其是批评性报道，还特别强调要"完全用事实说话""说完全的真话"，以及在此标准下展开深入调查的必要性。例如，1981年获奖新闻《明知故犯吃特殊饭　陈爱武在职工支持下坚持反对不正之风》的评述指出，这则批评性消息写作的一条基本原则是让事实说话，采取了只提供事实，让读者自己去思考、去分析、去判断的手法，令人信服。1984年获得全国好新闻通讯类一等奖的新闻作品《一桩十年扯皮案》是体制改革中轰动全国的批评性报道，其评述表扬了作者深入细致的采访作风，做到了"坚持摆事实，不说过头话，不扣帽子，态度中肯，寓理于事实中"，使被批评单位口服心服。1988年全国好新闻消息类一等奖获奖作品《扶风县发生令人痛心的"牛奶"事件》的评述指出，该报道好在敢于说真话，坚持真理，较好地起到了舆论监督作用。因此，用事实说话是这一时期舆论监督报道的重要观念要素，通过对事实的调查报道，新闻得以具体地参与到政治实践中。

另外，由于舆论监督报道的最终目的是促进党的中心工作，促进改革开放的进程，因此舆论监督报道与批评性报道需要以建设性的态度展开。正像延安时期关于"歌颂与暴露"的讨论中的观念，批评的基调应当是健康的、积极的，是着眼于贯彻党在社会主义初级阶段的"一个中心、两个基本点"的基本路线的，而不是颓废的、消极的，为暴露问题而暴露问题（程嘉楷，1989）。例如，1982年获奖新闻《如此奇怪的"进出口"贸易——北京产的聚乙烯成了"进口货"，使国家损失外汇五十多万美元》的评述指出，报道所产生的宣传效果是良好的、积极的，有助于督促有关单位严肃对待问题，吸取深刻教训，积极采取措施，努力改进工作，具有较强的指导性。这一点也在第十届全国好新闻获奖消息中得到了较好的体现。例如，1988年两篇获奖作品《农业发展探源》和《"立碑风波"及其讨论》，都是对违背党的农业改革政策的错误行为进行批评揭露的佳作，对于深入促进改革开放方针政策的贯彻执行具有重要的监督作用。其评论认为，这种积极向上的、建设性的批评监督，应当成为当前新闻宣传的基调以及新闻舆论监督的主旋律。

最后，在具体的实践层面，这一时期的舆论监督报道还特别讲究批评的艺术，确保批评能够产生切实的效果和正面的影响，其中包括运用各种表现手法、以情动人、不落俗套等。例如，1987年全国好新闻消息类一等奖获奖作品《钱向金动用"拉达"轧场火烧连营》是一篇揭露县建设银行副行长以权谋私、弄巧成拙、作法自毙的批评性报道。其评述表扬作者在尊重新闻事实的基础上，运用漫画式的手法，通过辛辣的文字和形象的比喻写作，堪称一篇优美的讽刺性新闻小品，体现出高超的批评艺术。1988年获奖作品《某连白菜丰收 机关纷纷伸手 万斤白菜"卖"了7元钱》的评述赞赏其运用采访实录形式行文，客观、真实、亲切，并且破例在报道时只讲事、不点名，既保留了有关连队的"颜面"，又牵动了许多单位"对号入座"，取得了更好的社会效果，体现了批评报道的分寸感。批评的艺术尤其强调批评性报道不能板起面孔训人，也要讲情感，要动之以情，让批评对象能够接受。这也是人民内部矛盾的解决方法在新闻领域产生的具体影响，是中国的新闻观念中极具特色的部分。例如，1985

年获奖通讯《外行出国搞引进的教训——福州市针织厂引进一批大圆机的前前后后》，其评述认为该文是一篇针砭时弊的好文，关键在于报道"据事论理，心平气和地帮助被批评单位分析问题、总结教训"，批评得令人心悦诚服。

（四）"以正面报道为主"的批评报道方针

综观上文所述不难发现，在1980年代的大多数时间里，有关"什么是好的舆论监督报道"的标准的讨论，更多是针对批评性报道而言，这也引发了这一时期"舆论监督报道是不是仅限于批评性报道"的争论。特别是在全国好新闻评选的过程中，有的评委认为，"批评坏人坏事是舆论监督，而表彰好人好事、宣扬成绩就不是舆论监督"。这一争论在随后几年的好新闻评选的具体过程中逐渐通过事实得以厘清。1988年《关于全国好新闻评选标准的几个问题》指出，关于一篇新闻报道是否发挥较好的舆论监督作用，关键不在于是批评性报道还是表彰性报道，而在于报道的社会针对性；特别在我国，"正面文章反面作"或"反面文章正面作"，都是具有针对性的。这种针对性越强，舆论监督作用就越大（何光先，1989）[20]。所以，在当时的新闻观念中，并非只有批评性报道才能够达成舆论监督作用，正面报道的作品只要有针对性，也同样可以视为舆论监督报道——"凡能统一认识、缓解矛盾、安定团结、协调社会，就是新闻所应该发挥的舆论监督作用"（全国好新闻评选办公室，1989）[4]。由此可见，批评性报道和正面报道都是新闻发挥舆论监督作用的有力武器，关键在于如何在批评性报道与正面报道之间取得平衡，以及对于二者辩证关系的正确认识与处理。

正是在对应具体挑战的过程中以及内外部各种因素的共同作用下，新闻领域开始逐步有针对性地强调和突出以正面报道为主的方针。这种新发展出来的关于舆论监督的新闻观念首先强调，在发挥舆论监督作用的新闻报道中，不能仅限于批评性的报道内容，还应当囊括正面性的报道内容，要既揭露黑暗也展现光明。在1980年1月7日中共中央宣传部新闻局召开的县报工作座谈会上，与会人员就提出了报刊报道"要以表扬为主，同时又要有适当的批评"（方汉奇等，2018）[1008]。这在新闻评奖及其评述话语中同样得到了体现。例如，1985年获奖作品《环卫工人日夜出动铲除垃圾山》，记者带着市民们的意见走访环卫局长，经过深入调查了解，如实反映和解释了"垃圾成山"的真相和成因。该篇报道的评述认为这既是一篇批评报道也是一篇表扬报道，记者一反过去"要么全好，要么全坏"绝对化的报道方式，而是"表扬该表扬的，批评该批评的"。评述对于记者所采取的这种做法给予肯定和好评，认为这样的报道值得大力提倡。1988年获奖作品《夜柳州》的评述直接点明，该篇报道好在既展示了社会主义初级阶段市场和商品日益繁荣的一面，同时也揭露了市场混乱急需新秩序和新风尚的一面，这种"写了光明也写了阴暗"的辩证手法值得提倡。同年，另一篇获奖作品《关于福尔马林泡毛肚火锅事件的连续报道》的评述认为，该篇报道不仅对违纪人员和有毒物品的处理情况进行报道，还明确提出为发展商品生产"创造良好的法制环境"的问题，着重反映了相关部门在进一步完善法规、加强管理等方面进行的改革，同样是揭示问题和展现光明前景的一种表现手段。

二、新闻作为沟通桥梁的政治实践

在改革开放初期的新闻观念话语体系中，作为政治实践一部分的新闻，成了主动参与到社会生活中的主体，而非仅仅是报道新闻事实的被动的旁观者。除了发挥舆论监督的作用外，这一时期的新闻观念还要求新闻报道积极发挥沟通桥梁的作用。新闻作为沟通桥梁具体表现在，新闻媒体通过开通各种对话渠道，实现"上情下传，下情上传，左右四方通达"，以此促进信息交流、对话与探讨，从而增进人民对国家的了解、领导和人民之间的理解以及人民相互之间的理解，从而实现思想统一，团结一致，举国上下同心同德共建四化的目的。新闻的沟通桥梁的作用具体体现在沟通"人民与国家"、沟通"人民与领导"，以及沟通"人民与人民"三个方面。

一是沟通"人民与国家"。在改革开放初期的新闻观念中，对于新闻沟通桥梁作用的话语表述，首先强调新闻要起到沟通"人民与国家"的作用，也就是通过新闻报道使人民增强了对国家的认同感和向心力，从而发挥新闻的凝聚人心、鼓舞士气的作用。沟通"人民与国家"的典型代表正是1986年全国好新闻奖唯一的一篇报纸类特等奖获奖作品、《人民日报》刊发的通讯《今日"两地书"》。该篇报道以一连串"为什么"的疑问开篇，直接反映了老山前线指战员"祖国万事连我心，献计献策为己任"的爱国热忱和了解国之大事的急切心情，随后报道以战士们与后方机关干部张立同志书信来往为主要内容，展示了这种对话交流逐渐解答指战员心中的疑惑和焦虑，使他们更加深刻理解党和国家的宏伟蓝图，从而不断坚定社会主义的理想信念、积极勇敢投身战场的过程。报道见报后，迅即在全国产生了强烈反响，编辑部一个多月就收到了全国各地寄来的千余封来信。该篇报道堪称体现时代精神的成功之作，自始至终都贯穿着相互理解的精神，通过新闻内容，不仅展示了前方的战士对国家的理解，而且也更加增进了全国人民对党和国家以及人民军队的理解和支持，实现了"情与理的交流"。

1988年《人民日报（海外版）》刊登的《长江三峡工程问题》系列报道，也体现了"重大情况让人民知道，重大问题经人民讨论"的精神。正如其评述所说，这是一篇公正探讨有争议问题的深度报道，通过客观反映三峡工程争议各方的意见和面临的困境，使广大人民不仅了解了真实情况，反映了人民的意愿和呼声，同时也使国家了解到了民意，新闻在这其中发挥了重要的桥梁纽带作用。这组系列报道被评为当年全国好新闻深度报道类作品一等奖。

　　二是沟通"人民与领导"。新闻沟通"人民与领导"的桥梁作用，主要体现为增进人民对领导干部的理解，增强两者间的畅通对话与交流，从而增加了政治生活的民主性和透明性，增强了彼此之间的信任，有助于促成重大问题的解决。例如，1985年获奖作品《环卫工人日夜出动铲除垃圾山》的评述认为，采写这篇报道的记者带着民意走访了环卫局长，围绕垃圾山形成的原因进行了深入调查，形成了一篇有理有据的解释性报道，切实起到了领导干部与人民之间桥梁纽带的作用。报道既为领导干部向人民做了必要的解释，同时也替广大人民说了想说的话，真正实现了沟通上下情况的作用，取得了较好的反响。

　　1987年荣获全国好新闻特等奖作品《天津市人民政府市长办公会议》，也是新闻沟通"人民与领导"的典范之作。1987年4月26日，天津市政府召开市长办公会。会后，天津人民广播电台通过实况录音剪辑对整个会议的决策过程进行了如实报道。节目播出后在天津市引起了强烈反响，受到广大听众的热烈欢迎，一再要求重播。节目受到如此好评部分在于，播出的内容触及了很多过去新闻报道中很少涉及的"物价、住房以及教育经费、交通拥挤、环境污染和不正之风"等群众非常关心的话题。这些内容原来仅限于政府成员内部研究解决，人民很少知道。但是，这次记者突破了过去的框框，大胆地录制、剪辑并播放出来，是广播播出的第一个比较典型的社会协商对话节目。很多听众反映，这样的报道"是在领导与群众、政府与人民之间架起了一座密切联系的空中桥梁"，促进了政府工作的公开化和透明化。时任市长李瑞环指出："这种报道形式，是领导与群众见面、对话，加强彼此之间相互交流、相互理解的很重要、很好的形式，也是在反对资产阶级自由化和改革、开放中推进民主政治建设的一种形式。"自此以后，天津市政府将这种协商对话形成了常态制度，并且有意识地邀请记者进行报道，在天津市形成了较好的反响，极大地增加了人民对政府的信任及主人翁意识。这也引起了中央领导同志的重视，对党的十三大提出建立社会协商对话制度起到一定参考作用。

　　三是沟通"人民与人民"。新闻的第三种沟通桥梁作用还体现在发挥"社会协调"功能，促进"人民与人民"之间的沟通与交流。能够发挥正向社会协调作用的新闻报道，对于促进"社会结构合理，人民关系和谐"起着非常重要的作用，是沟通人民内部关系的重要桥梁。随着改革开放的不断深化，尤其在各阶层的利益不断重新调整的过程中，沟通人民内部关系、促进不同群体之间的相互理解，对于改革的继续进行和社会的和谐稳定都具有特别重要的意义。很多时候，针对社会热点的新闻报道稍有不慎就可能伤害某些人的切身利益而招致逆反效果，这就需要靠新闻工作者的正确把握（何光先，1989）[23]。一篇能够发挥社会协调作用、沟通人民内部关系的好作品，应该尽可能对多方面起良好的影响；也正因如此，在全国好新闻的评选中，常常有同题材的作品由于在发挥社会协调作用方面的区别而得到了不同评价，有的入选，而有的则被淘汰。例如，1988年两篇同样是报道"特价商店"问题的新闻，《现代工人报》围绕重庆市特价商店开展的报道，因为过多地强调特价商店不利的一面，而对于它有利于满足市场的需求以及货币回笼的方面报道得不充分，因而不利于协调社会各种需要，结果最终未能入选。反之，《江苏工人报》关于南京特价商店的同一题材的报道则与前者不同。该篇报道的记者坚持"不唯上、只唯实"，用事实说话，进行中肯全面的分析，有理有据，对遏制涨价风做出了贡献，有利于协调人民内部不同群体的理解，最终获得当年全国好新闻深度报道类一等奖。

总之，在这个十年的最后阶段，全国好新闻的评选尤其注重新闻的这种"社会协调"功能的发挥，认为一切好的新闻活动的出发点和归宿都是为了获取新闻的最佳社会效果，发挥新闻的最大社会协调作用，全国好新闻评选的根本意义也正在于此；因而，好新闻的评选也必须提倡新闻的"社会协调"功能，将其作为检验新闻优劣的基本标准之一（何光先，1989）[14]。这种评价标准认为，新闻的所有功能，如传播信息、介绍知识、开展教育、舆论引导、提供娱乐等，都应在服从于"社会协调"这个总体功能的基础上发挥作用。

本章小结

在任何历史和文化语境中，新闻都无法脱离政治。虽然西方的新闻专业主义和客观新闻学都强调新闻独立于政治之外，但是现实与理论已经一次次证明这只是一个"幻想或幻象"。实际上，政治逻辑和政治属性在全球范围内都是新闻业得以发展和新闻观念得以演进的内在驱动（单波，2001）[27]。在中国共产党的新闻实践和新闻观念中，新闻与政治的关系一直是主导性的结构，在改革开放之前半个多世纪的历史进程中，中国共产党从各个角度探索和思考新闻的政治属性与政治功能，其中既有宝贵的经验也有难免的教训。对于改革开放之后的新闻学，诸多学者已经指出了这一时期新闻观念中对于政治传统的思考、发展和扬弃（陈力丹，2009a）；20世纪80年代的新闻观念甚至可以被视作是"高度政治化的"（李彬，2015b）。本章的研究揭示出，改革开放本身不仅为新闻和政治的关系提供了新的历史拐点和时代背景，而且也提出了新的问题和新的挑战，这两方面的因素都最终导致了新闻观念中关于新闻与政治关系的新的变化与发展。

首先，相对于"文革"时期那些政治口号和命令式的新闻文风，以及扭曲事实为政治运动服务的错误做法，改革开放初期在拨乱反正和反思"文革"的背景下，新闻的事实属性重新被界定为新闻的基本属性。与此同时，新闻与政治之间的辩证关系也重新提上了新闻观念思考的议事日程，成为新闻学中无法回避的核心问题。新时期，面对由改革开放引发的思想领域以及实际政治经济领域的新问题和新挑战，中国共产党和当时的中国社会对新闻的思想性和指导性都提出了迫切的要求，新闻领域自身也因此更加重视报道主题的深刻性。在这种背景下，新闻界从文艺工作领域借用和延续了自20世纪30年代就已经逐渐形成的"典型化"的报道手段，从微观的新闻事件切入，回答重大和紧迫的时代命题，成为当时处理新闻与政治关系的主要方式。在实践和思考的过程中，当时的新闻界形成了微观与宏观相统一的话语形态来总结上述的实践经验，成为新闻观念话语的重要组成部分。

其次，改革开放之后，"群众路线"作为党的优良传统被重新唤起，为改革开放的顺利进行提供群众基础和基层智慧。依靠人民群众办报是毛泽东关于党的新闻工作的一个重要观点（郑保卫，2013），"党性"和"人民性"之间的关系是中国特色新闻学领域的一个历久不衰的话题。在延安时期，这一命题的提出主要针对的是小资产阶级的独立倾向；而在改革开放之后，这一命题受到了市场化和自由化的双重影响，二者之间不时地显示出分离的危险（向芬，2018）。本章的研究发现，在应对上述命题、思考新闻与政治关系的过程中，"群众路线"产生了重要的影响，不仅为新闻报道工作中"党性和人民性的统一"提供了政治基础，而且也明确了当时新闻工作的一系列重要任务，包括报道人民群众关心的国家大事和切身事务，发掘人民群众在改革开放中的主体作用，以及发挥党和人民的"耳目喉舌"作用等。这些具体的业务探索，在观念话语层面上形成了"群众主体性"的话语表述方式，它将马克思主义历史观念中的人民主体地位和中国共产党的群众工作传统有机地融合到了新闻观念中，成了中国特色新闻学的又一个重要组成部分。

最后，由于改革开放对于具体的政治实践，特别是社会管理方面提出了新的需求，作为政治实践组成部分的新闻舆论工作，在新时期也发展出重要的政治和社会功能，这也是80年代"新闻多元功能观念"（杨保军，2014b）的重要来源。"舆论监督"是党的新闻工作的一项重要传统，也是"批评与自我批评"在新闻媒体领域的具体实现（童兵，2007）[4]。改革开放初期，特别强调以事实为基础展开批评，同时要注重批评的时宜性和批评的艺术，以便更有利于推动具体工作的开展，也就是邓小平等党的领导人所提倡的有力量的积极的批评（童兵，2007）[5]。在1980年代丰富而多元的报道实践的基础上，关于批评报道形成了两方面的观念性成果：一是将表扬和批评视为有机的整体，一是形成了以"正面宣传为主"的监督原则。此外，新闻作为政治实践还体现在它的"沟通桥梁"的作用上，从而也与整体政治体制改革和现代化社会管理水平提升密不可分，是改革开放体现在新闻观念层面的重要成果之一。

第四章 形式轴向：新闻形式与新闻报道规律

新闻"形式轴向"的观念丛强调新闻本身的形式特征，核心在于如何把新闻写好以及按照什么标准写好的问题。新闻观念中"形式轴向"的确立，以"新闻价值"这一核心概念的出现为标志，特别是在新闻观念的话语实践中，将"新闻价值"和"政治价值"进行了明确区分。改革开放之前的新闻观念中，"新闻价值"是附属于政治价值和政治功能的，很少被单独提出来进行讨论；而新时期尤其是1980年代的后半期，"新闻价值"逐渐在各类新闻专业话语中出现并得到了广泛讨论，成为更贴近新闻本体、反映新闻本身规律的一个关键概念，展示出新闻观念在新时期的演变轨迹。当然，在中国的语境下，新闻价值中必然包含了政治价值，或者说新闻价值归根结底是服务于政治价值的；但在结合了新闻的信息传播属性之后，新闻价值更多地被表述为遵循新闻的报道规律，在形式上满足新鲜感、现场感，甚至是戏剧性、趣味性等要求，以具备对读者的吸引力和对主题的表现力。

第一节 时代观念土壤中的新闻报道规律

新闻观念中的形式轴向的出现同样离不开改革开放初期的具体历史语境，包括80年代文学领域对于形式的重视的影响。20世纪80年代文化变革的中心议题就是文学的自律性，以及文学实践的具体方式。虽然文学与政治的关系贯穿了整个20世纪，但是80年代文学性问题的提出，如"让文学回到文学自身"等说法以及文学的审美性、文学的人文精神等，都体现了文学的独立性是80年代较为一致的诉求（贺桂梅，2007）[29-41]。这种对于独立性的强调很重要的一个体现就是对形式美学的探索，具体到文学门类中，则是叙事性和修辞性的话题以及独立的美学价值的发现。而这一时期对于西方文论译介的一个重要的偏向，也是对于形式研究的强调。在西方文论的影响下，文学研究被区分为内部研究和外部研究（贺桂梅，2007）[29-41]。文学领域的上述思考和探索，也影响了新闻的形式观念的探索。在新闻领域，"外部研究"可以视为对于新闻如何服务政治和坚持政治第一性的思考；而内部研究，则是对于新闻的具体形式和新闻报道本身规律的思考。

一、新闻的事实属性

改革开放初期，对于新闻报道本身规律的重视和强调，是当时新闻观念的重要组成部分。而新闻报道本身的规律，又以对新闻本身的属性和价值为认识基础。虽然新闻本质上从属政治、服务政治，但新闻毕竟不是政治本身，同直接的政治实践不可同日而语。这一阶段的新闻观念，是肇始于反思"文革"时期极"左"做法，这种反思已在一定程度上包含着对于新闻本体的强调和新闻本身的价值回归。因为，只有认识到新闻本身的独特价值，将新闻价值从宣传价值和政治功能中剥离出来，才有可能进一步地去探讨新闻报道的规律。

改革开放初期，对于新闻本体和新闻价值的认识，首先在于对新闻和事实之间关系的重新确立，也就是将事实视为新闻的基本属性和基本特征，对于新闻的一切形式和功能上的探索，都是基于"新闻报道事实"而展开的。正如第二章历史批判中呈现的，"事实第一、新闻第二"以及"实事求是"的观念等党的新闻工作的优良传统虽在"文革"时期遭到了扭曲，但是随着拨乱反正和改革开放，这些传统重新构成了新时期新闻观念的基础。例如，徐惟诚在1980年提出，"新闻中要去掉一切空话、套话，首先就要把新闻严格限制在只能报道事实上。这样做，可以使新闻更加得到读者的信任"，他还专门引述了毛泽东办报的案例，来强调事实对于新闻的首要价值：

"毛泽东同志在办《政治周报》的时候，为了反击敌人的造谣攻击，强调的就是'请看事实'四个字。""我们要相信读者自己是有头脑的，把事实摆给他看，他自己会做判断，会做抉择……是尊重读者的态度，和读者平等相处的态度。""坚持新闻一定要用事实说话，还可以促使作风不够深入的记者改变作风，使那些客里空的东西少一个防空洞。你要赞扬或批评某一件事或某一个人吗？拿出具体的事实来吧。"（徐惟诚，2015b）

徐惟诚认为，新闻报道遵从"事实第一"的原则能够带来两个方面的价值：一是获取读者信任，二是加强记者的"实事求是、调查研究"的作风。

新时期为贯彻和坚持对新闻事实属性的认识，全国好新闻评选标准始终把"真"字排第一位，要求新闻"既要做到事实的真实、分析的准确、概括的全面，还要观点正确、选材合适、叙述客观、评判公正"（全国好新闻评选办公室，

1989）⁶。具体来说，"事实作为新闻基本属性"的观念主要在以下两个层面得到了强调。

  一方面，是具体报道的操作层面，首先要求事实的准确与核实，避免出现失实报道。1979年11月19日，《文汇报》就针对若干失实报道进行检查，将其中的数件失实报道在报纸上公之于众，并配发评论员文章《坚决维护新闻报道的真实性》，强调真实对于新闻报道的极端重要的地位（方汉奇等，2018）1005。1980年5月20日，《黑龙江日报》编委会也针对新闻真实性的要求制定了《关于保证新闻真实和防止差错的几项规定》（方汉奇等，2018）1003。在整个新闻评奖的过程中，对于事实准确的强调也随处可见。例如，1985年《长沙晚报》刊发的新闻《为什么要开这样的展销会？南南信息公司主办的全国优质名牌产品展销订货会名不副实，只好草草收场》是一篇特殊的获奖作品。虽然该报之前刊登了南南信息公司举办展销会的消息，但是当事实证明这是一场骗局时，该报敢于再次刊登这篇报道否定之前的报道，因而获得了当年全国好新闻奖，其评述特别表扬和提倡了这种"尊重事实、坚持原则"的精神。针对1986年全国好新闻特等奖的评述《对改革的关怀、鼓舞和促进》也强调了"真实性是新闻的生命"，还以当年《四川日报》在"长江漂流"的系列报道中因一处失实问题未被评为特等奖的事情进行说明。由此可见，当时对于新闻真实性的要求非常严格，如果报道中存在不全面的叙述，或评论中有不正确的断语，都可能无法入选好新闻。这主要是针对当时的新闻界还"普遍存在失实的报道、片面的叙述、错误的论断、空话大话，严重失实的稿件也时有发生"（胡绩伟，1987）的情况，由此对社会产生不良影响，甚至危及新闻宣传工作的权威性和声誉。《全国好新闻评选工作条例》也对违反真实原则的新闻进行了明确的规定，"凡发现在这方面有问题的作品，即使入了选，也要撤销其好新闻作品的资格，追回奖状、奖金，予以通报批评，并要对推荐单位予以罚款，情节严重的还要取消其以后参加全国好新闻评选资格一至三年"（全国好新闻评选办公室，1989）⁶。

  具体报道操作层面对于事实属性的第二个要求是要提供充分的事实、合适的材料，并且概括全面、评判公正。这主要针对的是以偏概全和极端化等违反整体真实性原则的新闻报道实践，最终目的是为了增强新闻的可信度。例如，1985年获奖作品《一些进口商品质量低劣 给国家造成严重损失》的评述指出，虽然这篇消息写作手法一般化，但是其"材料选择得当，事实充分"，针对进口商品质量低劣、数量短缺的现象为相关单位和领导敲响了警钟，仍然不失为一篇好报道。同年另一篇报道《郁达夫被害真相大白》，其评述认为，这篇报道相较于其他媒体的同一报道"消息材料更准确、翔实,逻辑性更强,背景交代更清楚",而这些都体现了遵守"事实第一性"的原则,因而获得了全国好新闻奖。1987年获奖通讯《一则报道的背后》由于记者深入调查,揭露了某个受到上司庇护的所谓"改革者",并且不满足于事实的揭露,还进一步对其内心世界进行了剖析,进行了"客观、全面、公正"的报道,引起了各级领导的重视,最终让事情得到了公正的处理。

另一方面,除了在实践层面强调事实的准确和全面,当时评述话语还在宏观层面探讨了新闻的事实属性和其他属性之间的关系,这在1988年全国好新闻奖评述话语中对"事实、价值、效果的和谐统一"的系列论述中尤为明显。同年,全国好新闻评选办公室发表《关于全国好新闻评选标准的几个问题》一文,回答了十年来关于全国好新闻评选标准的相关问题。其中,"事实、价值、效果的和谐统一"被列为评选标准的重要方面。同年,何光先在综述第十届全国好新闻作品时,也系统阐述了上述观点。这种观点和标准指出,争取最佳社会效果是一切新闻活动的出发点和归宿;而实现最佳社会效果的关键在于选择好的新闻事实,并充分认识、发掘新闻事实所固有的各种价值,通过采用各种报道方式、手段使这些价值予以充分实现。另外,所谓新闻的最佳社会效果并非没有限度,并不能高于新闻事实固有价值,否则就会走上另一个极端。因而,对"事实、价值、效果的和谐统一"的强调,就是要求记者把握好新闻事实价值与实现新闻的社会效果之间的平衡,不能为了达成或提升新闻的社会效果而任意拔高固有价值,造成新闻的失实。

二、"新闻价值""宣传价值""审美价值"

在上述关于新闻的事实属性的探讨基础上,获奖新闻评述话语也逐渐区分出新闻的"新闻价值""宣传价值""审美价值"。事实上,当时的业界和学界围绕新闻的价值属性进行了广泛争论,已经开始从主观标准的表达转向将其视作新闻事实内涵的客观要素,提出新闻价值是新闻事实满足社会需要的功能。同时,又提出宣传价值则是宣传者的主观意愿适应客观社会发展规律的功能,大部分新闻既有新闻价值,又有宣传价值,这就是所说的"新闻的双重价值"。当然,对于淡化新闻的宣传价值的也不乏其人(童兵等,2001)[405]。不过从获奖新闻评述话语中可以看出,到这个十年的最后阶段,"新闻价值""宣传价值""审美价值"三者各自的内涵以及三者之间的关系得到了明晰和确立,成为"新闻应该是什么""新闻可以用来做什么"的认识基础。其中,"新闻价值"被视为新闻的首要价值和基本价值,体现了新闻自身的基本规律;而"新闻价值"的基础正是新闻的事实属性，一篇新闻作品只有具备较高的新闻价值，报道社会关注的问题，才能吸引更多的受众。其次，在中国共产党的新闻宣传工作观念中，新闻必须服务于党的中心工作，好新闻更是要积极服务于党的路线、方针和政策的宣传，做好思想政治教育工作，从而发挥新闻的"宣传价值"，这是新闻的政治属性的重要体现。最后，在新时期的新闻观念中，"新闻价值""宣传价值"还需要与"审美价值"进行有机融合，这种对于"审美价值"的追寻主要体现在新闻报道的形式、手段、方法方面寻求创新和改革，以求新闻作品具有更强的可读性、吸引力和感染力。因此，这一时期的新闻观念话语特别强调"新闻价值、宣传价值、审美价值的和谐统一"。

不过，在力求融合之外，我们还应当注意到，三者之间实际上是具有特定的主次关系，这在当时得到了一定的讨论，但还缺乏统一和明确的界定。如今，随着理论与实践的不断深入，我们可以说新闻价值是新闻报道的首要价值，宣传价值是建立在新闻价值之上的体现新闻政治属性的价值，而审美价值则来自于通过具体的工作创新对这两者的恰到好处的融合。只有三者和谐统一，新闻才能获取较好的社会效果。当时，全国好新闻获奖作品《但存方寸地　留与子孙耕》《夜柳州》等皆是这方面的佳作。然而，很多入选好新闻的作品也并非都实现了三者的统一，大部分作品能够具备新闻与宣传的双重价值，但或多或少缺乏审美价值；还有的宣传价值很高，而新闻价值较低，违背了新闻的规律；当然，也有少数为了突出新闻价值而带来了错误舆论导向和社会思想混乱的报道，在当时受到了批评。

新闻价值从宣传价值中区分出来，作为体现新闻自身规律的本体价值，在获奖新闻评述话语中得到了鲜明的体现；而同时具备新闻价值和宣传价值的报道，则尤其得到赞赏。例如，1986年获奖作品《好啊！诚实永存》报道了一位普通服务员因"找错钱"不惜重金自费登广告找寻外国顾客的事，事实本身很有新闻价值，因其在"孔方崇拜"蔓延的时候发挥了"不为金钱所惑，严于律己"的宣传效果，所以兼具"新闻和宣传的双重价值"。这一时期的评述话语中对新闻价值的强调还体现在对独家新闻的认可上。例如，1986年的获奖报道《误差二胎　县长责令追查　随机抽样　不容半点虚假》的评述就专门指出，该篇报道是获得1986年"世界人口最佳报道奖"的《健康报》计划生育版中的一条独家新闻，因为该篇新闻报道了社会共同关注的话题，同时也是落实国家政策的典型代表，所以具有"新闻和宣传的双重价值"。1987年获奖作品《兰州出土写有文字的东汉纸》也是因为对"写有文字的东汉纸"这一罕见文物进行了独家报道，极富科学价值和新闻价值，因而获得了当年全国好新闻消息类一等奖。

当然也应当看到，这一时期对于"新闻价值"的强调和认识，仍然没有脱离对于新闻政治属性的坚持；"新闻价值"与"宣传价值"虽然在概念和表述上进行了区分，但是却处处强调"两者的统一"，并试图用"审美价值"这一概念范畴和报道技巧来实现。

三、新闻的可读性与读者意识

可读性实际上强调的是读者意识，是从接收方的角度来考虑新闻本身应当具有的特征，以区别于报道方的功能性诉求，如教育性、指导性等。这一时期新闻的可读性具体被表述为"受读者的欢迎"或"人民群众喜闻乐见"，包括了内容和形式两个方面。在不同的语境下，可读性分别对应了对新闻工作本身规律的把握、对更广泛的市场和竞争的注重，或者达成好的宣传教育效果的具体手段，即强调新闻价值、宣传价值和审美价值的统一。改革开放初期先后负责北京市和全国新闻宣传舆论工作的徐惟诚，在1980年就强调了读者意识和可读性的重要，他认为，记者应当有"读者的眼睛"，要熟悉读者的需求和兴趣，才能够具备善于发现新闻的"新闻眼"，成为一个优秀的记者。他还特别从新闻宣传的效果出发强调读者意识的重要性：虽然报纸的指导性是不可动摇的，要宣传党的路线方针政策、对群众展开思想政治工作，但是"这一切又一定要按照新闻工作的规律来进行，才能宣传得有成效"（徐惟诚，2015a）。

从徐惟诚的表述中可以看出，这一时期对于可读性的强调，主要是将可读性置于新闻的指导性与发挥政治功能的框架下进行探讨。这种话语形式也广泛地存在于新闻评奖及其获奖作品评述中。例如，1982年获奖作品《耕者有其责 农民穷变富》的评述就直接以《可读性同指导性的统一》为题，指出具有指导意义的新闻能否发挥相应的作用很大程度取决于其可读性，只有"又新又活、寓理于事、短小精悍、读者爱看易接受"的新闻报道，才能发挥有效的指导作用。可以说，指导性是可读性的目的，而可读性为指导性提供了重要保障。再如，1984年通讯《值得思考和探讨的问答——一位企业党委书记关于企业思想政治工作答青年问》，因其采用口述实录体，将无锡协新毛纺厂党委书记刘吉围绕企业思想政治工作回答青年的提问如实呈现，语言生动且具有较强的哲理性、知识性，可读性也较高，产生了发人深省的效果，发挥了较好的指导作用，因而获得了当年全国好新闻特等奖。因此，可读性也体现了上述"三个和谐统一"中的"审美价值"的具体要求。

在新时期的报道实践中，新闻的可读性对应了一系列报道手段。1981年获奖作品综述就围绕如何提升新闻的可读性进行了系统阐述。例如，新闻要"新"，就需要在时间、内容、表现手法上求新；新闻要"活"，就需要寓理于事，寓理于知识性、趣味性，笔端饱含感情，采用白描手法寻求语言创新；新闻要"短"，但也不能机械化地要求，而要视具体情况而定。这一时期具体新闻评述话语中对于提升新闻可读性的要求，主要是提倡"短新闻"，重视导语以及新闻结构的作用与表现形式上的各类创新等。

首先是新闻求"短"。求"短"其实是中国共产党新闻工作的重要传统之一，早在延安时期"反对党八股"的运动中就已经明确提出。1946年延安《解放日报》刊登了胡乔木撰写的《短些，再短些！》，对新闻求短提出了操作性的要求，如80%的新闻必须是500字左右，通讯及副刊短篇80%必须是1000字左右，研究性的论文等80%必须是2000字左右。1977年底，为改变"文革"时期遗留的僵硬、空洞、冗长、上纲上线、缺乏新闻价值的报章文风，新华社总社就向各地分社发出号召，要求"每个分社每月至少要向总社发一至两篇主题和内容重要、写作上精益求精的短新闻"（新华社，1978）。1979年9月19日，《解放军报》也提倡要多刊登短新闻（方汉奇等，2018）[1003]。在整个1980年代的新闻领域，也一直反复强调"刹长风"，要求新闻尽量简短有力。1980年1月，《河北日报》在制定新闻改革试行办法时强调，"评价好稿的重点，要放在问题抓得新，指导性强，语言朴实生动的500字以下的短新闻上"，"版面要给短新闻让路。好的短新闻可上一版头条"（方汉奇等，2018）[1009]。应该说，"短"是这一时期新闻改革的重要抓手，也是好新闻作品提高可读性必须倡导的写作方向和文风。正如1983年全国好新闻获奖消息《今天凌晨广州市降特大暴雨》的评述指出，短新闻，一是短，二是新，都是为了能让读者在较短的时间内获得较多的新闻信息；在提倡"短新闻"和"刹长风"的要求下，记者需要具备强烈的时间观念，增强新闻敏感，练就快笔，才能够写出更多更好且短的新闻。为了方便掌握，全国好新闻评选还专门对不同新闻体裁的字数进行了限定，规定了最适宜的字数和最多字数，同时要求超长作品参加特别奖评选时需要交纳超长作品评选费，以此进行经济上的限制。不过，这一时期新闻改革"求短"和"刹长风"也遇到了不可避免的难题，即文章篇幅长短与新闻内容深浅的关系。"短而又深"的新闻固为佳作，但是难免会出现主题重大、文采俱佳、篇幅较长的优秀作品，这对好新闻评选着实提出了现实挑战。因此，当时的评论者们较为认同的观点是，"长"和"短"总是相对的，为了更好地服务于新闻的可读性和新闻的主题思想，新闻"长要长得有理，短要短得适当"。

其次是发挥导语及新闻结构的重要作用。新时期的新闻观念非常重视导语的作用及写作技法，认为过去由于受"左"的思想束缚，消息几乎都是清一色抽象概括式的导语，读来让人生厌（唐钧，1986）[66]。为了增强新闻的可读性，更好地满足受众的需求，新时期的新闻报道借鉴了很多西方新闻写作的方式和方法，特别是导语以及新闻结构方面的写作技法，尝试了一些较有新意的表达形式。例如，1984年获奖作品《黄河穿越爆破圆满成功》在新闻的导语中把事件当中最壮观和激动人心的瞬间用形象的手法描绘出来，增强了消息的感染力和可读性。1985年获奖作品《"北京白鸡"在全国28个省市区"落户"》的导语采用了拟人化的手法增强消息的吸引力，其评述认为这种"不落俗套"的表现手法一扫以往类似报道的沉闷呆板之气。此外，1985年获奖作品《黄河大桥关卡多　司机哀叹行车难》《环卫工人日夜出动铲除垃圾山》《羊城千余青年做"不掌印的市长"》《对江南命案的所谓审判实系抛出替罪羊》，以及1986年获奖作品《个体贩运大军搞活湘粤赣边境流通渠道》、1987年获奖作品《含泪依依话别　盛赞人情温暖》、1988年获奖作品《两万张地图走进清河县农家》，则分别采用了纯描绘式、格言式、设问式、悬念式、场景式、对比式等多样化的导语表现形式，均得到了当年好新闻评述的认可与好评。除了导语以外，新闻结构的变化也是这一时期新闻改革所提倡和鼓励的。例如，1985年获奖作品《厂长负责制使优秀厂长脱颖而出》的评述指出，该新闻在结构方面突破以往"帽子加例子"的老框架，借鉴国外断裂式结构的方法，增强段落间的跳跃性，提升了文章的节奏感，可读性较强，值得借鉴和鼓励。当然，导语、新闻结构以及文章的节奏感等，实际上与新闻的叙事性密不可分，这将在后面进一步展开。

此外，提高新闻可读性的策略还包括依据"形式、内容、风格的和谐统一"的原则，进行不拘一格的表现形式的创新。这一时期获奖新闻评述话语鼓励新闻报道打破各种老旧框框，以免"千佛一面"，使读者产生审美疲劳；要求新闻应当根据具体的报道内容"因事制宜"地确定形式，提倡"不拘一格创新体"，准确客观地反映内容，形成"独具匠心"的报道风格。例如，1981年全国好新闻获奖作品《邹振先惊人的一跳》一反格式化、规范化的模式，打破一般消息写作的"倒金塔"形式，采用散文式的写作风格，直接通过镜头感和画面感强的语言对比赛现场进行描绘，文字生动风趣，文风轻松感人，令读者有"目观其景、耳闻其声"之感。评述认为，这篇报道是体现"形式、内容、风格的和谐统一"的佳作，因而评委一致将其评为好新闻消息类获奖作品。1983年获奖作品《我国八亿农民搞饭吃的旧局面开始发生变化》，也是一篇在写作手法上颇具特色的新闻。该篇报道为了反映历史性的转变，通过使用大量的数字进行鲜明的对比，用事实说话增加说服力，在表现手法上运用形象的语言，进行形象生动的描写，同时引用议论提升新闻的思想深度和理论色彩，增强了新闻的可读性和指导性。1987年获奖作品《中国改革的历史方位——时代的挑战与中青年理论工作者的思考（上）》，同样是因为创新性地使用了大跨度时空、多种样式兼容的笔法，突破了传统新闻写作的模式，使报道从头至尾都充满了忧患意识和强烈的感召力，一扫以往理论宣传的暮气，增加了新闻的可读性，产生了较为深远的社会影响。

上述关于读者意识与新闻可读性的长期探讨与实践，最终影响到全国好新闻的评选标准。十年来，全国好新闻评选的"五字"标准先是"真、短、快、活、强"，后来变为"真、短、新、活、深"，都在不同程度上涉及了新闻的可读性。最后，仍然需要指出的是，在改革开放初期的新闻观念中，虽然说可读性主要针对的是新闻写作的具体实践和业务层面的要求，但是关于提升新闻的可读性的讨论及其实现目标则既涉及业务问题，又涉及舆论导向问题，二者是不可分离的观念统一体。因此，当时的新闻改革一方面要求在文体上提倡因事制宜，打破写作框框，借用文学表现手法做到不拘一格；另一方面在内容上则坚持正面报道为主的原则，同时强调多侧面、多角度、多层次地表现新事物、新气象、新风貌，既肯定成绩也指出不足，既歌颂胜利也指出前进中的困难。

第二节 人情味、人性化与新闻人物

新闻人物是新闻报道实践要处理的一个核心要素。它不仅是特定新闻报道体裁和类目的核心组成部分，如"人物特写""人物专访""人物报道"等；由于所有的新闻事件和历史进程最终都是由人参与和构成的，因而，在新闻中如何表现新闻人物，一直是新闻实践与观念层面的具有普遍价值的思考和研究对象。在新闻观念上，除了若干具体的报道技法的探讨之外，对于新闻人物报道的思考主要体现于新闻如何处理社会生活中的个体。因此，改革开放初期对于人物报道技法的探讨也就不仅仅是在探讨报道方式方法的问题，实际上还促进了对于人在社会生活中的价值的思考，折射出当时的时代思潮和价值主张。在改革开放最初十年，对于人物的个性和典型特征的强调，一方面继承了社会主义现实主义中关于个性与共性之间的关系，以及典型化报道手段等内容；一方面也更加关注普通人和日常生活，更加强调如何通过人物塑造尤其是人物情感的渲染让角色更加鲜活，进而通过人物报道来体现新闻性、新鲜感和人情味。

一、"人情味"的提出及反思

对"概念化叙述"的反思,推动了改革开放初期关于新闻人物的报道观念的演进。"十七年"和"文革"期间的一个重要的问题,就是人物塑造的概念化,而人道主义人情味的"历史进步性"也正在于此,它能够有效地避免概念化和扁平化的、没有实际宣传效果的人物报道方式。当然,如果过度拔高这种"人性化"的价值,使之绝对化,也会将新闻事业引入另一种歧途。

这一时期新闻观念对于人情味的强调,集中体现在摄影作品的评选中。自1980年第二届全国好新闻评选起,获奖作品中开始出现新闻摄影作品,首次就评出新闻摄影获奖作品7张(组),另外还有13张(组)受到表扬。1980年评选中得票最高的是新华社记者齐铁砚拍摄的《王光美同志亲迎少奇同志骨灰》,最初于1980年《大众摄影》第7期上发表。评委在为这张获奖照片撰写的评语中,首先强调了新闻事件本身的重要性,认为这不仅直接体现了为国家领导人平反的新闻事件,而且也代表了"文革"之后"拨乱反正"的整体性的中心工作。不过,在题材之外,评语着重强调了与摄影媒介相关的两方面内容:一方面,从表现形式上,肯定了这一真实瞬间成功地传递了新闻主体的情感,也就是真切传递出"悲愤、怀念、欣慰交织在一起"的复杂感情,以情动人;另一方面,从报道的角度,指出记者首先要自己被打动,然后通过敏锐嗅觉和熟练技巧来成功地捕捉到富有情感的瞬间画面。

需要说明的是,新闻观念对于人情味和情感的强调实际上服务于新闻的宣传和思想政治教育功能,是新闻政治属性的有机组成部分。例如,1981年获奖的两幅新闻照片《胡耀邦和叶剑英同志在中国共产党成立六十周年纪念大会上》和《美国前总统卡特偕同夫人、子女来华访问》,虽然主题内容是党政大事,但是在对事实的选择上都体现了新鲜感和丰富性:前者是对于常规会议新闻拍摄模式的突破,通过新角度的选择展示出领导人的生动形象和真挚的情谊;后者是对于国外政要来访的新闻报道模式的突破,选择了骑自行车郊游和尝试中国食品等生活性的内容,除了新鲜感之外也展示出新闻人物的性格特征。可以看出,上述两幅图片的生动形象,一方面来自对新闻主题的创新开掘以及在此基础上对事实也就是拍摄内容的精心挑选;另一方面也注意捕捉具有情感属性和体现人情味的瞬间,体现出主题和形象之间的辩证统一关系。在整个1980年代的获奖新闻的评述话语中,这种有机结构在整体上得到了继承,并在不同时期具有新的发展。

除了新闻摄影对于人物塑造和情感要素的集中突出之外,针对文字报道的评述也广泛强调人情味和情感表达的重要性。例如，1986年获奖作品《法制文艺晚会昨出现感人一幕　杨飞飞隔铁窗与儿子同台唱戏》的评述，直接指出"人情味"是这篇报道的韵致所在。消息勾画了著名沪剧演员杨飞飞"假戏真做"与身处上海监狱新岸艺术团的儿子隔着铁窗同台唱戏的感人情境，笔下溢情，特别是结尾处还运用了剧中唱词，情景交融，将新闻所要表达的感情推向高潮，发人深省，因而获得了当年全国好新闻消息类一等奖。同年另一篇获奖消息《人类征服肝癌的一曲凯歌　十年前从肝癌凶神下脱身的少女昨成母亲》的评述认为，该篇报道在叙述与白描中体现了强烈的"人情味"，将医务工作者救死扶伤的精神展现得淋漓尽致，具有较强的可读性。1987年获奖作品《本报向边防战友祝贺新年　战士们决心守好祖国大门》最为突出的特点就是以情动人，虽然报道中没有让人惊心动魄的事件，但是字里行间饱含了《解放军报》编辑及其所代表的后方群众对于边防战士的关心和敬仰之情，以及战士们对祖国和人民的热爱和忠诚之心，特别是报道还运用了口述实录体的报道手法，"情真意切，催人泪下"。1988年获奖作品《"三·二四"上海撞车事故目击记》也是一篇情景交融、感人至深的好通讯。正如评述所说，该篇报道以充满感情的笔触，细致刻画了消防战士以及记者本人奋勇抢救遇难旅客的动人事迹，使整篇报道极富感染力，充分展现了抢救者无私无畏的高尚情操。

需要指出的是，"人情味"本身是一个比较模糊和边界不甚清晰的话语表述词汇，在一些特殊的语境下会和人性化发生关联，对于人情味的过分强调容易被视为抽象人性观的体现。因此，很多时候，对于人情味的表述往往会加入阶级属性，以突出这一时期新闻观念中的社会政治意味。

二、关于人物塑造的新闻话语

改革开放初期，人物报道逐渐成为报刊所大力提倡的一种报道题材。1979年11月22日，《解放军报》就发表了一组典型人物报道《战斗英雄们的新事迹》，同时发表一篇短文《提倡写人物新闻》（方汉奇等，2018）[1005]。随着"按新闻自身规律办事"等观念所体现的新闻"本体论"的回归、新闻改革和实践的持续探索，以及文艺领域的人物塑造在新闻领域的广泛应用，新闻报道中对于塑造人物的性格、情感的意识得到了进一步的发展，有了更加完整的陈述。它们被统一归结为对"人"的表现，而且这里所说的"人"不仅仅是榜样和英雄人物，也包括在特定事件中展示出人格魅力和富有感染力的普通人。至于对人的表现，除了性格和情感等"内心世界"之外，也强调人物的动作和情态等外在表现；除了"真情实感"，还包括了"社会实践"和"思想性格"。可以说，新闻人物的功能和作用首先是引起读者的情感共鸣，进而才能成功表现时代变革和社会发展的宏大主题。

首先，这一时期新闻人物报道中，国家领袖、各级领导以及各行各业的模范人物仍然构成了新闻人物报道的主体，但是对于这些人物的具体呈现方式已经日渐避免"假大空"和"模式化"，而是着力塑造出具有人情味和真实感的生动形象。改革开放的重要文献之一《关于党内政治生活的若干准则》就对有关领导人的报道做出了新的规定，要求"对领导人的宣传要实事求是，禁止无原则的歌功颂德"，"不许歪曲历史和捏造事实来宣扬领导人的功绩"。例如，1984年获奖作品《北京人争赏香山红叶》虽然旨在勾勒金秋时节10万多人共赏香山红叶的盛况，但是记者却特别记录下了一个镜头——国务院总理一家游香山，富有人情味地表现了国家领导与群众的关系。除了国家领导人以外，这一时期的新闻观念要求新闻在报道实现四化进程中各行各业的先进人物时，也要生动感人，形象鲜活。例如，1983年获奖新闻《生命的支柱》是全国各地报刊最早见报宣传张海迪的通讯报道，不仅具有鲜明的时代特色，而且在当时的青年人中产生了强烈反响。正如其评述所说，这篇报道打破了过去先进人物的报道"只讲正面成绩和先进事迹，不讲成长过程中遭遇的挫折与失败，满是豪言壮语"的写法，而是通过真实动人的情节表现张海迪"真实、可信、可学"的人物形象，使读者读后并非觉得主人公"像神一般高攀不起"。1984年获奖作品《李宁笑答外国记者》也是跳出正面人物宣传框框的典型案例，报道通过李宁轻松自如地回答外国记者的提问，将李宁机智、爽朗、幽默的性格，坚定、乐观、充满斗志的精神鲜活地展现出来，既没有官话也没有套话，真实可感。

此外，在群众主体性的观念指导下，越来越多的普通人也得到了各级新闻媒体的注意，对于以往新闻写作中"见物不见人"的通病有了较大改善。这一时期的获奖新闻评述话语也较为强调对于普通人的人物塑造，特别要求在具体人物塑造过程中，应当深入掌握素材，进行提炼筛选，选择那些最能表现人物思想和本质特征的材料。例如，1983年获奖作品《王老师的小屋》的记者因为自己在深入采访的过程中深受触动，随后不断地收集素材，提炼凝聚，攫取了王老师小屋这个最能体现人物精神面貌的一点进行描写，从而使王老师克服生活条件困难，依然坚守岗位抱病辛勤工作，为祖国培养人才的形象跃然纸上，文章有血有肉，感人至深。1985年获奖作品《请你理解我的爱——访特等伤残军人安忠文的妻子邓阳昆》之所以感人，也在于作者通过细腻的笔法描绘了主人公邓阳昆与作为战斗英雄的丈夫之间真挚的爱情，如同涓涓细水一般自然充盈，既不拔高也很少议论，真切感人。1986年获奖作品《跑在世界前面的老人》

则被认为是成功打破了"人物新闻的成功之处在于新闻人物的名声"的绝对化看法,证明了对普通人的塑造也可以做到精彩传神。该篇通讯对这位刷新了世界老年人长跑锦标赛75—79岁组世界纪录的老人李发品的报道,看似只是对参加比赛的过程本身进行了叙述,但是其间穿插介绍了李发品如何从布依族乡间的小路跑上异国体育馆的励志故事,把这位不到1.60米高的瘦小老人好胜、质朴、率真的人物性格描绘得真切、鲜活、动人。这一时期的新闻摄影报道也同样体现出了对普通人的关注和塑造,通过性格刻画来体现新闻人物的特点。例如,《"梆子"迷》对于观众的"性格的刻画和情感的表达",以及《孙冶方病中为国献策》用光线造型和人物神态来刻画人物的刚毅性格,都展示了"人的真情实感",体现了新闻照片的"新闻价值"和"审美价值"。

值得注意的是,新时期对于人物塑造的最终目的并非只是为了表现人物和增强新闻的生动性和感染力。作为新闻报道方式和新闻规律的一部分,对于人物的塑造自始至终仍然要考虑其和主题的关系,要满足采用符合新闻规律的方式发挥政治功能的新闻改革方向。因此,为了避免简单地强调个体情感和个人经历,这一时期的新闻观念要求人物报道应当从深化主题的要求出发,要处理好综合叙述与重点描写的关系、典型与一般的关系,要突出人、事与集体的关系;应当强调这一历史时期人们的精神面貌、先进思想和爱国主义精神。这是关于人物报道所应提倡和主导的效果,也是体现新闻形塑社会大众共同的价值观念和国家意识的一种功能。实际上,也正是社会主义现实主义的典型化手法在新闻中的呈现。

第三节 新闻故事的叙事技巧

早在延安时期,胡乔木就指出,新闻是一种"时代的艺术"。虽然新闻不同于文学艺术,但是也存在写作及叙述技巧的问题。西方的主流新闻报道同样将"客观性"和"讲故事"作为并行不悖的两种新闻报道要求(贝内特,2005)[259]。从1980年代开始,美国的新闻记者就发展出事实和娱乐并重的新闻观念,其中"娱乐"就主要来自于新闻的叙事技巧(Schudson, 1978)。改革开放初期,我国新闻工作者开始逐渐地恢复和发展此前在《谁是最可爱的人》《为了六十一个阶级兄弟》等新闻报道中已经较为成熟的叙述写作手法,不断从文学作品中吸取叙事和描写的技巧,增强新闻的故事性和感染力。在这一时期的全国好新闻获奖作品的评述话语中，也大量出现了叙事学的术语，点评和赞赏好新闻作品故事精彩、重视悬念、节奏紧凑、描写细腻、场景逼真等，并且将对摄影和影像的优势的描述挪用到了对新闻文字报道的点评中，强调新闻作品要渲染"身临其境"的现场感和真实感。这种对于新闻的叙事水平和文学形式的强调，既是时代的要求、受众的需求，也是新闻自身改革深化、新闻写作思维变革的结果，是改革开放初期新闻观念的重要组成部分。

一、新闻故事的叙事性

广义上，新闻写作中的叙事性是指通过一整套遣词造句和文学修辞的技艺，形成对于新闻事件的文本化叙述。不过，在新时期特别是1980年代初期关于新闻观念的话语中，叙事性主要体现在将新闻文本视为对事件过程的线性描述，针对叙事时间中的不同阶段和事件过程中的不同要素展开基于事实而有目的、有技巧的创作，最终打动和感染读者。

在这一时期的评奖话语中可以发现，当时在新闻报道领域已经形成了叙事学层面的自觉性，获奖新闻作品评述特别强调新闻故事的节奏、冲突、人物、结构等，展示出这一时期新闻观念和实践领域对于新闻形式的多层次探索。例如，1981年获奖作品《从"顶牛"到"牵牛"》的评述直接点明，这篇报道好在采用了"'听我道来'的讲故事的手法"，藏巧于拙，精心构思了整个新闻故事。新闻虽然是按照事件的发展顺序、围绕包干到户这一事件进行叙述，但是记者很好地把握了每个关键的叙事节点，从"顶牛"写起，到怎样顶，顶不住，以致最后干部帮助群众处理生产、划地、分牲畜等问题，形成了波澜起伏的戏剧性节奏。此外，这篇报道对一些场景的描绘也突出了现场效果，拉近了读者和事实之间的关系。评述认为，跌宕起伏、活灵活现的新闻故事让读者读后很自然地接受了故事中所揭示出来的道理：落实党的三中全会关于农村改革的各项政策是民心所向。

从文体上看，长篇通讯是新闻叙事性观念的典型代表。这种文体在改革开放之后由于历史传统深厚和现实影响力强等原因，得到了长足发展，充分展示出当时新闻叙事水平和叙事观念。在1982年的全国好新闻评选时，评委们甚至开始担忧长篇通讯数量过多，呼吁记者多重视"短小而又生动的通讯"（郭令炘，1983）。这种长通讯的流行也是新闻观念带来的影响，可以视作对于叙事性的追求，并且回应了当时对于新闻的内容饱满，反映社会生活广度、深度提升的期待。例如，1983年获奖作品《笔耕不倦，任他飞短流长》的评述，借用古人对好文章应该是"凤头、猪肚、豹尾"的比喻，认为这篇通讯的开头通过设置悬念的叙事手段一下子就将读者带入具体的故事情境，扣人心弦。整篇新闻在戏剧冲突的结构下，精心选择了矛盾冲突两方的典型代表——禁锢知识分子的压人者和顽强追求、埋头苦干的被压者。文尾则喊出"改革也是一场革命"，强劲有力，令人深省。同年另一篇获奖作品《"谬论"是怎样走向世界的》的评述，用传统文论中"文似看山不喜平"的标准探讨新闻的叙事性，具体地分析了这篇报道中增强叙事张力的各种手段：首先，在标题上就运用了叙事悬念的手法，对于读者来说立即建立起吸引力；其次，通篇围绕科技人员赵立明免疫学的新论点如何成为"谬论"这样一个悬念，借助"非难"与"支持"的叙事结构，通过跌宕起伏的叙述展示出曲折的客观事实，给人以"曲径通幽""引人入胜"之感；最后，赵立明得到党组织和广大科技工作者的支持，"谬论"走向世界，记者用一句点睛之笔"求贤若渴的时代呵，有多少千里马被伯乐相中，而驰骋在神州大地之上，为振兴中华尽心尽力"结尾，使主题得到深化。

　　此外，这一时期获奖作品评述强调新闻故事的叙事性，还体现在对新闻写作运用多种技巧、手法的肯定与好评，认为这些方法都强化了叙事的生动性和感染力。例如，1984年获奖作品《知识分子的知音——记唐山市委落实政策办公室信访组组长刘振东》的评述，赞赏了该篇新闻运用了细节描写、侧叙、补叙等表现手法，使得整个新闻故事情节生动，富有感情。1985年获奖作品《追踪一首战地诗》的评述认为，该篇报道构思巧妙，全文好似戏剧展览式结构，先在开头设定了悬念，然后通过一个个侧面进行展示和解答；又如同电影的板块式结构，通过多角度、多侧面层层发掘战士的内在美。这种叙事结构达到了"形散而神不散"的境界，逐步深化主题，犹如一首散文诗。1987年获奖作品《中曾根一锤定音　自民党又生嫌隙》，报道了时任日本首相中曾根通过裁定的方式从竹下、安倍、宫泽"三雄"中确定竹下接任的复杂过程及对日本政局带来的深远影响。评述认为，该文以"政权更迭"为主线，环环相扣、层层剖析，并采用了"一树三枝，逐枝写来"的叙事方式，使故事思路清晰、人物刻画形象、前景展望深刻，因而获得了全国好新闻通讯类一等奖。需要指出的是，这些手法中当然也包括新闻人物的塑造，特别强调对人物情感的表现能够让角色更为鲜活，从而强化戏剧性的效果。总之，这些对于新闻故事的叙事技巧的要求，都致力于增强新闻的可读性、吸引力，不仅让新闻的形态更加丰富和成熟，也使新闻在发挥政治功能、达成社会实效方面得到切实提升。

二、新闻中的描写

除了对新闻故事的叙事性的强调以外,这一时期的新闻观念还特别注重"描写"这种文学中惯用的写作手法,尤其是关注新闻作品中对于场景和细节的描写。事实上,从基本的文学技巧分类上看,描写与叙事是相互独立而又相辅相成的:叙事强调线性、流动以及前后之间的关系,描写强调静态的时空以及时空内部的要素。非虚构文类中的描写并非是对于真实世界的机械复制,它是在一定的理论框架指导下展开的有目的的行为。这些框架既可以是社会科学式的,也可能是个体的、艺术表达和私人感受的。

中国当代文艺领域对于描写的认识最早来自于现代小说,并逐渐拓展到包括新闻在内的绝大多数文类。1922年,茅盾在《自然主义与中国现代小说》中,细致地区分了旧式小说的"记账式"与近代小说的"描写"的区别。他认为没有描写就不算小说,反例则是旧小说中的记账式的报告。茅盾进而强调,描写一定是来自对于生活的观察,而旧小说正是缺少了这种观察和描写,因而在文学形态上显得千篇一律(森冈优纪,2013)[11]。这种对于观察生活和文学描写的认识,迅速地影响到新闻写作领域,成为写作技巧中的一个重要组成部分。在新时期全国好新闻的评选和评述中,也常常强调描写的重要性,尤其是成功的描写有助于增强新闻的真实感和现场感。

这一时期对于新闻作品中描写效果的认识,首先在于突出对人物状态、对话和动作的描写,以展现人物风貌。例如,1981年获奖新闻《北京光华木材厂刹住动用公款请客吃喝歪风》的评述,称赞和推荐了该篇消息的写作技巧。作品突破以往消息写作的框架,大量运用了文学特写的方法。例如,厂纪委副书记王文杰"气呼呼"地找书记、厂长,书记、厂长"双眉紧皱"地听取意见,以及两位副厂长争退赔的场景等。这一系列的描写鲜明生动地展现了消息中人物的特点,让读者读来饶有兴味。消息还对人物对话的情境进行了描写,引用了人物原话。如文中第三段中描写党委召开生活会,通过对话把事件相关人员主动承担责任的鲜明特点表现了出来;段末引用群众称赞的原话,"好,领导引火烧身,以身执法,咱厂准能刹住用公款吃喝的歪风",更是表现了职工的心情和对领导的信任。这篇报道通过描写,有效地增强了文字的真实感;新闻事件既真实可信,又活灵活现。1982年获奖作品《"飞天"凌空——跳水姑娘吕伟夺魁记》的评述,则强调了记者的观察能力与成功描写之间的关系。评述指出,这篇新闻的记者观察细致,特别是对中国跳水运动员吕伟跳水一刹那的动作体态,描写得真实自然、毫不矫揉造作,尽显主人公奋发向上的精神风貌,极富感染力。1985年获奖作品《一个共产党员和四个贫困户的故事》的评述认为，这篇通讯的成功之处在于摆脱了平铺直叙、陈列事实的叙事模式，也就是茅盾所谓的"记账式"的方式，在新闻故事中加强了对典型的环境、事物特别是富有乡土气息的人物对话的描写，使主人公的动人事迹跃然纸上，甚至成了党性教育的活教材。

其次，这一时期新闻观念话语中尤其强调细节描写，以求视觉效果。具体来说，这些话语常常借用视听语言的概念，如"镜头""特写"等，要求文字报道在具体场景方面用描写的方式展示生动的景象，使读者在阅读过程中如同置身其中、亲眼看见。例如，1982年获奖作品《大陆探"险"杂记》的评述以《细节——通讯的血肉》为题，称道该篇新闻报道通过生动细节描写产生了非常感人的力量。新闻虽然只是选取了几个场景，但是通过对归乡台胞复杂的心理变化过程、所见家乡"一景一树"的真实情况以及儿孙满堂的生活实际的描写，将台湾同胞和海外侨胞所关心的问题——道出，有血有肉、情真意切。1984年获奖作品《北京人争赏香山红叶》则通过轻松的笔调，形象、生动地描写了10万人赏红叶的盛况，有声有色。评述甚至称这篇文字报道为"视觉新闻的佳作"。1987年获奖作品《赴美归来话"超导"》作为一篇科技报道，却并不枯燥深奥，就是因为报道抓住了一些生动的细节，描绘出科学家们为了取得超导研究突破性进展在科技竞技场上"你追我赶"的热烈场面，使人读来津津有味。1988年获奖作品《夜柳州》也属于典型的细节生动型的新闻通讯，通过朴实细腻的描写，把柳江岸上的夜色连景带声地置于读者面前。同年另一篇新闻作品《玛纳斯河谷的"超生盲流村"》也正是借助细腻传神的笔法，生动形象地描绘了超生盲流村的图景，真实逼真地反映出超生者的愚昧复杂心态，从而获得了当年全国好新闻通讯类一等奖。

再次，这一时期对于描写的技法，还提倡采用散文化、以点带面等手法和结构。例如，1984年获奖作品《东鸭鸽营社员跑步成风》的评述，就赞赏该篇报道不拘一格的"散文笔法"，通过朴实自然的描写，勾画出了东鸭鸽营社员跑步锻炼身体的盛况，反映了农民物质上的富足带来的精神需求，揭示了党的十一届三中全会后农村的变革。1986年获奖作品《给耕地建"档案"》也打破了消息写作的一般程式，采用点面结合的手法。报道在内容上用具体的描写来表现"点"，用抽象的概述来表现"面"；在形式上则采纳了短句式、多段落的散文结构。在上述写作技巧的辅助下，新闻由"粪土"这一点逐渐发展到全县情况，介绍邓县（今南阳邓州市）鼓励农民养地的经验，意味深长。可以说，描写的"以点带面"的方式，是"宏观与微观辩证法"中关于"微观"在操作层面的一个重要保障。

特别值得一提的是,这一时期新闻观念话语中对描写的重视,还在于增强新闻的现场感效果,而这种现场感则有助于会议新闻、经济新闻和科技新闻在写作方面的创新。这里,对于描写的强调,一方面是能够满足对于呈现现场真实性的追求;另一方面则是能够拉近读者与新闻现场的关系,贴近新闻事实本身。例如,1984年由新华社记者郭玲春撰写的会议新闻《全国优秀新闻工作者表彰大会在京开幕》,就是通过成功的描写突破了"千篇一律"的会议消息写作模式,尤其是"导语写作、引用领导人讲话、领导人题词和发言"的传统框框。记者在报道过程中既生动描写了会场情景,又夹叙夹议,增添了现场感,可谓会议新闻改革的创新之作,因而获得当年全国好新闻消息类一等奖。1986年获奖作品《在第七届世界杯体操大赛中 谁是"最紧张的观众"?》本来是一篇经济新闻报道,但是记者通过对新闻现场的独到判断,把采写目光从工厂移到体育馆中,进而在体育比赛过程中对提供体育用品的厂长刘小明的活动、神态进行了生动描写。评述认为,记者把这种难以引人入胜的经济新闻放在扣人心弦的体育赛事中去写,这种独具匠心的角度与构思增加了消息的现场感,为经济新闻注入了活力。1988年获奖作品《劳模马学良嘉奖乡亲促进双文明建设》在写作上也是借用了文学手法,通过富有现场感的导语开场以及现场描写,将读者直接带到由劳模马学良召开的表彰会现场,让新闻真实可感。

可以看出,这一时期全国好新闻奖的评述话语中已经形成了对于新闻报道中"什么是好的描写技巧"的一套较为具体的评价标准,即:在写作中,要突出细节、有声有色、有起有伏;在内容上,既要有场景情境,也要有人物动作;在效果上,强调现场感和感染力;可采用散文化、以点带面的方式,在描写细节的同时表达新闻主题和思想感情。最后,作为写作技法的描写,在很大程度上服从于新闻报道的叙事性要求:描写营造的起伏叙事有助于故事节奏,描写的内容对象则涵盖了场景、人物、动作这三个叙事要素。

本章小结

十一届三中全会以后,以新闻为本位的新闻观念开始回归,对新闻规律的全方位、多视角、动态化的思考成为这一时代的主题(单波,2001)[27]。改革开放初期新闻观念话语中的形式轴向,首先源于改革开放对既有框框的破除和研究事物客观规律的指导思想。1978年,十一届三中全会公报肯定了1956年毛泽东在《论十大关系》中提出的基本方针,如社会发展离不开"政治安定"和"按照客观经济规律办事"的论断。公报还强调继承和发扬毛泽东倡导的马克思主义学风,即"辩证唯物主义的思想路线",如"实事求是、一切从实际出发、理论联系实际"的原则,以及"解放思想,努力研究新情况、新事物、新问题"的做法。党的指导思想的这些变化,不仅推动了改革开放的整体进程,也为新闻工作本身的改革提供了宏观的政治背景和思想基础。在实事求是、理论联系实际的指导下,新闻界研究和分析新闻领域的新情况、新事物、新问题一时蔚然成风。

在上述时代精神和政治转向中,"按规律办事"的观点尤其促进了对新闻观念形式轴向的话语实践和学理思考。例如,在谈及解放思想时,叶剑英(1979)强调,这不是号召大家随心所欲地盲目蛮干,而是坚持唯物主义,尤其是对于各类客观规律展开研究,要"尊重客观规律,研究客观规律,按照客观规律办事",不但要研究社会主义建设的普遍规律,而且还要研究各方面建设工作的特殊规律,不但要研究我们自己的经验,而且也要研究国外经验。正是在解放思想的这种阐释框架下,对于客观规律和国内外经验的研究,特别是对于不同领域的特殊规律的研究,具备了正当性;如何去发现和呈现"实际",如何去"研究新情况、新事物、新问题",都成了既和新闻本身的规律有关,也贡献于宏观的政治经济改革的关键点。当然,不同时期,对于"客观规律"的认识是不一样的,这些具体的内容具有多种来源;但是,规律本身的正当性以及客观规律与好新闻和有效宣传之间的必然关联,已经成为新闻工作的基本遵循和新闻观念的逻辑前提。

新时期新闻观念的形式轴向主要是来自于对新闻价值区分的话语策略,即将新闻的价值和功能区分为"新闻价值""宣传价值""审美价值"三个层次。关于新闻的政治属性和政治功能主要被归结到"宣传价值"这一层次的话语范畴;而对于新闻本体和新闻形式的思考则被纳入"新闻价值"的层次,获得了相对独立的观念位置。中国人民大学王润泽教授(2017)通过深入访谈和口述史的方式,探究了中国当代记者是如何在个体心态方面来处理新闻价值和宣传价值之间的关系。本章所分析的评述话语展示出,正是关于新闻的形式思考和实践探索在改革开放初期获得了相比于"文革"更为宽松的话语空间,新时期的新闻报道实践在文体和文风方面也得到了长足发展,涌现出一批在写作风格上充满创新性、体现独特报道技巧的优秀作品,呈现出新闻领域"百花齐放、百家争鸣"的生动活泼的局面。"新闻规律"成为一个相对独立的话语范畴也为新时期新闻学研究领域奠定了观念性的研究基础,很多学者和学术团体都发表了大量论文并举办各类学术活动，围绕新闻领域的客观规律、新闻价值以及新闻与事实的关系展开探讨和交流，形成了当代中国特色新闻学的基本范式。直到今天，"新闻规律"仍然作为一个特定专业领域的话题被单独讨论，如中国人民大学杨保军教授就将"新闻规律"和"信息规律""宣传规律""意识形态规律"等同时列为影响和支配新闻活动的基本规律（杨保军，2018）。但是，另一方面，这种独立性又是相对的，在大多数关于新闻形式的话语实践中，新闻形式又往往和新闻的宣传效果、新闻的价值同时出现，并被表述为一种因果关系，也就是说，对于新闻报道自身规律和形式的追求，其核心目的仍然是新闻的政治功能和社会功效的最大化，是新闻价值和宣传价值的双重实现，而非形式本身的创新和完美。最终，新闻本身的规律和它的政治属性在"审美价值"的层次得到了统一，这也是中国特色的新闻观念与西方强调新闻独立性观念的重要区别，同样也是新闻观念中政治属性的一种延伸和在形式属性中的反映。社会主义新闻工作既具有鲜明的政治属性，又要严格地按照新闻规律办事，已经成为当前马克思主义新闻观的重要组成部分（郑保卫，2016）。

对于新闻形式的实践探索与观念形成，在这一时期呈现出丰富的面向，可以说几乎涉及新闻报道技巧和信息传播规律的方方面面。不过，围绕着新闻人物和新闻事件这两个新闻核心要素而形成的观念认识，最具有典型性。在新闻人物方面，这些观念集中体现为"人情味""人性化"等话语形态。这些观念表述强调，新闻报道中的人物，不论是政治领袖、榜样楷模还是普通百姓，都应当被还原到具体语境中，如实地表现出人物的性格与情感。只有这样才能够调动起读者的兴趣和想象力，拉近他们本身和新闻的距离。当然，人情味和人性化的过度强调，容易偏向抽象人性论从而与自由化新闻观合流。因此，对于新闻人物的塑造同时也强调要表现个体与集体的关系，要通过"典型化"的手法以小见大，用生动个体形象去实现宣传价值。最后，在新闻事件方面，这一时期的新闻观念强调新闻的叙事性，包括新闻的情节结构、写作技巧以及描写的生动性。上述形式观念有助于突出新闻的真实感和现场感，加强新闻的可读性，同样也是为了提升新闻价值和宣传价值。当然，对于新闻人物和新闻事件的观念及话语表述，离不开20世纪80年代思想启蒙、狂飙突进的时代精神，以及文学、艺术等领域所形成的思想和话语资源。正是在这样一个"人文风气浓郁、文艺家和人文知识分子引领潮流的时期"（查建英，2006），也才能够为新闻观念的革新与发展提供肥沃的精神土壤。

结论与讨论

本书以20世纪80年代新闻观念为主要研究对象，在研究资料、研究框架和研究发现等方面追求守正创新。首先，研究将改革开放初期的新闻评奖实践，尤其是获奖作品的评述作为核心语料，对其展开观念史的研究，这在中国新闻传播学研究领域尚属首次探索。其次，本书比较系统地梳理了全国好新闻奖从设立到终止的十年评奖过程及获奖作品的特征，对于中国当代新闻传播的历史领域来说，具有一定的开拓价值。再次，虽然针对新闻观念的研究已经较为丰富，但多数研究主要是针对新闻观念展开逻辑推演和较为宏观和抽象的总结；本书基于具体的报道实践及其评述展开话语分析，将特定时期的新闻观念置于具体的实践和文本语境，还原了特定时期有机的话语特征，在目前的同类研究中也具有独创性。在上述的资料、领域和方法的创新基础上，本书得出的一些结论，不仅为理解当代中国新闻领域的发展和观念的演变提供了学术理论的参考，而且也为新时代新闻学的守正创新提供了有中国特色的依据。

一、什么是好新闻：来自改革开放初期的中国答案

改革开放初期全国好新闻的评奖实践及评述话语，首先生动呈现出特定历史时期的新闻标准，对于"什么是好新闻"提供了丰富多样的答案。例如，对于新闻消息来说，好新闻最重要的因素就是短，而把新闻写短，关键在于紧紧扣住中心，摒弃与主题关系不大、可有可无的情况，选择最有说服力、最能打动人的材料来阐明主题；对于人物报道来说，好新闻的一个重要的标准则在于是否能够通过人物性格和行动的描写让报道充满"人情味"，依靠人情味使新闻事实和新闻主题之间实现勾连与升华。在全国好新闻评奖的最后几年里，关于"什么是好新闻"这一问题形成了"三统一"的基本共识，这在针对1988年获奖作品评奖综述中得到了明确的表达：

"三统一"则是好新闻写作的宏观要求。这"三统一"是形式、内容、风格的和谐统一，事实、价值、效果的和谐统一，新闻价值、宣传价值、审美价

值的和谐统一。这是好新闻作品的必备品格。一篇作品尽管具备了真、短、新、活、深的特点，如果无"三统一"的品格，也难以称得上是一篇好新闻作品。这正如建筑一座大厦，尽管做到了材料好、速度快、工艺高、经济节约，但如果形式不美观、风格不协调、布局不合理，不能算一座好大厦。（全国好新闻评选办公室，1989）[2]

新闻评奖实践中围绕"好新闻"的标准展开的理论探讨与话语表述，呈现出这一时期独特的新闻观念。这些观念首先体现在对于新闻的性质、功能和价值的认识上。在改革开放初期全国好新闻获奖作品评述中，广泛存在着对于上述观念的话语表述形式，如"历史辩证的""微观与宏观相统一的"以及"群众主体性的"话语表述。值得注意的是，从本书的整体视野上看，这些观念及其表述并不是相互独立的，而是在逻辑上相互支撑，在具体的表述过程中也往往彼此交织，从而构成当时新闻观念的有机整体。例如，"群众主体性的"新闻观念，不仅与"历史辩证的"新闻观念中回归党的"群众路线"等优良传统重合，而且也与"微观与宏观相统一的"新闻观念密切关联，因为在具体的新闻题材选择方面，这两种观念要素及其表述都强调要选择与人民生活息息相关的"小"事来进行报道。再如，"历史辩证的"观念与"微观与宏观相统一的"观念也存在交集，后者可以视为对前者的具体阐释方式和表达手法，因为"假、大、空"这种违背党的新闻工作的优良传统的做法，正是因为没有很好地践行"微观与宏观相统一的"这种新闻观念及其背后所代表的"实事求是"的优良传统，因而也就没能做到"以小见大，通过具体事实表达政治观念"。至于"新闻价值"与"宣传价值"的辩证统一，实际上既是"党性与人民性相统一"在具体的报道形式上的体现，也是达成"微观与宏观相统一的"具体方式。

本书还将上述新闻观念置于更为广阔的历史背景中，追溯其时代动因和政治语境，力图将新闻观念的研究和思考落实在具体的历史条件中，深入社会机理和宏大的时代背景进行深入探讨，从而分析出观念的历时性转折背后所呈现的复杂关系。这些新闻观念及其具体的话语表述形式，既体现了改革开放初期解放思想、锐意变革的时代精神，同时也展示出当时极力恢复中国共产党既有的"实事求是"和"群众路线"等优良传统对新闻领域的具体作用和影响，以及新闻事业在回应历史变革和时代发展的过程中所展开的具有主动性和创造性的观念革新。进入改革开放新时期，邓小平同志强调"要使我们党的报刊成为全国安定团结的思想上的中心"，并支持和推动中央主要媒体开展关于真理标准问题大讨论，这些历史事件不仅为实施改革开放进行了思想动员，而且也为新闻观念的变革提供了丰富的思想资源；"微观与宏观相统一的"以及"群众主体性的"这两种话语都在新闻观念领域呼应了"真理标准问题大讨论"的成果，即"实事求是"的思想。而"党性与人民性的统一"以及新闻的"喉舌论"等中国共产党的新闻工作传统，也影响了改革开放初期的话语形式，具体体现在对新闻的宏观价值与功能的强调和"历史辩证的"话语中对这套传统本身的认可和再次唤起。

二、影响新闻观念的要素及其结构

新时期围绕着"什么是好新闻"而形成的新闻观念特征及其变迁轨迹，受到多方面的影响。话语分析能够将文本与它的外部语境建立有机的关联，为观念的成因赋予历史延续性和社会文化延展性的理解，从而避免历史目的论的思维方式和"厚今薄古"的思维误区。本书通过对核心语料的话语分析，试图发掘新闻观念与对其产生影响的要素之间的历史性关联。这些影响要素包括中国共产党新闻工作的历史传统、来自改革开放的外部力量、来自新闻作为一种文体形式演化的内部力量，以及另外两个同样重要但是在这组语料中较少体现的力量，即市场（或商品化）的影响和"全球化"的渗透。

一是中国共产党的新闻传统。围绕着观念话语表述的文本和思想资源，本书呈现出改革开放初期新闻观念的话语方式与之前几十年中国共产党新闻舆论和思想宣传的历史传统之间的密切关联。通过"实事求是""党性与人民性的统一""群众主体性"等话语形态，中国共产党的新闻传统被成功地用作改革开放初期新闻观念的表述和发展的历史资源。其中展现出的一条系统延续的历史脉络，是马克思主义唯物史观在中国新闻传播史论尤其是新闻观念研究中的具体体现。

二是改革开放的时代推力。早在1940年的《新民主主义论》中，毛泽东就将马克思主义的唯物辩证法用于对观念形态的分析中。他指出，"一定的文化（当作观念形态的文化）是一定社会的政治和经济的反映，又给予伟大影响和作用于一定社会的政治和经济"，并引述了列宁的"能动的革命的反映论"作为这种辩证法的具体应用。改革开放初期的新闻观念变迁，同样是反映了整体的历史实践，并对历史实践产生了能动性的影响。在解放思想和实事求是的精神指引下，中国当代政治、经济、社会、文化等各个领域都经历着深刻的变革和飞速的发展。本书所关注的新时期中国新闻观念的表述与变迁，毫无疑问是上述历史进程的重要组成部分，同时也通过具体的新闻作品记录和影响了这段非同凡响的历史。

三是新闻文体本身的形式演进。改革开放之后，新闻作为一种独立的文体和一个专业性不断增强的社会实践领域，逐渐孕育了对于新闻文体的思考和表述。例如，新闻与事实之间的关系和新闻的真实性话题在改革开放初期就引起多次讨论，最终再次确认了延安时期就已经形成的"真实性是新闻的第一属性"的观念认识。再如，在对"文革"进行反思的语境下，关于"好新闻"的一个广泛共识是，好的新闻作品不仅主题思想要正确，而且还要善于选择有效的表现手段和表现形式，避免出现"主题决定论"的情况。在新闻业务的观念革新上，本书还将关于新闻本身规律的观念与当时其他的文艺形态和文艺思潮进行了对照，一定程度上反映了文艺思潮是如何影响了当时社会文本和意义实践的不同领域的。

四是市场改革与商品化的影响。对于新闻本身规律的追求以及对于新闻可读性和读者意识的强调，实际上也和改革开放之后新闻领域的市场化和商品化趋向密不可分。随着改革开放从经济领域逐渐拓展到社会生活的各个行业，新闻机构的经营和发展日益成为关系新闻业生存的显著问题。很多学者在观察和解释改革开放之后中国传媒业的转型时，都采纳了"国家与市场"二元对立的框架，分析了党和政府以及市场化过程本身所发挥的不同作用，展示了市场改革和商品化对中国新闻业的广泛影响（赵月枝，2011）。虽然在改革开放最初的十年，这个问题还不像20世纪90年代之后那么紧迫和具有决定性的影响，但是，这一时期关于新闻观念的话语表述中，已经开始出现了对于报社的企业属性和新闻的商品属性的关注。尽管这种关注在本书所分析的语料中还不突出，但对于新闻的信息属性的认识以及对于读者意识的强调，都可以视作市场改革和商品化对于新闻观念所施加的影响。

五是来自"全球化"的影响，这里主要指西方新闻传播观念的渗入。改革开放初期的一个特定的历史语境和思想结构，是在全球和国际化的角度上思考中国问题，从海外借鉴"现代化"相关的理论和思想资源，同时以中国的传统和语境与这些思想资源对话，保持民族性和独立性，避免走入全盘西化。1982年在北京召开的第一次全国传播学研讨会标志着传播学正式被引入中国，而且形成了"系统了解、分析研究、批判吸收、自主创造"的基本态度（方汉奇，1999）。1986年11月20日，在中国记协等单位举办的"现代知识与新闻工作"研究班的结业典礼上，时任中宣部副部长的滕藤和时任中宣部新闻局副局长的王福如先后讲话，指出要在中国的语境下合理借鉴西方大众传播学的理论，形成中国式的社会主义大众传播学。王福如强调，要发扬党的新闻事业的光荣传统，认真总结自己的实践经验，弄清新闻本身的规律，这样才能够更好地学习、借鉴和创新，避免照搬过去经验和"生吞活剥"西方理论（高兴烈，1986）[20]。

他尤其指出,要开阔视野,研究大众传播学,吸收其中有益的部分,同时注重将新闻学和其他学科,如社会学、心理学、伦理学、管理学等进行结合,运用这些学科的成果,来更好地发展社会主义新闻学(高兴烈,1986)[20]。随着大量西方新闻传播学者和西方记者来华交流访问,以及不断增加的海外报道和交流的机会,对于西方思想资源和业务经验的借鉴也必然对当时的新闻观念产生直接影响。这种对于西方新闻传播思想的引介在不同的社会情境中会产生不同的结果,甚至是"误读"(刘海龙,2007)。这本身也是新闻观念得以形成的复杂背景。

虽然新闻观念的上述影响要素在不同的文献中各有涉及,也得到新闻学界广泛讨论;但本书在针对具体语料展开观念史梳理时发现,涉及具体的观念时,这些外部影响因素所起的作用不尽相同,需要具体问题具体分析。例如,当时普遍出现在这批语料中的关于新闻的信息属性,就体现了上述不同要素之间的共同作用。从读者意识的角度来看,服务读者需求的作为"信息"的新闻具备了商品化的潜质;而对于新闻的"信息传播"社会功能的认识,又可以视为来自西方传播学理论的引介所带来的认知更新。再如,"深度报道"这种报道形态,长期以来被认为是受到了西方同类体裁的影响,但实际上,这种报道形态更受到当时中国改革开放复杂的社会环境和层出不穷的新情况、新问题的直接激发,并且还与新闻界加强"调查研究"的作风和发挥"舆论监督功能"的传统密不可分。因此,本书的一个学术成果和比较优势,正在于对观念产生的各项历史要素展开实事求是、贴近历史本身的辨析。

三、新时期新闻观念的历史影响和现实意义

改革开放初期的新闻观念及其话语表述不仅受到当时各类历史要素的影响,而且本身也成为历史要素和思想资源的一部分,影响到之后的新闻实践和观念表述,体现了历史的延续性。1989年6月,时任中共天津市委书记的李瑞环在十三届四中全会上被增补为中共中央政治局常委,担任中央书记处书记,分管意识形态和统战工作。1989年10月,徐惟诚接任中宣部常务副部长,主管全国的新闻宣传和意识形态工作;王福如由中宣部新闻局副局长升任局长,具体负责新闻宣传的管理。1989年和1990年,中国新闻界针对意识形态和宣传纪律等问题,举行了一系列会议和研讨活动。从李瑞环、徐惟诚和王福如的多次发言中能够看到,新时期这头十年积累下来的新闻观念及其话语表达方式,在20世纪80年代末的政治波动后,大部分仍然被继承下来,在1990年仍然发挥着主导作用。

李瑞环于1989年7月20日在全国宣传部长会议上做了题为《当前宣传思想工作的紧迫任务》的讲话，认为当前的重要工作，除了在政治和经济上办几件让人民满意的大事，还需要进行大量的细致耐心的思想教育工作。李瑞环再次强调了"党的宣传工作要紧密围绕党的中心工作并为之服务"，要提供"良好的舆论环境"和"科学的理论支持"。李瑞环紧接着指出，新闻界要做好反对资产阶级自由化的工作，就必须"解决好新闻工作的党性与人民性相一致的问题"，"从根本上端正新闻宣传的政治方向"。为了达成上述目标，需要"下功夫研究，如何使新闻工作做到既坚持四项基本原则、反对资产阶级自由化，又能按照新闻固有的规律办事，从而使新闻宣传和党的方针政策一致起来，和人民群众的意愿一致起来"（中共中央宣传部，1989）。1989年11月25日，李瑞环在由中宣部举办的新闻工作研讨班上发表讲话，这次讲话不仅第一次提出了"坚持正面宣传为主"的方针，也涵盖了重视和改进批评报道、正确实行舆论监督、注意新闻工作特点、讲求新闻宣传艺术、继续坚持新闻改革等观点。李瑞环的这些讲话，虽然针对的是政治动荡之后如何迅速恢复社会秩序和总结经验教训，但是其中提到的对于新闻的属性、功能和规律的认识，如党性与人民性相一致、按照新闻固有的规律办事、深化人民群众主体性，都来自于改革开放初期形成的新闻观念资源及其话语表述方式。

1990年，徐惟诚在《给全国报纸总编辑新闻摄影研讨会的信》中提出，好的记者需要认真学习党的方针政策，要深入实际，和工农兵知识分子交朋友。王福如在这次研讨会上的讲话提了三点意见，首先就是正确的政治方向和舆论导向的问题，反对将党性和人民性分开的思路，认为新闻必须为社会主义服务、为人民服务，强调新闻的阶级性；其次要适应改革，不断创新，但首要的仍然是改革方向的问题，要从国情出发，更好地发挥新闻作为党、政府和人民的耳目喉舌的作用，并引用李瑞环"新闻改革要围绕经济建设这个中心，要面向人民群众"；最后，具体的改革方式，则提倡多展开"进行式""现场感"的报道，表扬了首都各报正在开展的"短新闻的竞赛"，建议要多使用背景资料，多角度、多侧面地帮助读者更好理解新闻（徐惟诚等，1990）。江泽民在1989年《全国新闻研讨班讲话》中也强调，新闻宣传在政治上同党中央保持一致，绝不是机械地、简单地重复一些政治口号，而是站在党和人民的立场上，采取多种多样的方式，把党的政治观点、方针政策，准确地、生动地体现和贯注到新闻、通讯、言论、图片、标题、编排等各个方面。虽然1990年前后的这些表述中对于舆论导向和政治立场有明显的时代印记，但是80年代的新闻观念的表述和资源，乃至于"现场感""短新闻"等具体的操作性的观念，在这一时期的新闻管理的观念中仍然体现出了延续性——首先是政治性和服务中心工作,其次在此基础上的革新思维和业务技能。

上述这些话语表述展示出20世纪80年代的新闻观念及其话语表述,事实上已经为改革开放40年来的主流新闻观念界定了基本的思维范畴和表述方式。改革开放初期的新闻观念,与"文革"期间僵化教条的新闻思想以及90年代以后市场经济因素逐步取得"主导地位"所形成的新闻观念均不相同,这是一种既体现了主流意识形态,又能够展现新闻专业领域的最新进展和回应社会各界期待的新闻观念。这也是为什么80年代的新闻改革和社会面貌能够不断地引发当下的怀念和向往的重要原因之一。当前,习近平同志所强调的新闻工作既要"坚持党的领导,坚持正确政治方向,坚持以人民为中心的工作导向",又要"尊重新闻传播规律,创新方法手段,切实提高党的新闻舆论传播力、引导力、影响力、公信力"等,就是对于新闻如何坚持党性与人民性的统一、融合中国特色新闻事业的政治属性与新闻工作自身规律的最新的观念表达,在新时代延续和发展了改革开放初期所形成的新闻观念及其话语表述方式。

四、余论:研究反思与前瞻

作为一个特殊的社会专业领域,新闻活动既遵循社会实践的一般规则,也必然因其本身的特点而发展出自身的规律、机制和观念。对于新闻的规律、机制和观念的研究构成了新闻传播学学科的主体内容。当前学界对于新闻领域的历史研究,尤其是其观念史的研究,主要可以归结为三种路径或范式。首先也是最常见的一种研究范式,是围绕报刊、报人和新闻事件等具体案例所展开的历史研究,主要揭示在具体的历史情境下,新闻活动是什么和怎么样的问题。这类研究是新闻研究的基石,虽然近年来屡屡遭到碎片化的质疑和批评,但是其中"深井式"的个案研究对于纠正"通史化"和"抽象化"的弊病仍然具有不可替代的正面价值(方汉奇等,2007)。而且,越来越多个案式的研究已经将社会学、历史学等领域的观点和方法纳入新闻研究中来,让我们对新闻的历史有了更加全面和深刻的认识。第二种常见的研究范式是针对新闻实践的抽象规律和机制所展开的理论和思想史的辨析。相比于前一种范式关注具体的事件,这种范式更为关注对概念范畴及其之间关系和结构的探索。但是这类研究的一个隐患在于过于注重文本和思想的内部关系和逻辑的自恰,而忽视、有时甚至扭曲历史的本来面目(Skinner,1969)。因而,针对上述两个范式的利弊并随着语言、话语和修辞的社会功能的重新发现,基于观念史研究而展开新闻传播实践和规律的探索就形成第三种范式。这种研究范式强调要在具体的历史语境中，以包括话语实践在内的整体社会实践为研究对象，形成对于专业领域及其历史发展的系统性理解。

本书对于改革开放初期的新闻史所展开的研究，力图借鉴上述第三种研究范式，将新闻观念置于改革开放的具体历史语境和中国共产党新闻实践的历史脉络中展开分析，以求对中国特色新闻学的理论体系及其历史成因进行符合实际的探索和描述。本书直接回应了中国特色新闻学理论的若干核心问题：新时期的主流新闻观念从何而来？改革开放对于新闻业和新闻观念提出了哪些新的要求，又提供了怎样的时代推动？新闻观念如何在与历史语境的多重要素互动过程中自我形塑和自我表述？由此说来，本书也像是对这段重要历史时期中国新闻观念史的一种梳理，而在进行历史脉络梳理的同时，更重要的是站在自己所处的时代方位对研究对象进行把握，由此展开关于对象独特的经验事实及其历史逻辑、理论逻辑与实践逻辑有机统一的书写，从而形成关于对象的观念史。

本书从新闻的时代性、新闻观念的历史资源、新闻的政治属性以及新闻业务的观念革新四个方面，切入新闻观念流变的研究论题，力图对当代中国新闻传播史的发展规律有较为准确的把握，对当下继承和发展马克思主义新闻观和中国特色新闻学提供历史参照。当然，在具体研究过程中，由于研究资料的针对性和集中性，本书虽然发现了市场化改革和西方思想渗入等诸多对于新闻观念产生影响的要素，也发现了新闻的信息观、知识观等更多的观念内容，但囿于种种主客观因素的限制，这些问题只能留待此后进一步探讨了。

参考文献

中文部分

贝内特，2005. 新闻政治的幻象［M］. 杨晓红，王家全，译. 北京：当代中国出版社.

伯格，卢克曼，2009. 现实的社会构建［M］. 汪涌，译. 北京：北京大学出版社.

曹意强，2006. 观念史的历史、意义与方法［J］. 新美术（6）：29-48.

常江，2018. 中国电视史（1958—2008）［M］. 北京：北京大学出版社.

常秀英，1988. 新闻观念更新　消息折射异彩：1987年获奖消息综述［G］// 中国新闻学会联合会秘书处.1987年全国好新闻入选作品. 北京：人民日报出版社.

常秀英，1986. 用开拓精神描绘开拓的时代：1985年获奖通讯综述［G］// 中国新闻学会联合会秘书处.1985年全国好新闻入选作品. 北京：长征出版社.

常英，1987. 广度·深度·力度：1986年获奖消息综述［G］// 中国新闻学会联合会秘书处.1986年全国好新闻入选作品. 北京：人民日报出版社.

陈进鹏，1986. 在和谐的气氛中开展报纸批评：简评《该注重管理了：向袁庚同志进一言》［J］. 新闻记者（7）：31.

陈力丹，2008. 改革开放与新闻宣传大家谈之二　新闻学发展站在新的起跑线上：改革开放30年来新闻学基本概念的回归［J］. 新闻与写作（11）：7-8.

陈力丹，2009a. 我国新闻传播学过刊：不能忘却的1978—1985年［M］. 北京：人民日报出版社.

陈力丹，2009b. 解析中国新闻传播学（2009）［M］. 北京：人民日报出版社.

程嘉楷，1989. 舆论监督的有力形式：1988年获奖深度报道作品综述［G］

// 中国新闻学会联合会秘书处.1988年全国好新闻入选作品.北京：新闻出版社.

崔晓晓，2017.精神交往论视阈下的中国新闻奖分析：基于第26届中国新闻奖的实证研究［J］.东南传播（11）：35-37.

戴邦，1980.多写新闻　写短新闻　写好新闻：写在1979年全国好新闻评选揭晓的时候［J］.新闻战线（10）：18-19.

德波顿，2015.新闻的骚动［M］.丁维，译.上海：上海译文出版社.

邓建国，2017.传播学的反思与重建：再读J. D. 彼得斯的《对空言说：传播的观念史》［J］.国际新闻界（2）：151-173.

邓小平，1978.解放思想，实事求是，团结一致向前看（1978年12月13日）［M］// 中共中央文献编辑委员会.邓小平文选：第二卷.北京：人民出版社.

邓小平，1979a.坚持四项基本原则（1979年3月30日）［M］// 中共中央文献编辑委员会.邓小平文选：第二卷.北京：人民出版社.

邓小平，1979b.高级干部要带头发扬党的优良传统（1979年11月2日）［M］// 中共中央文献编辑委员会.邓小平文选：第二卷.北京：人民出版社.

邓小平，1980a.目前的形势和任务（1980年1月16日）［M］// 中共中央文献编辑委员会.邓小平文选：第二卷.北京：人民出版社.

邓小平，1980b.坚持党的路线，改进工作方法（1980年2月29日）［M］// 中共中央文献编辑委员会.邓小平文选：第二卷.北京：人民出版社.

恩格斯，1876.《反杜林论》的准备材料（1876年9月—1878年6月）［M］// 中共中央马克思恩格斯列宁斯大林著作编译局.马克思恩格斯全集：第20卷.北京：人民出版社.

樊凡，1987.时代跳动的脉搏　历史变革的新章：1986年获奖深度报道综述［G］// 中国新闻学会联合会秘书处.1986年全国好新闻入选作品.北京：人民日报出版社.

方汉奇，1999.中国新闻事业通史：第3卷［M］.北京：中国人民大学出版社.

方汉奇，曹立新，2007.多打深井多作个案研究：与方汉奇教授谈新闻史研究［J］.新闻大学（3）：1-4.

方汉奇，丁淦林，2009.中国新闻传播史［M］.2版.北京：中国人民大学出版社.

方汉奇，王润泽，赵咏华，2018.中国新闻事业编年史［M］.2版.福州：海峡出版发行集团.

方维规,2009. 概念史研究方法要旨［M］// 黄兴涛. 新史学：第3卷. 北京：中华书局.

费尔克拉夫,2003. 话语与社会变迁［M］. 殷晓蓉,译. 北京：华夏出版社.

丰纯高,2018. 改革开放40年我国新闻理论领域若干问题的探讨与争鸣［J］. 新闻爱好者（6）：10-16.

甘惜分,1996. 再论新闻学与历史学［J］. 新闻界（2）：23-25.

高兴烈,1986. 中宣部副部长滕藤提出：要形成中国式的社会主义大众传播学［J］. 新闻与写作（12）：20.

葛兆光,2005. 思想史研究课堂讲录：视野、角度与方法［M］. 北京：生活·读书·新知三联书店.

顾广欣,2008. 从中国新闻奖评选看我国主流新闻价值观：中国新闻奖十年综述［J］. 新闻知识（4）：5-7.

郭令炘,1983. 立志改革 勇于创新：受表扬通讯述评［G］// 北京新闻学会,《新闻战线》编辑部,湖北省新闻学会.1982年全国好新闻评选入选作品. 北京：人民日报出版社.

郭令炘,1987. 独特之处见功夫：1986年获奖通讯综述［G］// 中国新闻学会联合会秘书处.1986年全国好新闻入选作品. 北京：人民日报出版社.

哈克特,赵月枝,2005. 维系民主？西方政治与新闻客观性［M］. 修订版. 沈荟,周雨,译. 北京：清华大学出版社.

何百林,2016.《金华日报》"义乌最美民工"连续报道如何摘得中国新闻奖一等奖［J］. 中国记者（12）：30-31.

贺桂梅,2007. "纯文学"的知识谱系与意识形态："文学性"问题在1980年代的发生［J］. 山东社会科学（2）：29-41,46.

胡绩伟,1986. 经济改革需要新闻改革：评1985年度全国好新闻评选结果［G］// 中国新闻学会联合会秘书处.1985年全国好新闻入选作品. 北京：长征出版社.

胡绩伟,1987. 对改革的关怀、鼓舞和促进：评1986年全国好新闻特等奖［G］// 中国新闻学会联合会秘书处.1986年全国好新闻入选作品. 北京：人民日报出版社.

胡乔木,1978. 短些、再短些［J］. 延安解放日报（1946年9月27日）；1951年3月23日登载时,作者曾作了改正. 转引自：胡乔木. 短些,再短些. 新闻战线（1）：40.

胡乔木,1980. 北京新闻学会举行成立大会：名誉会长胡乔木同志作了讲话［J］.新闻战线（3）：16.

胡学军，1989.好新闻评选引出的思考［J］.新闻知识（12）：32-33.

胡耀邦，1982.关于思想政治工作问题（1982年4月24日）［M］//中共中央宣传部.十一届三中全会以来党的宣传工作文献选编.北京：中共中央党校出版社.

胡钰，2017.后喻文化视阈中的新闻观念［J］.新闻与写作（10）：74.

胡钰，陆洪磊，2018.中国特色新闻学教育与当代新闻观念形塑［J］.教育传媒研究（1）：29-32.

胡钰，2018.如何建构当代中国的新闻观念［J］.新闻与写作（3）：26-29.

何光先，1985.创新与竞争：谈第六届全国好新闻评选［G］//中国新闻学会，四川新闻学会.1984年全国好新闻入选作品.内部发行.

何光先，1986.长改革之志　兴创新之风［G］//中国新闻学会联合会秘书处.1985年全国好新闻入选作品.北京：长征出版社.

何光先，1987.向广度和深度开拓：1986年全国好新闻作品综述［G］//中国新闻学会联合会秘书处.1986年全国好新闻入选作品.北京：人民日报出版社.

何光先，1988.求深：当今报道的大趋势：第九届全国好新闻作品综述［G］//中国新闻学会联合会秘书处.1987年全国好新闻入选作品.北京：人民日报出版社.

何光先，1989.在充分发挥新闻社会协调的总体功能中夺魁：第十届全国好新闻作品综述［G］//中国新闻学会联合会秘书处.1988年全国好新闻入选作品.北京：新闻出版社.

黄艳林，2008.解读邓拓的史家办报风格［J］.东南传播（11）：80-82.

黄月琴，何强，2017.奖与罚：新闻奖的荣誉域及其荣誉实践［J］.国际新闻界（5）：63-84.

金观涛，2009.观念史研究：中国现代重要政治术语的形成［M］.北京：法律出版社.

李彬，2009.中国新闻社会史：插图本［M］.2版.北京：清华大学出版社.

李彬，2014.记者的光荣与梦想［J］.新闻爱好者（11）：49-53.

李彬，2015a.新中国新闻论［M］.北京：北京大学出版社.

李彬，2015b.新时期：社会变迁与新闻变革札记［J］.山西大学学报（哲学社会科学版）（3）：1-45.

李彬，2018.中国道路新闻学（二）：思想解放［J］.当代传播（2）：13-18.

李海波, 2018. 党报、列宁主义政党与群众政治参与：延安新闻业群众路线的运作机理分析[J]. 国际新闻界（3）：19-39.

李良荣, 1995. 十五年来新闻改革的回顾与展望[J]. 新闻大学：春季号（1）：3-8.

李瑞环, 1989. 当前宣传思想工作的紧迫任务[M]// 中共中央宣传部. 十一届三中全会以来党的宣传工作文献选编. 北京：中共中央党校出版社.

李瑞环, 1990. 坚持正面宣传为主的方针[N]. 人民日报, 1990-03-03.

刘保全, 1994. 关于报纸和新闻有无商品性问题讨论综述[J]. 中国人民大学学报（2）：74-78.

刘海龙, 2007."传播学"引进中的"失踪者"：从1978年—1989年批判学派的引介看中国早期的传播学观念[J]. 新闻与传播研究（4）：29-35，95.

刘海龙, 2013. 宣传：观念、话语及其正当化[M]. 北京：中国大百科全书出版社.

刘俊琪, 1989. 改革要报新 消息要写深：1988年获奖消息综述[G]// 中国新闻学会联合会秘书处.1988年全国好新闻入选作品. 北京：新闻出版社.

刘少奇, 1962. 在扩大的中央工作会议上的报告（1962年1月27日）[G]// 中共中央文献编辑委员会. 刘少奇选集：下卷. 北京：人民出版社.

刘守华, 2017. 厚重独特：中国新闻奖的底色和基因[J]. 新闻战线（21）：40-42.

刘宪阁, 2018. 新闻史的想象力：李彬教授《中国新闻社会史》读后[J]. 教育传媒研究（3）：36-41.

马克思, 恩格斯, 1849.《新莱茵报》审判案[M]// 中共中央马克思恩格斯列宁斯大林著作编译局. 马克思恩格斯全集：第6卷. 北京：人民出版社.

马克思, 1859.《政治经济学批判》序言（1859年1月）[M]// 中共中央马克思恩格斯列宁斯大林著作编译局. 马克思恩格斯选集：第2卷. 北京：人民出版社.

马庆, 2011. 论史量才的"史家办报"思想[M]. 当代传播（4）：35-38.

毛泽东, 1937. 实践论（1937年7月）[M]// 中共中央文献编辑委员会. 毛泽东选集：第一卷. 北京：人民出版社.

毛泽东, 1929. 红军宣传工作问题（毛泽东为红军第四军第九次党的代表大会写的决议的第四部分）（1929年12月）[M]// 中共中央文献研究室，新华通讯社. 毛泽东新闻工作文选. 北京：新华出版社.

南振中, 2018. 南振中文集：我怎样学习当记者[M]. 增订本. 北京：清华大学出版社.

诺夫乔伊,2002.存在巨链：对一个观念的历史的研究[M].张传有,高秉江,译.南昌：江西教育出版社.

欧阳文艳,2010.时代变迁中的中国电视新闻观念：对30年来中国新闻报道观念演变的初步审视[J].传媒论苑(3)：110-111.

钱莲生,2017.中国新闻奖评选若干问题的理性释诉：兼论中国新闻奖改革的方位[J].新闻战线(21)：30-39.

钱中文,1988.巴赫金全集：第2卷[M].河北：河北教育出版社.

全国好新闻评选办公室,1989.关于全国好新闻评选标准的几个问题[M]//中国新闻学会联合会秘书处.1988年全国好新闻入选作品.北京：新闻出版社.

森冈优纪,2013.寻求描写"社会"的方法：从"写实"到社会主义现实主义[M]//石川祯浩.20世纪中国的社会与文化.袁广泉,译.北京：社会科学文献出版社.

单波,2001.论二十世纪中国新闻业和新闻观念的发展[J].现代传播(4)：24-30.

邵荃麟,1981.关于《阿Q正传》[M]//邵荃麟.邵荃麟评论选集：下.北京：人民文学出版社.

唐钧,1986.映日荷花别样红：1985年获奖消息综述[G]//中国新闻学会联合会秘书处.1985年全国好新闻入选作品.北京：长征出版社.

童兵,林涵,2001.20世纪中国新闻学与传播学：理论新闻学卷[M].上海：复旦大学出版社.

童兵,2007.中国共产党人坚持舆论监督的理念与立场[J].新闻爱好者(理论版)(12)：4-5.

王擎,尹珊珊,2014.新媒体环境下新闻报道观念的更新与转变：2014年两会报道观察[J].新闻与写作(4)：51-54.

王润泽,2017.在服从宣传需要与尊重新闻规律之间：中国当代记者心态史研究[J].国际新闻界(4)：117-136.

王蔚,2014.历史记叙与新闻真实性观念的发生[J].社会科学(9)：154-163.

王维佳,赵月枝,2010.重现乌托邦：中国传播研究的想象力[J].现代传播(5)：19-26.

王维佳,2011.当代中国新闻史书写中的政治无意识[J].山西大学学报(哲学社会科学版)(1)：83-87.

王维佳,2019.新时代的知识挑战：中国新闻传播研究面临的几个历史性问题［J］.新闻与传播评论（1）：6-13.

汪新源,1988.扬"独家"之长，兴深度之风：1987年获奖深度报道综述［G］//中国新闻学会联合会秘书处.1987年全国好新闻入选作品.北京：人民日报出版社.

王玉宝，张永贵，2017.发新时代恳切之声，与新时代同频共振：从第27届中国新闻奖新闻名专栏《之江观察》说起［J］.传媒评论（12）：9-11.

温铁军，2004.新中国三次对外开放的收益和成本［M］//温铁军.我们到底要什么？北京：华夏出版社.

文珍，1984.本市评选出1983年优秀新闻作品50篇［J］.新闻与写作（3）：12-14.

吴廷俊，2011.中国新闻传播史（1978—2008）［M］.上海：复旦大学出版社.

吴毅，吴刚，马颂歌，2016.扎根理论的起源、流派与应用方法述评：基于工作场所学习的案例分析［J］.远程教育杂志（3）：32-41.

向芬，2018.理论回响：从"党性与独立性问题"到"党性与人民性之争"［J］.新闻与传播研究（10）：5-17，126.

新华社，1978.关于多发新闻短新闻的通报［J］.新闻战线（1）：45.

徐惟诚，1990.用形象纪录伟大时代［C］//中国新闻摄影学会.图文并重、两翼齐飞：第四届全国新闻摄影理论年会论文集.北京：经济日报出版社.

徐惟诚，穆青，王福如，等，1990.徐惟诚、穆青、王福如、蒋齐生、王哲人谈新闻摄影［J］.中国记者（10）：26-28.

徐惟诚，2015a.读者的眼睛［M］.//徐惟诚.徐惟诚文集：第九卷.北京：商务印书馆.

徐惟诚，2015b.新闻要用事实说话［M］.//徐惟诚.徐惟诚文集：第九卷.北京：商务印书馆.

阎立峰，王璇，2018.能动的振摆：从新历史主义视野看新闻文本的历史性［J］.新闻与传播研究（1）：41-50，126-127.

杨保军，2013.简论"宣传新闻主义"的实质及其存在的可能问题［J］.新闻春秋（2）：49-55.

杨保军，2014a.新闻观念论［M］.上海：复旦大学出版社.

杨保军，2014b.新时期中国主导新闻观念的演变及启示［M］//郑保卫.新闻学论集：第30辑.北京：经济日报出版社.

杨保军，2018.简论新闻规律的个性特征［J］.中国地质大学学报（社会科学版）（6）：100-105.

叶剑英，1979. 在庆祝中华人民共和国成立三十周年大会上的讲话［M］//三中全会以来重要文献选编：上册. 北京：人民出版社.

喻权域，1994. 新闻学与历史学［J］. 中国记者（11）：11.

袁艳，王金礼，2004. 中西新闻报道观念的差异及其文化成因［J］. 湖北社会科学（7）：49-51.

约翰·罗伯逊，关依然，周保巍，2018. 1950到2017年的英国思想史：剑桥学派的贡献［J］. 浙江学刊（1）：148-155.

查建英，2006. 八十年代访谈录［M］. 北京：生活·读书·新知三联书店.

张洪忠，王袁欣，2015. 社交媒体使用对新闻专业大学生马克思主义新闻观认知的影响［J］. 全球传媒学刊（4）：41-59.

张晋升，2017. 坚持正确舆论导向　探究新闻传播规律：第27届中国新闻奖网络获奖作品述评［J］. 传媒（24）：25-27.

张泉泉，2017. "新闻言志"：新闻业的传统命题与时代要求［J］. 新闻战线（14）：2-6.

赵月枝，2011. 传播与社会　政治经济与文化分析［M］. 北京：中国传媒大学出版社.

郑保卫，2013. 中国共产党新闻工作群众路线的理论来源及实践传统［J］. 现代传播（中国传媒大学学报）（9）：21-27.

郑保卫，2016. 要讲政治需要，也要讲新闻规律：对社会主义新闻工作政治属性与专业属性关系的思考［J］. 新闻与写作（11）：68.

郑文惠，2012. 观念史研究的文化视域［J］. 史学月刊（9）：15-18.

中共中央宣传部，1979. 中共中央宣传部召开全国新闻工作座谈会［J］. 新闻战线（2）：3.

中共中央宣传部，1989. 中共中央宣传部关于转发《全国新闻真实性问题座谈会纪要》的通知［G］// 中共中央宣传部. 十一届三中全会以来党的宣传工作文献选编. 北京：中共中央党校出版社.

周玫，2012. 中西方文化差异在网络审美观念中的体现：以新闻报道观为例［J］. 中国报业（12）：34-35.

周世康，2016. 传统媒体内容和表达创新的实践探索：来自第二十六届中国新闻奖作品的启示［J］. 传媒观察（11）：5-8.

周扬，1933. 关于"社会主义的现实主义与革命的浪漫主义"："唯物辩证法的创作方法"之否定（1933年11月1日）［J］. 现代：第4卷（1）.

朱清河,2009.中国传统新闻报道观念的合法性危机及其现代建构[J].陕西师范大学学报(哲学社会科学版)(3):39-44.

邹大毅,1982.成功的典型描写[G]//北京新闻学会,《新闻战线》编辑部.1981年全国好新闻评选获奖作品.北京:人民日报出版社.

左志新,2019.以新闻存史　为改革立传:《报章里的改革史》出版座谈会在北京大学召开[J].传媒(1):21-23.

外文部分

Andrew R Cline, 2018. Toward a field theory of journalism[EB/OL]. [2018-12-10].http：//rhetorica.net/field_theory.htm.

Barbie zelizer, 2009. "Journalism and the Academy," in Wahl-Jorgensen, K. & Hanitzsch, T. The Handbook of Journalism Studies (ICA handbook series) [M]. New York: Routledge.

Charmaz K, 1995. Grounded theory [M]. In J. A. Smith, R. Harre & L. Van Langenhove (Eds.) Rethinking methods in psychology. London: Sage.

Charmaz K, 2006. Constructing Grounded Theory: A Practical Guide Through Qualitative Analysis [M]. Thousand Oaks, CA: Sage Publications.

Denzin N, Lincoln Y, 1994. Handbook of Qualitative Research [M]. Thousand Oaks, CA: Sage.

Herbert J Gans, 2005. Deciding What's News：A Study of CBS Evening News, NBC Nightly News, Newsweek, and Time (Medill Visions of the American Press) [M]. Evanston: Northwestern University Press.

Holborn H, 1968. The History of Ideas [J]. The American Historical Review, (3):683-695.

Jenkins J & Yong Volz, 2018. Players and Contestation Mechanisms in the Journalism Field [J]. Journalism Studies, (19):7，921-941.

Larson, 1977. The rise of professionalism：A sociological analysis [M]. Berkeley, CA: University of California Press.

Lewins A & Silver C, 2007. Using software in qualitative research: A step-by-step guide [M]. CA: Sage.

Mandelbaum, M, 1965. The History of Ideas, Intellectual History, and the History of Philosophy [J]. History and Theory, (5): 33-66.

Mosco V, 2009. The Political Economy of Communication (2nd ed) [M]. CA: Sage.

Peters C, 2011. Emotion aside or emotional side? Crafting an "experience of involvement" in the news [J]. Journalism, (3): 297-316.

Schudson M, 1978. Discovering the news: A social history of American newspapers [M]. New York: Basic Books.

Schudson M, 1990. Origins of the Ideal of Objectivity in the Professions: Studies in the History of American Journalism and American Law 1830–1940 [M]. London: Garland Publishing. International Society for the History of Ideas. 1960. Journal of the History of Ideas, (2): 314-314. Retrieved from http://www.jstor.org/stable/2708205.

Schudson M, 1995. The Power of News [M]. London: Harvard University Press.

Schudson M, 1998. The good citizen: A history of American civic life [M]. New York: Martin Kessler Books.

Schudson M, 2001. The objectivity norm in American journalism [J]. Journalism, (2): 149-170.

Shun-Shing Huang, 2013. From control to autonomy? Journalism awards and the changing journalistic profession in Taiwan [J]. Chinese Journal of Communication, (6): 4, 437.

Skinner Q, 1969. Meaning and Understanding in the History of Ideas [J]. History and Theory, (1): 3-53.

White H, 1973. Metahistory: The Historical Imagination in Nineteenth-Century Europe [M]. Baltimore: The Johns Hopkins University Press.

Zeng Fanxu & Li Yanhong, 2013. A mission beyond journalism: advocacy and media practices of award giving in China [J]. Chinese Journal of Communication, (6): 1-17.

附录：全国好新闻奖获奖作品摘登（1979—1988）

1979 年

首届全国好新闻奖共评出获奖作品31篇，其中，一等奖6篇，二等奖25篇。绝大多数获奖作品都以改革开放的政策宣传和经济建设为主要报道内容，题材涵盖了军事、农业、工业、社会、体育等。以下挑选的4篇获奖作品，一定程度上代表了这次评奖所体现的特点。其中，《"活着的黄继光"杨朝芬》为军事题材的报道，体现了对新闻战斗性传统的继承，《周末一条街夜市受欢迎》和《北京酱油为啥脱销》从社会生活的细节展现出经济体制改革带来的多方面变化，《"光棍堂"引来四只"金凤凰"》通过家庭生活反映包产到户在农村社会产生的方方面面的影响。

第1篇："活着的黄继光"杨朝芬

记者：肖爱冬　唐坚　陈福生
原载1979年2月23日《解放军报》

广西军区某边防团二十一连新战士杨朝芬，在对越南侵略者进行自卫还击的战斗中，三次把爆破筒推进敌人暗堡，出色完成了任务，同志们称赞他是"活着的黄继光"。

2月17日，杨朝芬和战友们向越南侵略军发起自卫还击时，遇到暗堡里敌人机枪的疯狂扫射，部队运动受阻。在这紧急关头，小杨手拿爆破筒，迅速跃起，一会儿侧身跃进，一会儿匍匐前进，很快接近了敌堡，将爆破筒塞了进去。当他正要拉火时，敌人把爆破筒推了出来。小杨以大无畏的勇敢精神，立即又把爆破筒推了进去，敌人又猛然把它推了出来。眼看部队向敌占山头发起冲击的时间就要到了，小杨怀着对侵略者的高度仇恨，把个人安危置之度外，迅速拣起爆破筒先拉了火，然后把这个嗤嗤冒烟的爆破筒使劲地第三次塞进了暗堡。在即将爆炸的瞬间，他闪电般地往下一滚，只听一声巨响，暗堡飞上了天。杨朝芬为夺取战斗的胜利创造了条件，部队党委给他记了功，并批准他火线入党。

第2篇：周末一条街夜市受欢迎

记者：安源生

原载1979年8月13日《新华日报》

11日晚上，骤雨初歇，凉风习习。南京山西路各商店职工精心组织的周末一条街夜市里，商品琳琅满目，人群熙熙攘攘，顾客们在选购商品。一位老教师在买到一张波浪式折摺椅后，又走进茶香飘逸的茶座，高兴地对人说："这样的夜市布局合理，我们可以挑挑拣拣买件合意的商品，真是便民有方，生财有道啊！"

鼓楼区商业部门在认真学习其他地区举办周末夜市经验的基础上，经过多次研究，在山西路广场周围，山西路菜场附近，丁家桥、湖南路一带设立了三个服务供应中心，使群众在周末乘凉漫步之余，能够选购一些适销对路的商品。同时，三个服务供应中心还专门设立一些酒座、茶座、冷饮座、西餐座，供应具有传统特色的小吃和点心，如油炸干、豆腐脑、刨凉粉、鸭肠汤、蛤蟆酥、酥油凉团等，使顾客能坐下来小憩叙谈，这很受广大群众的欢迎。

第3篇："光棍堂"引来四只"金凤凰"

记者：张青

原载1979年8月19日《天津日报》

最近，在蓟县上仓公社后秦各庄大队，人们都传颂着一段"'光棍堂'引来了四只'金凤凰'"的佳话。说的是地主家庭出身的社员马文志，过去曾被错划为地主成分，今年被落实政策，改为职员成分以后，他的四个打光棍的儿子先后找上对象。

马文志有四个儿子，大儿子明珠41岁，二儿子明泽31岁，三儿子明辉29岁，四儿子明伟26岁。这哥儿四个，个个精明强干，一贯劳动扎实，是庄稼地里的好把式。可是，就因为是地主家庭出身，一直说不上媳妇。他家成了村上有名的"光棍堂"。今年春天，大队在落实中央关于对四类分子的政策中，根据马文志的实际情况，改变了他本人的成分。于是，前来说媒的踢破了门槛子。不到一个星期光景，老大、老二、老三都说上了媳妇。老大很快就成了亲。前些天，老四也搞上了对象。这四个媳妇中，有三个是贫农的女儿。

马文志一家看到家境大变，都非常高兴，一致表示要多出勤，努力大干，为四化多做贡献，用实际行动回答党的关怀。

第 4 篇：北京酱油为啥脱销

记者：段心强

原载1979年12月15日《市场》

前些天，北京的街头巷尾都在议论：酱油为啥突然脱销？我们走访了北京第二大酱油厂——宣武酱油厂。

宣武酱油厂多年失修。1974年经有关部门鉴定，应停产修建。厂里立即向商业局报告，商业局又向市级机关打报告，3年之间，写了22次，根本挂不上号。直到1977年底，市里才批准建新酱油厂，并给50亩地。指标下到区里，一位书记把地转给了产值高的汽车配件厂等单位。经力争，区委才从煤建管理处要出9亩地给了酱油厂。

计划批准后，只给钱，不拨料。酱油厂派人上下跑几百趟，向商业局打报告13次，结果，划圈的多，办事的少，拖了两年，材料还没凑齐。

今年9月，老厂房险情严重，被迫切断电源，停止生产。宣武酱油厂停产，一月少上市100万斤酱油。因而，使全市酱油脱销半个多月，直接影响了居民的生活。

脱销后，市里有关部门采取紧急措施，日夜修缮老厂，并从郊区调酱油进城，这才使供应情况稍有好转。

1980 年

第二届全国好新闻共评出获奖作品49篇，未分等级。这次评奖较为强调新闻的时效性、时宜性、生动性，注重报道的事实属性和主题深刻之间的结合。以下挑选的3篇获奖作品，《从邮局看变化》和《经济学家赶集》都抓住了改革开放在不同的社会领域和场景中带来的变化，通过具体丰富的事实呈现出整体经济形势向好发展的主题；《生活中的"乔厂长"——记市劳动模范、高桥化工厂厂长刘钧》是一篇先进人物的长篇报道，将劳动模范刘钧的事迹置于经济体制改革的背景中进行典型报道，强调了报道主题的教育意义。

第5篇：从邮局看变化

记者：顾月忠

原载1980年1月17日《新华社》

春节将到，记者在新疆维吾尔自治区邮电管理局里，看到了跟一年前大不相同的情况：过去忙于分拣从内地寄来的大批副食品包裹，而今天却忙于收订大量报刊。

新疆维吾尔自治区邮电管理局副局长张勇在他的办公室对记者说："往年这个时候，你在这间屋子里准找不到我。机关的全部人马都帮助分拣包裹去了。"

前几年，由于林彪、"四人帮"极"左"路线的干扰破坏，新疆副食品供应十分紧张。每年新年春节期间，人们只好把钱寄到关内，委托亲友帮助买吃的东西。于是，从关内邮寄香肠、猪肉、糖、花生米等的包裹猛增。单是花生米一项，最多的时候一天就寄来16吨。开往乌鲁木齐的列车不得不加挂车皮，邮局货场包裹堆积如山。邮局分拣的同志一天干十来个小时还分拣不完。邮电学校的100多名学生到邮局帮忙，还是忙不过来。这样，机关只好关门，从局领导到职工都去帮助分拣包裹。

今年，自治区邮电管理局接运包裹的"旺季"突然不旺了。据初步统计，去年12月和前年同期相比，寄往关内的汇款减少了64 000多元，即减少了50%；从关内邮来的包裹减少了12 000多件，即减少了1/3。原来新疆的市场上，香肠、大肉等都可以买到，核桃、瓜子很多，食品商店里的砂糖、糖果和糕点也很丰富。过节需要的副食品，这里大体都有了。人们把这一变化同贯彻党的十一届三中全会精神和中央的两个农业文件联系起来，说："政策开了花，经济结了果。"

尽管邮包减少了，但邮局里的干部和职工还是够忙的。几十名机关干部又开赴第一线，帮助办理订阅报刊业务。因为在各个营业门市部，经常有许多人排队，渴望订到自己喜爱的报纸、杂志。据统计，去年年底与前年同期相比，全疆的报刊订户增加了20%以上。现在，新疆平均每4.7人就有一份报刊。邮电局的同志说："现在党的工作着重点已经转移到四化建设上来，各族人民学科学、学文化的劲头越来越足了。"

第 6 篇：经济学家赶集

记者：冯国熙

原载1980年4月25日《市场》

3月4日下午，经济学家薛暮桥到北京北太平庄农副产品市场赶集。

这位75岁高龄的老人，兴致勃勃地挤入人群，东瞧西看，问这问那。见到卖鲜鱼的，便问是怎么运进城里来的。有几个顾客正和卖主讨价还价，最后达成协议：一元二角一斤。薛暮桥同志高兴地说："好，我也买一条。"卖鱼的拣了一条又大又肥的活胖头鱼，一称，五斤重。薛暮桥一边付钱，一边说："看来还是两个市场好。"买完鱼，又买了一条擀面杖。这时，一个老头在叫卖挖耳勺。他赶忙过去花三分钱买下一个，说："我很早就想买这么个小东西，总买不着，今天算是盼着了。"

赶完集，来到市场管理所。薛暮桥对管理所同志说："这样的市场多开辟几个、分散一些就更方便了，是不是可以让那些较富裕的社队自己投资建市场呢？"管理所同志说，也有个别人搞投机倒把。他说："我看要进行教育，做到公买公卖。我们以国营市场为主，农贸市场作为补充，提倡社队集体卖货，也保留少数商贩。"

第 7 篇：生活中的"乔厂长"——记市劳动模范、高桥化工厂厂长刘钧

记者：张德宝　应延安

原载1980年5月23日《文汇报》

1979年12月，当刘钧跨入全面质量管理的大门，被化工部评为质量先进标兵后，真是忙得不亦乐乎。化工部组织的学习小组来了，市经委到高桥化工厂来开现场会了，市工交党校的企业管理学习班也请他去讲课……

刘钧走上了讲台，他不用讲稿却谙熟地讲述着有关全面质量管理的知识。

这，难道仅仅是讲课吗？不。用刘钧的话说："这是在考试！是对共产党人能不能搞好企业管理的一场特殊的考试！"

一

一天，刘钧到六车间去，正巧看见工人们在装苯酚。刘钧一问，知道这批苯酚质量不合格，可是已有18吨装了桶，准备出厂。

能容忍这种损害国家利益的事情发生吗？刘钧把车间主任叫到现场，问道："苯酚装桶，你知道吗？"

车间主任见厂长两道剑眉竖起，知道准是出了什么问题，不由得摇摇头。

"车间出了废品你不知道，车间主任怎么当的？你把这些苯酚全部回釜，从现在开始，不准有一桶不合格的产品出厂！"

车间主任一听，急了。200公斤一桶苯酚，出釜时是液体，进桶后成了固体，怎么回釜呢？他知道厂长的脾气，不照着办是不行的，但要把装进桶的苯酚倒回釜里，又难以办到。他只得内疚地说："厂长，这次是不是算了，下不为例，下次一定不出废品！回釜可不好弄呀！"

"不好弄也得弄。这样管理还能干四化！"刘钧说完，走了。车间主任左右为难，急起来了……党委书记吴昆进得知这件事，连忙提醒刘钧别急躁，又到车间去做车间主任的工作。

车间主任啊，你不知道此时厂长的心情吗？高桥化工厂经过整顿，虽然面貌大变，从一个全市闻名的"老大难"单位，跃入了大庆式企业的行列，但是，眼下又有多少事绊住了厂长的手脚呵。你看看他的案头，有向他告状的，有要他签字的，好像有许多皮球在他面前踢来踢去。外地一家工厂因为使用了高桥化工厂生产的没有技术说明的二乙烯苯，酿成了大祸，当地出动了几十辆消防车，采取紧急降温措施，才使这起事故没有发生恶变。现在，电报来了，技术科推给质检科，质检科又转给供销科，最后，它躺在厂长的办公桌上，等待断案。氧化塔要装个防爆膜，事情从安全部门转到设备科，又由设备科转到设计部门，再从设计部门转到安全部门，最后也像皮球一样被踢到厂长的案头。

这些无形的绳索，缠住了刘钧的手脚，他觉得有劲使不出。每天，他忙得顾不上休息，但是，他觉得力气并没有使在刀口上。他不能眼睁睁地看着四化的进程被贻误，宝贵的精力被浪费。一个共产党员的责任感，一个厂长的责任感在驱使着他：必须改变企业管理上的落后面貌。

面对这些踢过来的皮球，刘钧严肃地对各部门负责人说："厂长不是裁判员，各项工作都要职责分明，各个部门都应该各司其职。"

二

"文化大革命"前，刘钧是这家工厂的副厂长。一场大浩劫，把刘钧作为"走资派"打倒了。此后不久，他被调离了。

历史有时不免要"之"字形地前进。8年之后，1977年9月，刘钧以化工局生产调度负责人的身份，陪同化工部检查团到高桥化工厂检查工作。两个月后，又被局党委任命为这家工厂的厂长。

这个厂长可不好当。当时的高桥化工厂正是劫后一片混乱啊。运行有序的规章制度被践踏,完好的生产装置被破坏,人心被搞散,思想被搞乱。部检查团从乙烯压缩机的油箱里,放出的竟不是油,却是18公斤水;在全厂三个主要生产车间的52台设备中,只找出了1台是完好的;在有的操作岗位看到的,竟是钓鱼竿和渔网。

刘钧重新回来当厂长,有人为他捏了一把汗:这一盘散沙,将怎样收拾呢?

一连几个星期,刘钧没有在厂里吭声。他想,经过十年动乱,工厂像一个重病人。医生治病先要摸准脉搏,确诊后才能开处方或动手术。他住进了集体宿舍。

一个月明星稀的夜晚,刘钧躺在床上久久没有入睡。同宿舍的职工方伟已经发出了轻微的鼾声,刘钧蹑手蹑脚地披衣起身,决定去看看当班的生产工人。

踏着月光,刘钧来到一车间,掀起门帘一看,迎面坐在仪表前的一位姑娘正在甜甜地打盹。厂长没去叫醒她,转身背对着姑娘,问道:"班长呢?"班长闻声走来,看是厂长,应了一声:"我是。"刘钧认识这位班长,他是一位能吃苦耐劳的老工人。刘钧问了一下生产情况,然后转过身,朝姑娘努努嘴,问:"是她当班吗?"班长这才看清姑娘趴在桌上。刘钧没有批评姑娘,笑着告辞了。

刘钧在寂静的厂区大道上踱步,半夜不见一个人影,凉爽的空气沁人心脾,他心里却像一锅沸腾的开水翻滚着:国有国法,厂有厂规,不以规矩,不能成方圆。但是,高桥化工厂的规矩该从何处立起呢?

两个星期后的一天,刘钧参加了一次调度会,各车间主任都到了。一位副厂长布置了生产任务。会议时间不长,车间主任听完布置,起身要走。突然,刘钧请大家坐下。

刘钧合拢手中的笔记本,一字一顿地说:"刚才布置的生产任务,大家都没有记。好,现在我们来考一下,刚才布置的任务,大家是不是都记住了。"大家傻眼了。刘钧连问三个车间主任,竟没有一个答全的。

这时,刘钧才批评了那天夜里在车间看到的事情。他加重语气说:"我们能光责怪工人吗?要改变厂里松松垮垮的局面,首先要从我们领导干部做起。同志哟,当干部绝不能身在其位而不谋其政!否则,党要你干什么!"

从抓干部的作风开始,厂党委经过发动群众,恢复了"文化大革命"以前一系列行之有效的规章制度。这对医治十年动乱所造成的创伤,恢复和发展生产起了积极作用。可是眼前,四化建设的进程要加快,光有十条、八条规章制度是不够的。下一步，又该怎么走呢？

三

也有人认为刘钧的焦虑是不必要的。

确实，经过一年的整顿，高桥化工厂的面貌发生了很大的变化。请看：

一年中，高桥化工厂打了五大会战，光是设备检修这一仗，就消灭了2000多个"跑冒滴漏"的隐患，攻下了200多个技术设备难关。到1978年度，这家工厂已经成为大庆式企业了，产值和利润分别比1977年增长了37%和157%。

可是，对于刘钧来说，这不过是起步，他决心要闯一闯现代化企业管理的大门，向管理索取财富。他像一个小学生那样到处求教，领导从国外归来，他去看望，问的是："在国外，现代化工厂是怎么管理的？"同事从外地回来，他去走访，问的是："什么样的管理才能做到产品优质？"至于书本、杂志、讲座、辅导，更是他请教的"老师"。他从各种渠道，学到了现代化管理的许多知识，运筹学、网络法、系统工程、价值工程……

这位从小参加革命，没有学过代数、几何、物理、化学的老同志，对现代化管理的各种知识，竟然如此谙熟，使许多人感到惊讶。当我们去访问他时，他津津有味地解释什么叫运筹学，什么叫网络法……更令人难以想象的是，这位曾因翻车受伤留有严重脑震荡后遗症的老干部，还有这么强的记忆力，他能把学过的各种管理科学知识刻印在脑子里。这需要付出多少艰巨的劳动啊！同宿舍的方伟记得最清楚，那天中午，方伟回到宿舍看见一大包药，知道刘钧脑震荡后遗症又发作了。但刘钧却躺在床上看书。方伟劝厂长休息，刘钧却打趣地说："我这脑子，越是休息得好，越要犯病。只有整天塞得满满的才舒服一点。"

一天，办公室收到有关部门寄来的全面质量管理讲座的通知。刘钧渴望掌握这方面的知识，兴致勃勃地要了一张票去听课。

讲课的同志一口气讲了三个多小时，刘钧越听越入迷。鱼刺图、PDCA循环、信息传递……这一连串陌生的新名词虽然是第一次听到，但仿佛已经给刘钧勾画出了一幅令人神往的图景，打开了他寻思联想的宽广天地。

刘钧这时想的正是如何加强管理。他的脑子里两军对垒着。一方面是目前厂里企业管理存在的问题，他归纳为三条：懒，敷衍拖拉，扯皮成风；散，各据一方，互不协调；乱，程序不清，职责不明。另一方面，则是全面质量管理的各种要求：强调工作质量，讲究严格的工作标准，这有利于克服"懒"；强调综合管理，建立质量保证体系，这有利于克服"散"；推行标准化，建立科学的工作程序和紧密的工作关系,这有利于克服"乱"。使他高兴的是,已找到了一把钥匙,一把能打开落后管理锈锁的钥匙!他把各种有关全面质量管理的资料、书籍找来学,他参加各种有关全面质量管理的讲座和报告会。他像海绵吸水般地接受知识,又像探险者那样勇于实践。当他考虑成熟之后,正式向党委提出了加强全面质量管理的意见。党委讨论后,批准了这项计划。

一连几天,刘钧埋首案几,编写讲稿。他要为全厂干部、技术人员上全面质量管理的第一课。连续几个昼夜的兴奋和疲劳,病痛又向他袭来,脑震荡的后遗症又犯了。爱人见刘钧捧了一大包药回家,倒头就睡,知道他病了,不由得责怪起来:"早对你说过别搞得太累,看,现在病了吧!"

女儿见爸爸难得回家一次,一回家就睡觉,也有了意见:"爸爸就是这样,一回家就只知道睡。"母亲轻轻地嘘了一声,制止女儿的嚷嚷,示意让刘钧安静地睡觉。她是搞民乐演奏的,以艺术工作者特有的细致观察,看到刘钧虽然躺着,但躺得并不安稳。

是啊,刘钧还要准备上全面质量管理课,他能躺得安稳吗?刘钧又起身准备写讲稿了。

这下,爱人生气了:"早知道这样,我当初决不同意你去高桥化工厂。你要爱惜自己身体,'四人帮'粉碎后,正需要老干部为四化出力啊!"

"对!对!"刘钧笑着说:"我们不带头学会现代化管理科学,怎么为四化出力?我现在是在学习,是在争这口气啊!"

还能说什么呢?爱人熟知刘钧的性格,他认定了一个方向,就是九牛二虎也难以把他拉回头。刘钧此刻体会到的,是一种学习的责任感,一种学习的幸福感。

刘钧在家只待了两天。第三天,他带了准备停当的讲稿回到厂里。第一次讲全面质量管理课,他竟讲得那样深入浅出,通俗易懂。虽然这是一门原来只用于机械工业管理的科学,但是从刘钧嘴里讲出来的,却条条和化工工业生产管理紧扣着。

四

1公斤高效催化剂,在聚合反应时能起到几十万倍的效率。以实行全面质量管理为起点,高桥化工厂也开始了"聚变"。

这段时间,全厂建立了70多个群众管理小组,各个岗位的工作标准都建立起来了。各种数理统计方法,鱼刺图、排列图、直方图、管理图,挂满了全厂各个生产岗位。全厂管理工作井井有条。刘钧,你这时又在考虑什么呢?

这是在一次座谈会上,刘钧问:"产品质量提高,是控制图起作用,还是其他什么原因?"几个车间主任已经在实践中尝到了甜头,不假思索地回答说:"控制图到了操作工手里,就能调节操作工的工作,起到了调节作用。"刘钧听后进一步提一个问题:"我认为,是人起了作用,才从控制图上反映了出来。我们抓全面质量管理,要从抓人的质量开始,保证工作质量;用工作质量来换取生产质量,而产品质量则是这些质量的一项综合反映。"这一席话,引起了大家的深思:搞全面质量管理,不能只看到物,还要看到人。人的质量,才是第一位的啊!

刘钧身体力行,他是那样地重视对祖国四化建设有用的人才!在厂党委的领导下,他调兵遣将,把一批年富力强的中青年干部安排到生产领导岗位,他关心工程技术人员的工作,他热情支持各种有利于四化建设的建议和设想。

ABS是一种高强度的工程塑料,高桥化工厂从1970年就开始试验了。但是,那时"四害"肆虐,ABS被当作打人的棍子。"四人帮"一伙不顾现实条件的限制,提出要年产3000吨。大量的资金、设备投放进去,而结果却使工程报废了。到1978年,这项工程在人们心目中已经是毫无生路了。

且慢!柳暗花明又一村。搞数据测试的工程师、原工商业者殷汉屏,在"四害"横行之时,冒着风险偷偷地研究,这时已经取得了初步的成果。刘钧听说后,把殷工程师请到办公室,虚心地向他求教。殷工程师讲了一遍具有我国独特工艺路线的ABS合成法,提议为了进两步,必须退一步,ABS由3000吨退到1000吨,搞出成果后,再创造条件前进。

刘钧握住他的手,激动地说:"殷工程师,感谢你!我们要让你有职有权有责,ABS的技术问题由你负责抓起来!四化建设需要你!"

ABS上马了。这种具有高强度性能的塑料,小到电镀纽扣,大到上天入地的零部件,都能代用,四化建设是少不了它的。但是,1000吨ABS,对我们这个幅员广大的国家来说,可谓微乎其微。摆在面前的问题是:要扩大生产就得担风险,万一国家投资下去,拿不到如数的ABS,你怎么向党、向人民交代呢?

刘钧清楚地记得:当60年代初,他着手建设高桥化工厂丙烯腈装置的时候,我国的技术水平和生产水平仅次于美国,而和欧洲相仿。那时,祖国新兴的石油化工工业是值得骄傲的。但是,十年动乱,拉大了差距,到了70年代,我们竟然要从国外进口生产丙烯腈的装置了。现在,ABS在打倒"四人帮"后应运而生,它不会也不该再走丙烯腈的老路!刘钧说:"我不想一锹刨出个大金娃娃。但是正因为ABS扩大生产有实现的可能,又有风险,我才坚决要上!"

果然，接连来访的外国专家，证实了刘钧的想法。外国专家看了高桥化工厂的 ABS 工程，感到惊讶，有的表示愿意买我国的专利；有的了解到高桥化工厂独特的工艺路线后，提出要同我们共同开发 ABS 技术……

刘钧一听说，更加坚定了信心，他到北京去找部领导，要求扩建 ABS 工程。部领导表示支持他们。

"我立下军令状，从批准计划起，两年之内达不到设计标准，撤我的职！"刘钧用誓言回答领导的支持。

这件事向国务院副总理余秋里、康世恩汇报后，两位副总理也热情地表示支持。

同行们在全国化工质量工作会议上听了刘钧的报告后，竞相派出代表队来登门学习，并要求刘钧同志亲自做介绍。

刘钧讲了。刘钧向全国各地的一万多人讲了自己是怎样走进全面质量管理的大门的，讲了自己是怎样当一个厂长的。前后30多场报告，仿佛是一位专家在一次次地做专题学术报告。

人们听了刘钧的讲课，都盛赞刘钧是一个企业家、一个实干家。厂党委书记吴昆进称赞道："刘钧不愧是一位懂行的厂长。"厂里的工人们说他是："我们的称心厂长。"

称心厂长！——这就是人们希望中的"乔厂长"，社会主义的企业家。四化建设多么需要大批这样的企业家啊！

1981 年

第三届全国好新闻共评选出获奖作品81篇，未分等级。这一届评选特别提倡指导性与可读性相统一的新闻作品，尤其是注重评选出既遵循新闻规律同时体现优秀写作技巧的新闻作品，以引领和推动新闻改革。以下挑选的3篇作品都体现了这一届的评选方向。《邹振先惊人的一跳》通过对现场细节的生动描写，展现了中国运动员在国际赛场上的拼搏精神；《明知故犯吃特殊饭　陈爱武在职工支持下坚持反对不正之风》是一则批评性的消息报道，坚持用事实说话的原则，批评了当时存在的不正之风；《王崇伦抓豆腐》报道了党员干部解决群众实际生活困难的具体事迹，体现了改革开放以后党的作风不断好转的态势。

第 8 篇：邹振先惊人的一跳

记者：《体育报》记者

原载1981年7月27日《体育报》

22日晚10时许，布加勒斯特华灯初上。"八·二三"体育场四周看台上，观众的视线一齐随着水银灯的光束，投向三级跳远的沙坑。"哗——"一阵阵雷鸣般的掌声，电子记分牌上显示出中国运动员邹振先的成绩："17.32米！"一位站在沙坑旁久久注视着邹振先比赛的英国教练对记者说："近年来，世界上能跳过17米的运动员是极少的。一向被认为世界高水平比赛的美苏田径对抗赛，今年也只跳过17.18米。邹是非常杰出的。"

领奖结束，邹振先刚走出赛场，一位罗马尼亚姑娘立即跑过去热情地在他的脸颊上吻了一下，并用中国话说："这是按罗马尼亚的方式向你祝贺。"这时，国际田径联合会主席鲍伦也从看台上站起来同他热烈握手，并带着一种年迈者特有的激情对记者说："我至少亲眼看过4次邹的表演，这次是惊人的。不仅最后一跳的纪录，整个17米的过程都是难忘的。这个成绩即使在1984年的洛杉矶奥运会上，也会赢得胜利。"

第 9 篇：明知故犯吃特殊饭　陈爱武在职工支持下坚持反对不正之风

记者：梁长春　张凤山

原载1981年8月6日《中国青年报》

最近，全国劳动模范、北京市丰泽园饭庄青年厨师陈爱武，向中共北京市委纪委筹备组反映了市第一服务局"五讲四美"检查组违反《准则》、用餐不按规定交费的情况，希望纠正这种不正之风。

6月10日，北京市第一服务局组织的"五讲四美"检查组一行十一人，中午在四川饭店吃了六菜一汤，共值二十九元，但每人只交了二角五分、四两粮票。下午，在丰泽园饭庄完成检查任务时是四点半，却又在饭庄一号大房间（一般只供外宾、宴会专用）大吃了一顿。经职工回忆和饭庄领导证实，那天他们吃的菜有醋椒小鳜鱼（古子，即汤锅）、虾黄蛋糕鱼片（鱼盘）、盐爆里肌筋（鱼盘）、砂锅蹄筋（二号锅）、鸡茸扁豆（大盘）、炸五丝筒（鱼盘）、烹腊肠青椒瓜条（鱼盘）、酱牛肉（七寸盘）、炒肉丝粉皮（大盘）、辣油黄瓜条（七寸盘）、鲜蘑扁豆（七寸盘）、拌腐竹（七寸盘）、糖醋白菜（七寸盘）；另有粽子、银丝卷各一大盘，米饭一斤、茶叶四袋。这些菜目有的是宴席菜，有的没有定价，据饭庄管业务的同志计算，共值三十五元五角四分。有经验的老师傅说，这顿饭三四十元买不来。记者查看了丰泽园饭庄宴会菜单 N00027881号，上面主办单位、主要客人、标准、宴会地点、接洽人均为空白。菜单里没有填写具体菜目，只记着："五讲四美"检查组工作饭十人（交）二元五角、粮（票）四斤。饭庄职工反映说："名曰'五讲四美'检查组，实际上是大吃大喝组。"师傅们把详细情况告诉了陈爱武，并支持他在第二天（6月11日）就向市委纪委筹备组反映了这一情况。市委纪委筹备组很重视，很快责成市第一服务局党组纪检组进行检查处理。

1980年10月20日北京市第一服务局下发的《关于领导同志用餐和工作人员用餐收费问题的规定》说："各级领导同志和其他工作人员到饭店、饭庄用餐，要按规定价格收费，坚决纠正吃高标准少收钱的不正之风。""局机关工作人员到基层单位工作，应到职工食堂用餐。如因工作原因不能在职工食堂吃饭时，在饭店、饭庄吃什么标准就按什么标准交费。"据丰泽园饭庄负责人说："去年报纸批评丰泽园吃客饭的问题，收到了一些效果。但是局里的那个规定，饭庄执行起来有困难。"

当记者请陈爱武谈谈感想时，他说："我很拥护陈云同志说的'执政党的党风问题，是有关党的生死存亡的问题'，对于不正之风必须进行批评。我还是那句话：我要继续为党当好哨兵。"

第10篇：王崇伦抓豆腐

记者：陈坚发

原载1981年3月25日《新华社》

在中共哈尔滨市委副书记王崇伦办公室的墙壁上，挂着一幅别具一格的哈尔滨市地图。图上用文字标明的，不是什么重要建筑物，而是分布在全市的所有豆腐生产车间。

全国总工会副主席王崇伦是去年8月到哈尔滨兼任市委副书记的。市委分工他负责全市的财贸工作。他就把"抓豆腐"作为自己的一项重要任务。

近十几年来，哈尔滨市群众爱吃的豆腐一直供应短缺，有关部门每年收到许多批评信，而"吃豆腐难"的问题却仍然一年复一年地得不到解决。王崇伦一上任，市委第一书记文敏生在向他介绍情况时就建议他先抓好豆腐的生产和供应工作。王崇伦听了介绍，心里激动起来：怎么能让生活在"大豆之乡"的人吃豆腐那么困难！第二天，他就一步跨进了豆腐坊。

整整两个多月，王崇伦清早起来走访豆腐供应站，夜晚出入在各个豆腐生产车间。他一边调查，一边解决豆腐生产和供应中的一个个具体问题。

豆腐生产能力太小，是"吃豆腐难"的一个重要原因。全市29个豆腐生产车间中，有13个车间的锅炉"老掉了牙"，严重影响生产；有1个车间安装着一条效率很低、浪费大豆严重的"豆腐生产自动线"；有的豆腐车间厂房太旧，也影响生产。

王崇伦一一调查清楚后，立即向市委汇报。在市委的支持下，更新了8台旧锅炉，翻修车间厂房的领导小组也在他的过问下成立了起来。他又组织技术人员改装了那条"豆腐生产自动线"，还把一个别的车间改造成生产豆腐。

豆腐的产量上去了。为了提高豆腐质量，王崇伦又和有关部门的同志一起，到车间摸索泡豆、磨浆、过罗、煮浆、点脑、压型等六个生产环节的"优选法"，总结推广了在这方面搞得比较好的南岗豆制品厂的经验，建立了标准化的工艺操作规程和质量检查制度，还组织职工选举出18名生产经验丰富的车间主任，做到每个车间都有2名主任轮流值班，严格把住了质量关。

生产车间布局不合理和供应网点少，是造成豆腐供应紧张的另一个原因。王崇伦与市有关部门的领导同志一起，走街串巷，帮助开办起一个又一个新的豆腐供应点。

今年1月下旬，在市委大楼的会议室里，开了一个别开生面的会。十几名从未迈进过市委大楼的"豆腐匠"接受王崇伦的邀请，前来座谈豆腐生产的发展前景。王崇伦泡满一杯杯清茶，热情地招待他们。短短几个月里，王崇伦在雾气腾腾、又湿又热的豆腐生产车间里，已和他们中间的许多人交上了朋友。这些做豆腐的师傅在会上提出的一些建议，后来逐步得到落实。全市豆腐行业还提拔了一批豆腐技师。

现在，哈尔滨市平均每人每月吃豆腐量，已居全国各大城市之冠。

1982 年

第四届全国好新闻共评选出获奖作品112篇，未分等级。获奖作品数量相比前几届有所增长，并新设了典型报道奖，旨在发挥典型人物和典型事迹在全国范围内的影响力，鼓舞和激励各行各业的人们更好地从事四化建设。以下挑选的两篇获奖作品中,《两千多双女鞋的遭遇说明了什么?》通过报道商品"从积压滞销到争购一空",帮助人们认识到市场经济的客观规律,发挥新闻的思想性和指导性;《"飞天"凌空——跳水姑娘吕伟夺魁记》捕捉到跳水选手比赛现场的动作细节,生动表现运动员为国争光的精彩瞬间,体现出新闻的教育意义和社会价值。

第 11 篇:两千多双女鞋的遭遇说明了什么?

记者:沈胜良

原载1982年10月26日《浙江日报》

积压在仙居县百货公司两年半的2000多双女带鞋,在和农民见面后,竟变成了畅销货。

这批滞销品变成畅销货,有一段曲折的经历。早在1981年初春,仙居县百货公司职工在整理仓库时,就发现有一大批女带鞋已经被积压了一年半时间。在这一年半中,他们坐店经商,没有带鞋下乡征询农民是否需要。去年10月份,这个公司领导曾委托几个供销社"移库代销",并削价出售。田市区供销社和横溪区供销社各拿去了600双。但是,这两个供销社既没有把这批女鞋陈列出来,也没有携带下乡给农民看看。这样,这1200双女带鞋又在两个供销社仓库里放了5个月时间,于今年3月份回到了仙居县百货公司。

今年4月初,县百货公司积压一大批女带鞋的事被白塔公社的两个商贩知道了。他们一口气买去了60双,在白塔公社的街道上摆了鞋摊。结果只花了20分钟,就被争购一空。当天下午,这两个商贩又带了2000多元钱,向县百货公司批发了900双鞋子。第二天适逢市日,那些头一天没有买到鞋子的农民,早就等候在街头了。鞋摊一摆开,就被围得水泄不通。不到一个钟头,900双鞋子全都卖光。这时候,田市区供销社和横溪区供销社闻讯也赶到县公司,各要了300双鞋子去卖,也很快销售一空。

第 12 篇:"飞天"凌空——跳水姑娘吕伟夺魁记

记者:夏浩然 樊云芳

原载1982年11月25日《光明日报》

她站在十米高台的前沿,沉静自若,风度优雅,白云似在她的头顶飘浮,飞鸟掠过她的身旁。这是达卡多拉游泳场的8000名观众一齐翘首而望、屏声敛息的一刹那。

轻舒双臂，向上高举，只见吕伟轻轻一蹬，就向空中飞去。有一瞬间，她那修长美妙的身体犹如被空气托住了，衬着蓝天白云，酷似敦煌壁画中凌空翔舞的"飞天"。

紧接着，是向前翻腾一周半，同时伴随着旋风般地空中转体三周，动作疾如流星，又潇洒自如，一秒七的时间对她似乎特别慷慨，让她从容不迫地展示身体优美的线条：从前伸的手指，一直延续到绷直的足尖。

还没等观众从眼花缭乱中反应过来，她已经又展开身体，笔直得像轻盈的箭，"哧"地插进碧波之中，几股白色的气泡拥抱了这位自天而降的仙女，四面水花悄然不惊。

"妙！妙极了！"站在我们旁边的一名外国记者跳了起来，这时，整个游泳场都沸腾了，如梦初醒的观众用震耳欲聋的掌声和欢呼声，来向他们喜爱的运动员表达澎湃的激情。

吕伟精彩的表演，将游泳场的气氛推向了高潮。她的这个动作五一三六，从裁判手里得到了9.5分。

这位年方十六的中国姑娘，赢得了金牌。

她的娇小苗条的女伴、17岁的周继红，以接近的分数赢得了银牌。

当一个印度观众了解到这两个姑娘是中国跳水集训队中最年轻的新秀时，惊讶不已。他说："了不起，你们中国的人才太多了！"

1983年

第五届全国好新闻共评选出获奖作品112篇，未分等级，获奖作品数量与上一届持平。在改革开放政策的持续推动中，我国农村的经济面貌发生了翻天覆地的变化，呈现出令人鼓舞的生动局面。这届评奖较为强调新闻作品要体现时代主题，具有深入的问题意识和娴熟的写作技巧。以下挑选的获奖作品中，《我国八亿农民搞饭吃的旧局面开始发生变化》通过数据对比和典型形象，描绘出我国农业稳步健康发展的态势以及由传统农业向现代化农业的历史性转折；《马鞍山减速机厂工程师金铭新无端受排斥　工人上书为知识分子说公道话　嫉贤妒能的党支书被就地免职》通过新颖的视角报道了工人群众爱护知识分子、关心企业发展的主人翁精神，折射出知识分子政策的落实对于经济改革的巨大推动作用；《效率——深圳特区见闻之二》通过深入广泛的调查研究和口语化的文字风格,展现深圳特区快速发展背后的深层次原因;《农民有了新的时间观念》报道农民四次进城买钟表的典型事例,深刻反映党的三中全会以来中国农村实行承包责任制所发生的巨大变化。

第13篇:我国八亿农民搞饭吃的旧局面开始发生变化

记者:柳梆 马成广

原载1983年2月22日《新华社》

我国十亿人口有八亿农民搞饭吃的旧局面已经开始发生变化。最突出的表现是,目前全国有一亿左右的农民已经从插秧种粮中转移出来。他们从事养殖业、加工业、经济作物种植业、农副产品运销业等商品生产,在农村这块广阔土地上绘出了"种田里手包粮田,能工巧匠搞专业"的生机勃勃的新画卷。

据分析,从粮食种植业中转移出来的一亿左右的农民,目前正在更多的领域向生产的广度和深度进军:

——约有3000万个农村劳动力放下锄头、镰刀进入了社队企业,由农民变成了主要以农副产品为原料的商品生产者。这3000万个劳动力,占农村总劳动力的10%。也就是说,每十个劳动力中现在就有一个从农民变成农村的经营者和职工。他们借助现代科学技术,在变低值产品为高值产品方面大显身手。

——全国1760多万农户中,平均每十户就有一户是从事养殖业或其他行业的专业户或重点户。这1700多万户开始脱离或半脱离土地的农民,以商品生产者的面貌出现,因地制宜地经营着天上飞的、地上跑的、圈里卧的、笼中养的、水里游的、山野放的、盆里栽的养殖业,源源不断地为城乡市场提供丰富多彩的农副产品。沈阳郊区农村,目前占农户总数14.6%的养猪专业户(重点户),同国家交售的商品猪占全地区收购生猪总数的46%。

——全国农村还有一大批劳动力加入到服务性行列中,进行农村的生产前和生产后的服务。他们当中有供应种子的,有供应饲料的,有搞防疫植保的,有提供技术咨询的,有从事产品加工和购销的,也有干修理和运输的。

——据统计,到1982年秋,全国农村社员经营个人工商业的有127万户。全国社员个人购买的拖拉机已有50万台。这意味着至少有50万个懂技术的劳动力加入了农机、运输队伍。

与此同时,我国粮食生产也获得了可喜的成就。从1978年到1982年,我国的粮食播种面积由于进行了合理调整,大约减少了近1亿亩,经济作物播种面积扩大了6800万亩。在这种情况下,粮食总产量不仅没有减少,反而有较大幅度的增长：1981年比1978年增加400亿斤，1982年增产的粮食，从许多地区未经最后正式公布的材料看，可能接近于前三年增产的总和。粮食平均亩产量，1979年为370多斤，1982年突破了400斤大关，各地都涌现出一批粮食高产、商品率很高的种粮专业户。江西省新建县去年有5252户社员（占全县总户数的15.6%）向国家交售商品粮在1万斤以上，其中超过4万斤的有18户，最多的一户交了9万斤。

我国一些农业经济专家说，人们都还记忆犹新，在那个单打一抓粮食的年代，许多省市区为了达到粮食增产的目的，砍果树，伐桑麻，开山劈岭，拦潮围海，造田又造田，种粮还种粮，结果并没有给全国人民带来丰富的食品，现在，按照党的现行政策办事，不用八亿农民都去搞饭吃了，结果大家反而吃得饱，吃得好。这种历史性的变化表明，我国农业正稳步而健康地走向专业化、社会化，正在从自给半自给生产向着较大规模的商品生产转化，从传统农业向着现代化农业转化，这种转化不仅关系着全国农村经济的繁荣兴旺，也关系着整个国民经济的繁荣兴旺。

第14篇：马鞍山减速机厂工程师金铭新无端受排斥　工人上书为知识分子说公道话　嫉贤妒能的党支书被就地免职

记者：张振国

原载1983年5月10日《人民日报》

最近，中共安徽省马鞍山市委认真处理工人来信中反映的问题，对排斥知识分子的减速机厂党支部书记裴吉宏就地免职，调离该厂，这一行动受到工人群众和该厂知识分子的好评。

今年2月20日，市委主要负责同志收到马鞍山市减速机厂署名"工人"的一封来信。信中说："我厂原是生产手扶拖拉机的，由于质量过不了关，被迫改产汽油机，搞了好几年，毫无结果，给国家造成惊人的经济损失，党的十一届三中全会鼓舞了在我厂技术股工作的中年工程师金铭新，他苦心设计，同我们工人一起，生产出好几种规格的减速机，经用户试用，超过了同类产品。省里确定我厂为定点生产减速机的工厂，我厂改为现在的厂名。后来，金铭新又设计了新的调速箱，用户纷纷订购，形势喜人。1981年，上级任命金铭新为副厂长，去年9月又明确他主管全厂的生产工作。……"来信说，"可惜金铭新不是党员，厂里开党支部大会，他只好蹲在门外。金铭新的工作成绩，不知为何使个别人害怕起来,他们说金铭新在减速机厂入党是不可能的。今年春节前夕,支部委员会一个人对金铭新说:'从现在起,你还回到技术股去,厂里的工作另有其他人主管,这是支部委员会决定的。'像这样一个作风正派、有专长有学识的知识分子竟落到这种下场,真叫人痛心。"信的最后写道:"望上级委员调查处理,扶持正气,保护知识分子。"

市委主要负责同志阅信后,当天就派干部前去调查。调查结果证明,来信的"工人"是本厂刘德贵、王兴和等六位工人师傅,他们所反映的情况属实。金铭新今年44岁,清华大学1962年毕业生。四年多来,他在工厂师傅们的支持下,费尽心血,设计新产品,改造旧设备,采用新工艺,推行超定额计奖责任制,使这个厂由连年亏损,变为连年盈余。调查结果还查明"工人"来信中所说的"支部委员会一个人",就是这个厂的党支部书记裴吉宏。此人不懂工业管理,又不虚心学习,直到目前,他还对金铭新的为人和工作成绩持否定态度,甚至对市委派去调查的人说:"我经过半个月的观察(是指金于去年9月1日至9月15日开始主持全厂工作的半个月),发现金铭新有三个方面的问题和三个动向。"归结起来,他所说的主要问题是指金铭新"不按组织程序办事",主要动向是说金铭新"在树个人威信"。其实这都是裴吉宏的主观臆断,甚至有意中伤。对知识分子的偏见和私心杂念,导致裴吉宏背着上级党委,于今年2月7日擅自决定改变金铭新的职责范围,不让他统管全厂人、财、物和产、供、销,只让他去管原来的技术工作,这实际上是架空了金铭新,使他刚刚上任就坐了冷板凳。

市委根据调查,责成有关主管单位严肃处理,市机械局4月22日做出决定:裴吉宏就地免职,调离减速机厂,另作安排;金铭新由副厂长升为厂长,副厂长、工程师叶廷轩被选为厂党支部书记,市委负责同志要求各方舆论大力表彰工人支持改革、爱护知识分子的正义行动。

第15篇:效率——深圳特区见闻之二

记者:林里
原载1983年1月15日《人民日报》

深圳经济特区的工资高,效率也高,对于国家的贡献更高。
高工资建立在高工效的基础上。
且看——
农村:深圳经济特区所属的宝安县,有个公明养鸡场,职工19人,年产值

828 797元，全员劳动生产率达43 630元。1979年建场投产，到1982年6月，养鸡34万多只，交售国家出口28万多只，超额102.5%完成了国家下达的任务。

工厂：深圳市家乐床具制造厂，1979年10月筹建，到1981年年底，家乐厂制作的床具，已占香港同类产品的30.8%，数第一位。这一年，家乐厂的年产值是325万元，盈利31万元，全员劳动生产率高达36 000元。1982年的产值700万元，利润54万元，全员劳动生产率51 852元，是同类工厂中的最高纪录。与此同时，家乐厂制作的床具，冲出香港市场的狭小天地，远销东南亚、中东和非洲等地。

罗湖区的电镀厂，引进了电镀新工艺，电镀效率超出内地10多倍。他们电镀的手袋架，每打7.29元。同样大小的手袋架，北京电镀一个，就要7元成本费。北京那家电镀厂算了一笔账，如果把北京的手袋架拿到深圳电镀，工本费加来回运费，也比在北京电镀便宜得多。

商店：深圳友谊餐厅，1980年7月开张营业，在两年半的短暂时间内，盈利1760万元的外汇券，人均利润高达19 800元。在此期间，向国家缴纳营业税金310万元，缴纳所得税金330万元。最初，友谊餐厅只有一个餐厅，附设一个百货市场，职工不过百人。现在职工579人。商场原是餐厅的附属部分，1982年的营业额中，商场收入占9/10，餐厅收入占1/10，是深圳经济特区屈指可数的大型综合性企业之一。贵宾宴席的服务员，能在7分钟内，摆好一张酒宴桌上的182件餐具……营业额超过了北京、上海同等规模的商店。

基建：负责承建商业中心的建筑队伍，多是来自内地，他们跟深圳特区的生产者们一样，效率不断提高，工地日新月异。到1982年中，他们的施工速度达到每周建造一层楼的崭新纪录，赶上了国际水平。

人们说香港人的办事效率高。其实，香港能办到的，深圳也能办到。只要条件具备，深圳不光能够赶上去，而且还可以跑在前头。香港有个雅达床具厂，在香港同类厂商中占第七位。1979年同深圳家乐床具厂签订了合作七年的生产合同。1982年夏天，雅达厂要求延长合作期限，而且张嘴就提出延期八年。为什么呢？雅达厂同家乐厂合作以后，产品质量赢得顾客信任，声誉越来越高。在香港市场的自由竞争中，雅达厂跑在了所有床具厂的最前面。雅达厂的董事长张霖泉特别满意，他从实践中认识到，深圳的劳动效率比香港高。他说，香港工人技术高，但流动性大，不稳定。工人今天在这里，明天到那里；今天干这个工种，明天干那个工种，这不仅影响到劳动生产率的提高，而且影响到产品质量，影响到产品在国际市场上的信誉和竞争能力。同香港相比，深圳的工人是固定的，工种长年不变，熟能生巧，功效自然很高。张霖泉认识到了这一点，便决定把他在香港的雅达床具厂，全部迁来深圳。搬迁事宜已在1982年末完成。

深圳经济特区的高工效，是怎么得来的呢？有人说是工人年轻，有人说是劳动纪律好，还有人说是厂长有了管理权和决定权……

深圳的职工队伍，确实令人可喜。特别是近几年内建设起来的工厂、商店和旅馆。那里的工人和服务人员的年龄一般都在20岁上下，年轻力壮，朝气蓬勃。罗湖衬衣厂有个车间主任叫黄美燕，才22岁，工龄还不到3年，领导着拥有80名工人的大车间，还要顶班劳动。电镀厂、手袋厂、皮县厂、手套厂……在这10多个工厂当中，我拜访了近20名厂长、副厂长。他们的年龄都在30岁上下，只有一个刘煊胜，刚刚40岁，被称为"培养厂长的厂长"。原来，他手下的3名年轻人，都在这两三年内当了厂长，而且都是29岁……

深圳新建的工厂、商店和旅馆，多数有了企业自主权，其中有的进行了人事制度和工资制度的改革。厂长、经理不敢管工人和不能管干部的局面，大体已成过去。厂长、经理有了权，就相应地修订了劳动纪律。这些纪律的严格程度，有些内地人一时受不了，看不惯。就说上下班吧，迟到早退一个小时，就要扣除浮动工资的5%；旷工半天，扣除浮动工资；旷工一天，就连职务工资也给取消了。值夜班的，不准打瞌睡，不准下象棋，不准打扑克，不准看电视。东湖宾馆有个服务员，就因为值夜班时打瞌睡，又连续被查出3次，给开除了。一些女工比例大的单位，还针对女孩子们爱打扮的特点，规定工作时间不准穿奇装异服，不准佩戴装饰品，不准涂口红、抹胭脂，不准留怪发、染指甲。友谊餐厅有个男青年，留了长头发、小胡子，立刻受到警告：要么剪掉，要么扣工资……小伙子思索再三，还是乖乖地剪掉了长头发，剃去了小胡子。有的商店，规定售货员"不准坐着接待顾客，不准自己买自己出售的商品，不准在柜台上会客长谈，不准在柜台内吸烟、吃东西、干私活……"一共有15个不准。

在特区，不论工厂、商店，还是旅馆，经过人事制度、工资制度改革的和没有经过改革的，一眼就可以看得出来；有了自主权和没有实行自主权的，也很不相同。在一家商店，我看见有位售货员趴在柜台上睡觉。深圳闹市区的博雅画廊，是做买卖的，但它开门比别的店铺晚，关门比谁都早，下午4点，就关门停业了。更奇怪的是，门上挂着个大牌子，上面写着"外宾、港澳同胞开放时间"，内宾、深圳同胞啥时能进？没有，根本没有。一打听，才知道他们还是"铁饭碗"和吃"大锅饭"，又是官商中的佼佼者，属友谊公司领导。

工人阶级的组织性和纪律性，并不是先天就有的。思想觉悟、经济利益、严格管理……缺了哪一条，都会涣散。

第 16 篇：农民有了新的时间观念

记者：侯志义　赵庆华

原载1983年1月31日《新华社》

"现在时间是最值钱呐。"河北省正定县一家百货商店里，一位排队买钟表的农民笑嘻嘻地说着。这位一头银发、身体强壮的农民叫侯俊岭，52岁，一年之中他已是第四次进县城为他家买表了。

和中国其他农村地区一样，在正定县农民买表已经不是件新鲜事了。据正定县商业局统计，近两年这个拥有10万农户的县已购买各类手表、座钟、挂钟11万块（台）。

侯俊岭指着手腕上一块亮晶晶的"上海牌"手表说："自打农村实行家庭联产承包责任制，俺庄稼人有了生产、经营的主动权。干活再不由队长指派，上下工再不靠听打钟，全家做事都要看钟点了。"

1981年以来，他家八口人除了共同经营承包的1公顷土地外，还喂养了3头奶牛、24只奶羊、6只兔子和近百只鸡。

1982年，侯俊岭全家收入10 000多元，成了县上的"富裕户"。而过去他家年收入才1000元。

老侯买的头两块表是给他和他的大儿子的。他俩专管养牛，每天凌晨要准时把牛奶送到离他家5公里的省会石家庄。第三块表是买给他18岁的二儿子的。二儿子分管放收奶羊，还自学兽医。第四块表是给他的负责喂养近百只鸡的女儿买的。他女儿经常去县里参加养鸡技术协会的活动，有空还学习缝纫和绣花技术。她参加这些活动都需要准时，姐弟二人又都是"电视迷"。

侯俊岭这次进城是为了给他老伴买一台座钟，他老伴负责喂猪、喂兔、做饭和其他家务。

侯俊岭所在中杜大队去年对集体经营的工副业、农业机具实行了承包责任制后，全队367户，几天内买回手表380块，这都说明农民增强了新的时间观念。

往年这个大队一眼机井，灌溉5.3公顷，每年需要900元，去年下降到200元，而且在大旱之年保证了农业丰收。

一个机手说："机器一开，我的一只眼盯着油表，一只眼看着手表。"大队党支部书记解释说，实行生产责任制后，每户灌溉责任田都要交费，开机器时间越长，收费越多。

时间观念为农民带来了优厚的报酬。这个县1982年农民人均收入达200元，比1978年的89元增加了一倍。

另一村的王俊英说:"俺庄的人戴手表,还是从俺们这辈子开始的。"她家以前很穷,现在她和丈夫都买了手表。

另据商业部统计,1982年全国手表销售量为2795万块,比1981年增长28.4%,比1978年增长近一倍。1982年,农村手表销售量为855万块,比1978年增长194.6%。

1984 年

第六届全国好新闻共评选出获奖作品208篇,较上两年有小幅增长。从这届评选开始划分了奖项等级,并设立了特等奖,其中特等奖作品7篇,一等奖作品51篇,二等奖作品66篇,三等奖作品84篇。这一届评选强调新闻应当坚持不懈地做"改革的促进派",新闻报道要具有创新性。以下选取的3篇作品均为特等奖作品,其中,《我国选手获得奥运会第一块金牌》报道了许海峰夺金为中国奥运金牌实现"零"的突破,凸显了新闻时效性的重要意义;《值得思考和探讨的问答——一位企业党委书记关于企业思想政治工作答青年问》报道了新时期企业的思想政治工作情况,写作形式上突破传统,敢于创新,产生了良好的社会效果;《五十五名厂长、经理呼吁 请给我们"松绑"》关注城市经济体制改革中落实企业自主权和加强企业治理的重要话题,以来信的形式发表,具有很强的针对性和感染力。

第17篇:我国选手获得奥运会第一块金牌

记者:高殿民
原载1984年7月29日《新华社》

中国在奥运会历史上"零的记录"的局面在今天11时10分(北京时间30日凌晨2时10分)被中国射击选手许海峰突破。许海峰以566环的成绩获得男子自选手枪冠军,夺得了奥运会的第一块金牌。

中国体育代表团副团长陈先在许海峰获得金牌后对新华社记者发表谈话说,这对中国运动员是极大的鼓舞。这是中国在奥运会历史上得到的第一枚金牌,实现了"零"的突破,在中国体育史上具有深远的意义。他表示感谢运动员和教练做出的艰苦努力。

许海峰今年27岁,是安徽省供销社的职员。他在获得金牌后对新华社记者说,这还不是他最好的成绩,只不过是正常发挥技术,他最好的成绩是583环。他表示要不骄不躁,继续努力,争取今后取得更好成绩。

第18篇:值得思考和探讨的问答—— 一位企业党委书记关于企业思想政治工作答青年问

无锡协新毛纺织染厂办公室整理

原载1984年12月13日《工人日报》

问:你干工作的动力是什么?

答:信念与抱负。

问:你的信念是什么?

答:共产主义。

问:你能见到共产主义吗?(笑)

答:共产主义作为一种运动,我们正在实践中;作为一种社会形态,我见不到,你们也见不到。但她是客观真理,我们都要去为之奋斗。(鼓掌)

问:你的抱负是什么?

答:我所干的事情都想争第一。(鼓掌)

问:你信守的格言是什么?

答:一个工厂要有名气,一支队伍要有士气,一个人要有志气。

问:你喜欢的名言?

答:"只能用爱来交换爱,只能用信任来交换信任。"这是马克思说的。

问:你不喜欢的"格言"呢?

答:躲为贵,混为高,凑凑合合是上招。

问:你喜欢的古诗?

答:我喜欢扬州八怪之一郑板桥在《墨竹图》上写的一首题竹诗:"新竹高于旧竹枝,全凭老干为扶持。明年再有新生者,十丈龙孙绕凤池。"

问:你最珍贵的品德是什么?

答:我对一切美好的东西都有兴趣。

问:你最大的乐趣呢?

答:事业的成功。

问:你最怕的是什么?

答：干事情没有信心。

问：你最爱惜的是什么？

答：时间。

问：你追求的是什么？

答：效率。

问：你怎样对待你的追求和爱惜？

答：时间就是金钱，效率就是生命。

问：你有过感叹吗？

答：感叹是弱者的习气，行动是强者的性格。（鼓掌）

问：你喜欢跳舞吗？

答：青年时期喜欢跳，现在喜欢看青年跳。（鼓掌）

问：有人说跳舞场中常混进坏人，所以要阻止，你说对吗？

答：不对。不能因"病从口入"就不吃饭。

问：你喜欢青年穿什么样的服装？

答：美观大方而又与众不同。（鼓掌）

问：有些领导干部拿了一把剪刀、一把尺子站在厂门口去量工人的头发与裤脚，对此你有什么看法？

答：青年对自己生活有决策权。穿衣戴帽各有所好，不能规定头发只许多长，裤脚只许多宽，鞋跟只许多高。只要不伤风败俗，就不要横加干涉。

问：你喜欢青年留什么样发型？

答：发型要因个人头的大小、脸型的方圆长短以及男女而异，切不可千头一律。（鼓掌，笑）

问：你对披肩长发、高跟皮鞋、华灯舞会、美酒佳肴有反感吗？

答：恩格斯说人有三种要求：要生存、要享受、要发展。只要是勤劳致富，正当所得，美化美化生活是文明的表现，对此反感是愚昧。（鼓掌）

问：这与资产阶级生活方式有什么不同？

答：资产阶级生活方式的核心是利己主义，金钱万能，而不是美的追求。依靠自己劳动所得，美化生活绝不等于资产阶级生活方式。

问：你喜欢什么样的青年？

答：上班积极干，下班痛快玩，挤出时间拼命学。

问：你不喜欢什么样的青年？

答：无所事事，吊儿郎当，混混日子。

问：你认为多数青年目前处于什么样思想状态？

答：先进不香，后进无光，中间状态最恰当。对此要教育引导。

问：你对青年的缺点最能原谅的是什么？

答：轻信出错。

问：你对青年的缺点最不能原谅的是什么？

答：一错再错。

问：你对后进青年的希望？

答：幡然悔悟。

问：你对中间状态青年的希望？

答：立志未晚。

问：你对先进青年的希望？

答：永不满足。

问：你对自己的希望？

答：努力成为青年们信得过的朋友。（热烈鼓掌）

问：你认为与青年接触最有效的方法是什么？

答：真诚坦率，朋友相待。（鼓掌）

问：你为什么对青年问题感兴趣？

答：对青年问题没有兴趣的人，就不可能对未来充满信心。（鼓掌）

问：你为什么那么相信青年呢？

答：自古英雄出少年。"雏凤清于老凤声"，青出于蓝而胜于蓝。

问：这是否与你的职业有关？

答：也可以说是我的"职业病"。

问：你最同情哪部分青年？

答：生下不久就挨饿，上学不久就停课，刚刚毕业就插队，回城几年待分配，结婚没有窝，生活最窘迫。这部分人经过各种磨炼，现在大多数是30多岁，在企业承上启下，影响较大，工资较低，困难较多。（鼓掌）

问：你处理青年问题有什么秘诀吗？

答：怪不得，急不得，松不得，等不得。（鼓掌）

问：你知道我们青年人最关心的是什么吗？

答："振兴中华。"（热烈鼓掌）

问：你对青年的期望是什么？

答：青年属于未来，谁也不能代替他们走明天的路。今天青年的生活方式、行动方向和社会价值观，决定着中国的明天。（鼓掌）

问：你与失足青年交朋友，有成功的把握吗？

答：我是拼命争取成功，但不期待一切都能成功。

问：你不怕受牵连吗？

答：搞"牵连"是封建阶级的腐朽行为。

问：你怎样对待青年中的老大难问题？

答：老大难，老大难，老大去抓就不难。（鼓掌）

问：你的思想方法是什么？

答：实事求是。

问：你最关心别人的是什么？

答：长处。（鼓掌）

问：为什么要关心别人的长处？

答：清朝顾嗣协《杂兴》诗说："骏马能历险，力田不如牛，坚车能载重，渡河不如舟。"用其所长，避其所短。人尽其才，利国利民利己。

问：你最讨厌别人的是什么？

答：拨弄是非。

问：你怎样对待别人的短处？

答：短处人人皆有。我们政治工作者的天职不是抠出别人短处，把人治住，而是在激发每个人的长处之中，把人人变成英雄。（鼓掌）

问：你对政治怎么理解？

答：无产阶级夺取政权前，政治是阶级斗争；无产阶级夺取政权后，政治是发展生产力。

问：你认为思想政治工作当前的主要问题是什么？

答：科学化。

问：现代化管理还需要思想政治工作吗？

答：在我国，现代化管理本身就包括科学的思想政治工作。不抓思想政治工作管理，不能说是科学的管理。

问：你认为思想政治工作最有效的方法是什么？

答：必要的灌输，更要着重于疏导。

问：疏导有什么规律吗？

答：我概括为八句话：起点要实，立意要高，平等相待，互相熏陶，动之以情，晓之以理，导之以行，持之以恒。

问：有人侮辱我的人格，我为维护做人的尊严狠狠地打了他，结果被判刑二年半，你说值得吗？

答：维护做人的尊严是必要的，打人的做法是愚蠢的。

问：有人说，50年代人爱人，60年代人整人，70年代人斗人，80年代各人顾个人。你同意吗？

答：对你的"各人顾个人"论，我不敢苟同。

问：有一首小诗：爱情是美丽的花朵，青春是北落的霞光，家庭是暂时的温暖，坟墓是永久的故乡。你觉得这首诗意境如何？

答：这是绝望者的哀鸣。太悲观了。

问：扬州大明寺一进门有尊大肚佛，两侧有副对联。上联是"大腹能忍，忍尽人间难忍之事"，下联是"慈颜常笑，笑尽天下可笑之人"。你能做到吗？

答：我如果能做到，我就成佛了。（笑，鼓掌）

问：你认为打击刑事犯罪能使社会安定吗？

答：在一定条件下是需要打击的。社会的安定最终取决于"综合治理"。

问：你对死都不怕的青年怎么办？

答：那就想办法，引导他活得好些。（鼓掌，笑）

问：衡量企业思想政治工作的标准是什么？

答：一看经济效益；二看挽救了多少人，教育了多少人，团结了多少人。而不是惩罚了多少人，劳教了多少人，逮捕了多少人。（鼓掌）

问：你为什么呼吁企业要关心青年？

答：因为不关心青年的民族是没有希望的民族，不关心青年的国家是没有希望的国家；同样，不关心青年的企业也是没有希望的企业。（鼓掌）

问：你是否感到思想政治工作者面临着新的工作对象的挑战？

答：我深深感到，一个睡着的人是叫不醒别人的，现在是信息慢的遇到信息快的挑战，信息少的遇到信息多的挑战，信息陈旧的遇到信息新鲜的挑战。（鼓掌）

问：你是怎样一下子就成了党委书记的？（笑）

答：我是先成为共产党员，然后才成为党委书记的。不是一下子，而是两下子。（鼓掌，笑）

问：你是工程师，当党委书记不觉得可惜吗？

答：我国缺少工程技术专家，更缺少管理专家。比管理专家还缺少的是思想政治工作专家。我愿为此努力。（鼓掌）

问：请你谈谈党委书记应具备什么样的素质？

答：一位老革命家说，党委书记应具备的素质是：肚量要大，肩膀要宽，耳朵要硬，办事要公，作风民主，联系群众，调查研究，实事求是。在今天的企业中还应添上：文化要高，学习要勤，善于总结，撰写论文，年富力强，熟悉管理，锐意改革，不断创新。

问：你家里没有人拉你后腿吗？（笑）

答：我爱人也是共产党员，我们都认为听从党的安排是我们的光荣。（鼓掌）

问：你喜欢什么样的领导？

答：一身正气。（鼓掌）

问：你厌恶什么样的领导？

答：官僚主义。

问：什么样的官僚主义？

答：像一首咏泥神诗写的，一声不响，二目无光，三餐不食，四肢无力，五官不正，六亲无靠，七窍不通，八面讨好，久（九）坐不动，十分无用。

问：你不喜欢什么样的领导？

答：没有主意。（鼓掌，笑）

问：你对你不喜欢的领导是什么态度？

答：感情上疏远，组织上服从。（鼓掌，笑）

问：你对你的直接顶头上司是什么态度？（笑）

答：不阿谀奉承，不溜须拍马，也不背后说他的坏话，我是"三不"主义。（鼓掌）

问：这样做，领导喜欢你吗？

答：一个共产党干部为什么要整天想讨领导喜欢呢？

问：你喜欢整人吗？

答：没有真理的人才去整人。

问：你对整人的抱什么态度？

答：憎恨，批评，不改者控告。（鼓掌，笑）

问：你对往死里整你的人抱什么态度？（笑）

答：本人没被往死里整过，所以对此无可奉告。（鼓掌，笑）

问：你认为党风怎样才能好转？

答：我喜欢一副对联，上联是"党风正官风正民风亦正"，下联是"家风好厂风好国风亦好"，横批是"正气冲天"。

问：你是怎样抓党风的？

答：我也想起一副对联，上联是"前门不开，后门难堵"，下联是"正道畅通，邪道堵死"，横批"开堵并举"。

问：你对党风好转有信心吗？

答：我对党风好转充满信心，但要在短期内好转，我信心不足。

问：你认为对走后门等不正之风进行斗争最有效的方法是什么？

答：对于见不得人的东西，最有效的方法就是彻底公开它！（鼓掌）

问：你知道我们怎样对待那些在端正党风上言行不一致的领导者的？

答："台上他讲，台下讲他。"

问：你对改革的态度？

答：努力探索。坐等，等不到现代的模式；照搬，不适合中国国情；探索，才能找到新路子。

问：你认为思想政治工作怎样才能适应改革？

答：企业要搞好党政分开。党委书记要关心过问生产，但不指挥生产，抓思想要从生产出发，抓生产要从思想入手。

问：你有烦恼与痛苦吗？

答：越有追求的人，烦恼与痛苦越多。成功之后将是欢乐。（鼓掌）

问：为什么有的人对有创见的人总是挑剔呢？

答：因为他的眼睛是一面哈哈镜，看什么都变形。（鼓掌）

问：你能描绘一下这些人的心理吗？

答：我虽不才，君也不行；苛求挑剔，嫉贤妒能；吹毛求疵，曲解臆断；以偏概全，冷嘲热讽。这是一种病态心理。

问：什么病态？

答：我称他为眼病，即红眼病、白眼病、左视症和近视症。

问：你怎样看待人才？

答：峰高谷深，峰谷并存。

问：你怎样使用人才？

答：用人之长，容人之短。将才要放在将位上，才能显出才华来；否则，将被埋没。

问：你对"闲言碎语"是什么态度？

答：见怪不怪，其怪自败。

问：你对谣言是什么态度？

答：谣言来无影，去无踪，利如刀，行如风。谣言是能杀人的。我的态度是"对造谣者要给予惩罚"。（鼓掌）

问：你喜欢听小汇报吗？（笑）

答：不喜欢。

问：你对那些整天没事干，总喜欢打小报告的人是什么态度？

答：我公开宣布过："绝不允许看着的人整干的人。"（鼓掌）

问：亘古以来"忠良受忌"、"能人受压"、"改革者没有好下场",不都是看着的人整干着的人吗？可否说这是一条规律？

答：这是封建的人才制度造成的。这不是规律,今天必须把它扭转过来。

问：你能扭转吗？

答：如果每个干部都不环顾左右而言他,就能扭转。

问：你的生活规律是什么？

答：高频率、快节奏、拼搏。

问：你的工作态度是什么？

答：看准的问题,就要坚持下去。遇阻力而不退缩,遭责难而不动摇,处逆境而不气馁。记得清朝有位诗人写过一首《竹石》诗："咬定青山不放松,立根原在破岩中,千磨万击还坚劲,任尔东西南北风。"

问：你经常想的是什么？

答：位卑未敢忘忧国。

问：你的主要缺点是什么？

答：不自量力。

问：你的主要优点是什么？

答：自信。

问：自信为什么是优点？

答：自信能给人勇气和力量……

问：你怎样要求自己？

答：回首往事无恨事,丹心一片向未来。

问：你怎样估计你自己？

答：夸我、捧我、吹我,我自己知道我没那么好；骂我、攻我、散布流言蜚语,我自己知道我没那么坏,我就是我——一位普普通通的党委书记。(鼓掌)

问：企业家们都喜欢效益,你为什么对人那么感兴趣？

答：任何物都体现人的关系,这是政治经济学的核心问题,不能见物不见人。

问：你最喜欢的古典小说是什么？

答：《红楼梦》。

问：现代小说你喜欢哪几篇？

答：我所看过的小说中,最喜欢的长篇小说是《改革者》,中篇小说是《高山下的花环》,短篇小说是《围墙》。

问：你喜欢哪部电视剧？

答：《蹉跎岁月》。

问：平时你最喜欢看什么书？

答：没事我就翻看《辞海》。

问：你对青年婚姻问题有什么看法？

答：目前社会上流行找男的要"五高"：个子高、文化高、才华高、职业高、工资高；找女的要"五员"：容貌像演员，身体像运动员，态度像服务员，声音像播音员，烹调像炊事员。但符合者甚少，不可苛求，男大当婚，女大当嫁，只要是志同道合就行了。

问：你认为我国当前最缺少的是什么样的人才？

答：缺少开拓型的人才，即有勤奋自学能力、准确选择能力、独立组织创造能力、实践决策能力的人才。"单纯执行型"人才过多。

问：社会上看人的弊端是什么？

答：传统的心理与眼光是以地位取人，以资历用人，凭印象看人。

问：你认为当前企业用人主要问题是什么？

答：偏见与求全。

问：你觉得配备一个好的企业班子要具备什么条件？

答：关键是配好书记与厂长，同时做到结构合理，自然界有一种"同素异构"现象，同是碳原子组成的不同的排列，可以是石墨，也可能是金刚钻。

问：你是怎样与厂长配合的？

答：互相尊重，思想上不争权；互相谦让，工作上不越权；互相研究，作风上不专权。

问：对于记者采访你是什么心情？

答：我真怕他们帮倒忙。所以对采访者我一再声明，务必实事求是，留有余地，否则"假作真时真亦假，无为有处有还无"。

问：你认为精神文明的支柱是什么？

答：邓小平同志说是五种精神，即革命与拼命精神，严守纪律和自我牺牲精神，大公无私和先人后己精神，压倒一切敌人和压倒一切困难的精神，坚持革命乐观主义和排除万难争取胜利的精神。

问：你认为一个人最可悲的是什么？

答：不会爱人，也不被人所爱。

问：你干事情给不给自己留退路？

答：我不留退路。因为很多成功往往是在绝路里逼出来的。（热烈鼓掌）

第 19 篇：五十五名厂长、经理呼吁　请给我们"松绑"

原载1984年3月24日《福建日报》

在福州参加省厂长（经理）研究会成立大会的五十五名厂长、经理，3月22日写信给省委领导同志，题目是"请给我们'松绑'"。情词恳切，使人读后有一种再不改革、再不放权，就真是不能前进了的感觉。本报记者认为有必要将这封来信公之于众。以下是该信全文：

我们是参加福建省厂长（经理）研究会成立大会的五十五个企业的厂长和经理，汇集在福州二化，就"如何当好厂长，搞活企业"进行了交流和探讨。根据省经委领导介绍，1983年我省工业发展速度不快，经济效益落在全国的后面，1984年要争取两位数，实现三同步。面对这种形势，作为生产经营单位的厂长、经理，我们感到担子很重。我们都想干一番事业，都想为振兴福建贡献一分力量。然而，现行体制条条框框捆住了我们的手脚，企业处在只有压力，没有动力，也谈不上活力的境遇。真是心有余力不足。这是我们最大的烦恼。最近，你们在省六届人大二次会议上提出要改革，要放权，要统一思想，狠抓落实，说出了我们的共同心声，给了我们很大的鼓舞。我们认为放权啊，不能只限于上层地区、部门之间的权力转移，更重要的是要把权力落实到基层企业，为此，我们不揣冒昧，大胆向你们伸手要权。我们知道目前体制要大改还不可能，但给我们松松绑，给点必要的权力是可以做到的。我们认为，目前企业的潜力还是很大的，只要给企业创造一些必要条件，我们的步子就可以迈得大一些。

我们议了一下，目前至少要给以下五条权力：

（一）企业干部管理除工厂正职由上级任命外，副职应由厂长提名，然后由上级主管部门考核任命，其余干部通通由企业自行任免，上面不要干预。企业任命的中层干部，上级主管部门应予承认，并享受与过去上级任命的中层干部同等待遇。

（二）干部制度，要破除"终身制"和"铁交椅"，实行职务浮动，真正做到能上能下，能"干"能"工"，但可保留干部待遇。

（三）企业提取的奖励基金，企业应有权支配使用，有关部门不要干涉；或者采取与上缴税金挂钩的办法，核定合理的税利发奖率，奖金随税利增减和浮动，不封顶，不保底。在企业内部，可根据自己的实际情况，实行诸如浮动工资、浮动升级、职务补贴、岗位补贴等多种形式的工资制度和奖惩办法。

（四）在完成国家计划指标的情况下，企业自己组织原材料所增产的产品，允许企业自销和开展协作,价格允许"高进高出""低来低去"。

(五)改革企业领导制度,试行厂长(经理)负责制,扩大厂长权力,建议现在参加厂长(经理)研究会的企业中选几个厂进行试点。

有的部门可能担心放权会搞乱了,会出问题。我们认为,应当相信大多数。我们要这些权力,绝不是为了以权谋私,只是想在目前条件下,给企业松松绑,使我们能够在搞活企业、落实责任制、克服"大锅饭"方面有所突破,从而实现提高经济效益的目的。为谋取私利,搞违法乱纪,当受党纪、政纪直至国法惩处。

殷切地等待您们的支持。

1985 年

第七届全国好新闻评奖以"评出水平,评出方向"为目的,共评出233篇获奖作品,其中特等奖5篇,一等奖39篇,二等奖74篇,三等奖115篇。围绕着当时经济改革的重点话题,这届评奖尤其重视对于大城市大企业的改革报道、对于政策落实的深度报道,以及舆论监督报道,旨在"长改革之志,兴创新之风"。以下挑选出的作品中,《该注重管理了——向袁庚同志进一言》关注深圳特区改革过程中的管理问题,是一篇在当时产生广泛影响的舆论监督类报道;《今日大寨》通过大寨这一知名案例展现历史与现实之间的对比,反映出改革开放给人们思想观念上带来的深刻变化。

第20篇:该注重管理了——向袁庚同志进一言

记者:甄明伲
原载1985年2月《蛇口通讯报》

袁庚同志:

首先向您本人和由您领导开拓的蛇口工业区的事业表示由衷的敬意!

我是一名仰慕您的威名而投奔蛇口的青年,来此已有两年多了。这两年间,蛇口在全国的声誉与日俱增,在一些人们的心目中越发光辉夺目了。然而,在我和一些生活在蛇口的青年人心目中,忧虑的阴影却也在不断地扩大。我希望能借《蛇口通讯报》的一角,向您直率地进一言。

袁庚同志,您作为蛇口工业区的开创者,首先响应党的十一届三中全会提出的对外开放、对内搞活经济的方针，打开了我国对外开放的门缝，确立了以工业为主，产品以外销为主的建设工业区的方向，大胆地提出了"时间就是金钱，效率就是生命"的时代口号。这些都充分表明了您具有政治家的远见卓识和雄伟胆略。但是，我觉得您还称不上优秀的企业家。因为，蛇口工业区从1981年底基本完成"五通一平"基础工程建设后，逐步进入了一个更加艰难的企业管理（或者说是社会管理）的阶段，我们却没有明显看到您表现出一个企业家所必须具备的管理能力。工业区的整体管理水平很不理想，您不能不负主要责任。

工业区的事业是在迅速扩大，但管理机构膨胀扩大得更迅速。人浮于事，机构臃肿的现象在直属机关、公司越来越多地可以发现。过去一家拍板，可以马上办成的事，现在需要"过五关，斩六将"的艰苦了。一些刚到蛇口的同志最吃惊的，不是蛇口的高物价，而是蛇口的效率远不像传说的那样高。

不少合资企业经营不佳，而这些企业的董事、董事长成为一种名誉职务。有些领导人兼任了十几个董事、董事长，其结果必然是董事不"懂事"，董事会形同虚设，合资企业的管理长期得不到改善。

不少合资厂的工作效率不如独资厂，而不少直属公司的工作效率又不如合资公司。但是，报酬待遇却是独资企业不如合资和直属企业，形成了不合理的分配局面。据说前一时期三洋公司有不少工人退职。虽有一些其他因素，但不合理的分配恐怕是一条重要原因。

还有，工业区已发展成为一个小社会，人口剧烈膨胀，各种社会问题接踵而来，比如如何有效地利用有限土地；如何形成一个合理的产业结构；如何使占职工队伍中绝大多数的青工有丰富的业余文化生活，解除他（她）们的苦恼；如何解决青年男女比例失调可能造成的社会问题；等等。有些问题早已存在，但我们工业区却长期没有重视去制订一个扎实的规划。我们的规划室据说还没有学建设规划专业的工程师。

再有，工业区各直属公司名义上是独立核算单位，其实是混在总会计室里"吃大锅饭"。工业区的清产核资直到去年下半年才基本完成。基本资产尚未核定，哪来真正的"独立核算"？工业区至今没有一个有效的统计部门，因此，也更没有一套经得起推敲的、有根据的统计数字。各公司的经营指标只能靠少数人拍脑袋制订，一旦突破，马上调整指标，进行加码，把各公司奖金拉到一个水平线上。这种考核制度不能说是先进的。

例子还可举一些。总之，我们总有一个感觉，工业区在全国对外开放、体制改革方面确实是走在前面的，然而在管理上是落在后面的。

效率就是生命，效率来自于管理。工业区管理倘若长期落伍，就会丧失生命力。

袁庚同志：请您学习一下管理，注重一下管理，好吗？

第21篇：今日大寨

记者：李克林

原载1985年10月5日《人民日报》

金秋时节，我来到大寨。第一个印象是，这里山村静悄悄。虎头山默默无语，大柳树长丝低垂，几头牛在山坡慢悠悠地吃草，小雀在枝头鸣叫……往昔那"红火"的景象，那无尽的人流，都已悄然逝去。那曾经踏上四面八方的参观者的千千万万个脚印的大寨之路，如今已长满荒草，只留下窄窄的山道。夜晚，我住在大寨国际旅行社，偌大一层楼只我一人，静得令人发怵。清晨，我站在虎头山边，遥望蓝天白云，不禁思绪万千："大寨！你为什么这样寂寞？"

然而，当我深入这个山村内部，却发现另一种景象：到处生机勃勃，热气腾腾；与过去那种表面"红火"、内里僵冷的景况，恰成鲜明的对比。过去我来大寨，不能随便和社员谈话，社员们也是板着面孔什么也不说；这次我可以自由自在地走东家串西家，和干部群众任意交谈，和大嫂大娘炕头谈心。我串了七八家窑洞，一种"自由""解放"的喜悦扑面而来。大寨人几乎是异口同声地说："现在真好！"贾忙妮说："现在可真自由，想甚时去就甚时去！"吕喜英说："邓小平真沾！可把咱妇女给解放了！"自由，解放，这本是30多年前常见的字眼，今天，竟在大寨妇女口中重新出现，颇耐人寻味。

这个长期在"左"的禁锢中的山村，一旦获得解放，立即显出新的活力。几个大娘谈起过去"早晨五点半，地里两顿饭，有时还加班干"那艰难的岁月，感叹不已！她们说，现在是粮没少打，活也没少干；男的大都去干工副业搞运输去了，干地里活主要靠妇女，一天也干出过去两天的活。一个农民看我好像不大理解，在旁说："过去是伙的，现在是我的，这不是明摆的理儿？"是的，就是这个简单明白的道理，我们却是20多年没弄懂，硬是把人家捆在一起，"摽着穷"。

大寨是1983年初开始实行包干到户的。当时一些老干部想不通，年轻人多数想试试看，昔阳县委做了大量思想工作转好这个弯。没想到这一年粮食产量第一次突破了百万斤关。群众反映："这年真怪，种甚收甚！"这里有人的热情，天的帮助，也不能忽视"大寨田"的作用。要不狼窝掌的高粱怎么长得那么壮实？应该客观地分析这些历史的因素。

大寨所显示的勃勃生机，不仅是由于实行了家庭联产承包责任制，还因为过去被当作"资本主义道路"而紧紧"堵"着的各项生产门路疏通了。大寨当前经营的项目，除粮食种植外，有采煤、运输、烧砖、石子、果林、畜牧、酱醋加工等，近十项生产。后山煤矿绞车隆隆，虎头山下车轮滚滚，大寨人从狭小的"大寨田"里，走向了广阔的天地。

大寨的后山蕴藏着优质的煤层，过去这里就有"要想富，开黑库"之说。50年代初，老英雄贾进才曾带头在这里挖过小煤窑。可是后来批判"要想富得快，庄稼搅买卖"，煤窑被当作"资本主义"批来批去，从此黑色金库长期沉睡地下没人敢再提，老贾也因此背了几十年黑锅。如今煤窑重新打开，乌金滚滚，每年产煤约17 000吨，可收入20多万元，净交集体75 000元。几十个新矿工，每人每月收入近200元。

煤炭的开采，促进了运输业的发展。去年大寨出现一股争买汽车"热"。到今年初，社员个人买大汽车8辆、带斗小四轮7辆。大寨有史以来第一次出现了一批"运输专业户"。过去被当作"资本主义尾巴"割掉的家庭副业和小手工业蓬勃兴起，铁木工匠各显其能。耿艮柱的家庭养鸡场，一年育雏过万只，还为食品商业部门提供了上万斤鲜蛋和大批肉鸡，为周围村提供了一批良种鸡。这个昔阳闻名的"养鸡专业户"，去年人均收入2000元。

大寨果园已有120多亩，1500多株开始产果，金黄的"丁露香"，艳红的"甜红玉"，累累满枝，今年预计可收15万多斤。还有几万株幼苗，共可收入4万来元。"山上绿色银行，山下黑色金库"，这是大寨集体经济的两大支柱。地下还有矾石、黏土等矿藏呢。今日大寨的七沟八梁一面坡上，不再只是金皇后和高粱，而是多彩多姿。丰富的自然资源同勤劳勇敢的大寨人以新的方式结合起来，形成了新生产力。农、工、商、林、果、牧全面发展，产业结构、种植结构，以至食品结构，都发生了变化。小米、小麦多了，去年人均小麦250多斤，大寨人的食品不再是"老玉米当家"，而是天天有白面了。

短短两三年，大寨开始呈现出集体壮大、个人富裕的新局面。与十一届三中全会前的1978年相比，去年总收入达54万多元，增长近一倍；人均纯收入601元，增长两倍多。他们最近提出新的目标："奋斗五年，人均两千。"这是有条件、有根据的，当然也是艰巨的。集体经济壮大了，一方面开辟新的生产门路，一方面为家庭经济服务，促使承包后的农户走共同富裕之路。这可不是"归大堆"，又吃"大锅饭"，而是合作经济优越性的新体现。这几年集体经济为农户做了几件好事：一是各户承包土地，由集体提供良种、农药、化肥等，亩均约50元，他们叫"以工补农"；二是各项费用，如干部补贴、民办教师、优抚代耕、管理费用等由集体统一承担，不再向农户摊派，因此大寨农民不感到负担重的问题；三是集体统一购买一批"昆仑"电视机，以低价分发各户。另外，对缺少劳力的困难户用各种办法给以扶助。现在家家有余粮，全村最困难的户也吃饱穿暖，还有电视看，比"农业学大寨"时强得多。

大寨当前遇到了一个大难题，就是房子问题。如今生活富裕了，家中摆设多了，每家都希望有个独门小院，养鸡喂猪，栽花种树，美化生活环境；可现在那列车似的排排窑洞却很少有发展余地。我串过几家门，有些家里广式沙发、大彩电新式家具一应俱全，可门外却是乱糟糟。正像他们自己说的："窑内电视电扇，窑外乱成一片。"加以这些年孩子长大，青年结婚，人口发展，矛盾更加突出。大寨现已由前几年的80多户发展到125户。住在下边或上边的还可盖间小房屋，中间一层的就毫无办法。据说，当年修建这样的"大寨楼"时，有个老社员就提过意见，说这不适合农民生活，却挨了当时大寨负责人的一顿批，以后再没人敢说话了。如今造成了这么大的麻烦。

"大寨楼"的建设反映了当时大寨领导人的思想。有人说这是为了给人参观，成排成行，威武壮观。其实不尽如此。当时一些人心目中的社会主义是什么样？平均，集中。生产资料集中，自留地集中，牛集中，猪集中，人也集中。鸡不能集中，就是资本主义尾巴，割掉！人们改善生活的种种要求都属于"资"，好像无产阶级只能是苦行僧式的苦一辈子。一个时期，大寨青年不得戴手表，不得穿皮鞋，不得下饭馆，甚至姑娘穿件花衣服也被看作带着"资"味，也要批。"堵住资本主义的路，才能迈开社会主义的步"，七斗八斗，灭资兴无，这种把社会主义当作资本主义批判的所谓"大寨经验"，一段时间里竟能吹遍全国，吹得大地白茫茫一片……多么惨痛的教训！

在这里，我还想为大寨和昔阳人说两句话。现在人们想到"堵路""割尾巴"以及"七斗八斗"所造成的灾难，自然联想到昔阳和大寨。"风起于青萍之末"，好像这里就是"风源"，一听说是昔阳和大寨人，好像他们身上就带着一股"左"味儿。这是不公平的！岂不知，大寨、昔阳人"左"风劲吹时，是首当其害。在那"七斗八斗"、杀气腾腾的年代，昔阳因批斗致死的有100多人。他们付出过血的代价啊！大寨现任党支部书记赵存堂，1975年还是个20来岁的小会计，就因为给一个外出木匠开个介绍信，被批为"资产阶级在党内的代理人"而开除党籍，直到1980年才得到纠正。历史的转折，给昔阳的任务特别繁重。既要肃清"左"的毒害，又要保护干部群众，昔阳县委为拨乱反正做了艰苦细致的值得称道的工作。

这次到大寨，当我紧紧握着贾进才老英雄的树根一样的双手，坐在炕头叙谈往事的时候，我带着歉意说到当时的报纸宣传。宋立英连忙说："也不怨你们，那时候不那样说行吗？当时什么经验都来大寨找，甚至风都挂上大寨牌子往外吹，其实大寨老百姓知道个甚？"这是对当时历史的简明又实在的概括。当大寨这个山区建设的典型被某些野心家涂上政治色彩、当作工具利用的时候，大寨是被玷污、被扭曲了！我觉得真正的大寨精神是凝结在老英雄这树根一样的双手上的。愿大寨的年青一代，能正确认识老一代走过的历史道路，继承发扬这种精神！

　　历史又翻过新的一面。喜看今日大寨，一派欣欣向荣。当大寨人懂得"大锅饭"不是"社会主义"，当他们挣脱"左"的绳索找到了真正的社会主义康庄大道之后，立即显出了强大的生命力。他们的欢乐，反映了广大农民的欢乐；他们受过的苦难，正是我国众多农村苦难的缩影。经过历史的曲折和阵痛之后的大寨人，从来没有现在这样充满活力，充满信心！

1986 年

　　第八届全国好新闻共评选出获奖作品231篇，其中特等奖3篇，一等奖59篇，二等奖78篇，三等奖91篇。这一届评选加强了对新闻真实性的严格要求，强调新闻要紧扣时代特别是经济改革的重要主题，拓展新闻报道的深度和广度。以下选取的4篇获奖作品中，《今日"两地书"》报道了官兵之间围绕改革开放而展开的思想交流，在主题、写作、编排、标题和社会效果等方面均体现了突出的特点，展示出新闻作为沟通桥梁的重要社会功能；《〈长江科学考察漂流探险纪实〉梗概介绍》利用电视报道的独特优点，反映出长江沿岸艰险奇丽的风光，以及漂流英雄和科学勇士克服千百险阻的壮举，也体现了报道新闻的记者所具有的大无畏的精神气概；《运销接力开通路　三省市场一线穿　个体贩运大军搞活湘粤赣边境流通渠道》报道了经济改革中出现的个体商业者在繁荣三省经济中所发挥的积极作用，既体现了改革的成就也展示了个体商业者的创业艰辛；《一个青年个体户说："我们'穷'得只剩下钱了！"——精神文明建设备忘录》针对改革发展过程中青年个体商贩精神文明建设的问题进行了报道，具有现实指导意义。

第 22 篇：今日"两地书"

记者：马文科　罗同松
原载1986年11月5日《人民日报》

50年前，鲁迅先生和许广平鸿雁传书，畅叙国事，传递友情，留下了脍炙人口的《两地书》。如今，前线猫耳洞及其他部队一些干部、战士和军委机关一位干部书信频传，纵论国家大事，今日"两地书"的佳话闪烁着社会主义精神文明的火花。

鸿雁从战火硝烟中飞来

老山。一场战斗刚刚结束，硝烟弥漫的阵地上一片宁静，阴暗潮湿的猫耳洞里，浑身泥土、满脸烟尘的战士们，有的擦拭武器，有的喝水嚼饼干，也有人把话题转到战斗前的趣谈上来：

"前几天从报上看到一条消息，说我们家乡来了个'检查团'，一个月吃喝就花了87 000多元。纠正不正之风搞了好些年，为什么有的干部还是《准则》心中留，酒肉穿肠过呢？"

"还有哪！有一个城市成立'打狗办'也要一名主要领导人挂帅。常说，领导不必事必躬亲，为什么有些地方鸡毛蒜皮的事也非得领导出面不可呢？"

……

胸怀祖国的战士们越谈越焦急，越想心头的疑云越浓，他们把探询的目光投向从机关来的一位干部。

这位干部想起新华社的内部刊物几次发表过军委办公厅干部张立写的文章，谈的大都是编制体制、干部制度改革方面的建议。于是说："咱们不妨写信向这位同志请教请教！"

他的提议一出口，战士们就掏出钢笔，撕下罐头盒上的商标纸，垫在枪托上挥笔疾书，不一会儿便写好了几封挂满"？"的信。

北京西山。军委机关宿舍楼的一间屋子里，一位中年军人静静地坐在堆满各种书刊资料的桌旁，他就是张立。此刻，他读完了那一叠从战火硝烟中寄来的信件，遥望南天，一股崇敬之情油然而生："新一代最可爱的人啊，他们置身疆场，心系祖国。我有什么理由不给他们分忧解难呢？"

一星期后，一封6000余字的长信从北京飞到老山。战士们你抢我抢，争相传抄。有的一边阅读一边手舞足蹈，大喊大叫："好！""说得对呀！""太解渴了！"战士张小弟给张立写信说："过去我总觉得这些问题是解决不了的，想不到你却提出了这么多解决的方法。我看了你的信以后，心里亮了，觉得我们的改革大有希望！想到这些，打仗的劲头更足了。"几天后，这个战士壮烈牺牲了。在清理他的遗物时，同志们从他的衣兜里发现几张张立复信的残页。

五连指导员胡汝魁有幸获得了这封信的抄件，读后只觉茅塞顿开，禁不住连声赞叹："好教材，好教材！"因为信上讲的都是平日里战士们向他出的难题。所以他连夜摘抄在战地日记上，第二天便拿起电话，给猫耳洞的战士讲了一课。有的战士说："指导员，你这一堂课讲掉了我们的疑虑，讲出了我们的信心！"

从此，一封封寻求答案的书信从前线飞往北京："为什么不停地反对文山会海，会议文件却减不下来？""为什么某些机关决策水平较低，而大批有识之士的合理化建议却得不到采纳？"

……

罐头商标纸上论国事

这一封封来自前方的信件，有的写在罐头商标纸上、香烟盒上，有的已浸泡过雨水、沾满了汗渍和血迹，还有的被战火烧得残缺不全。个别战士将信写好来不及交给战友带下阵地发邮便牺牲了。所有的信件，都喷吐着火焰般的激情，充满了纯真的希望。

我们的前面，摆着一张用"糖水橘子"罐头商标纸写成的信。这是战士韩群飞写给张立的。一天，韩群飞从《人民日报》上看到某省由于机构臃肿每年办公经费要花4000多万元的消息，心里一阵酸楚，不由得想起曾经看到一所小学的课桌坑坑洼洼，学生写字十分不便。于是他给张立修书："机构减而复肿的根子究竟在哪儿？如果我们尽快解决机构臃肿问题，省下一些钱发展教育事业，使每个孩子都有一张平整的课桌该有多好。盼望你把这个问题探讨一下。"这封只有二三百个字的信，是手握钢枪、身在疆场的战士用了三天写成的！轰鸣的炮声，常常打断他的思路；暴雨来了，无法书写，他只好用匕首把观点记在石壁上；问题考虑成熟后，却又找不到纸，后来好不容易拣到一张"糖水橘子"罐头商标纸，钢笔又没有水了。夜幕降临，送给养的人员来到阵地，韩群飞别无他求，只是说要讨几滴墨水。他用笔尖对着战友的笔尖吸了几滴，才把这封字字烫人的信写成。

张立掂着这封信，手直哆嗦，他无法确定这张纸条的分量，只觉得字字句句撞击着自己的心扉。他想：我们身在后方，对战士提出的问题，若是无动于衷,那将愧对南疆,罪莫能恕。可是战士们提出的问题,解答起来并非易事。张立决心不使战士们失望。缺乏资料,他四处查找。一天傍晚去公共厕所,发现尿池里有张碎报纸,上面有段他正需要的资料,便赶紧把那片报纸捞起来仔细阅读。周围的人以为他精神失常,两个儿童吓得提着裤子跑了。张立每天要完成大量本职工作。白天没有空,他就在晚上加班加点,就连走路吃饭都在苦思冥想。有回下班回家竟失足摔下了楼梯,额头碰起一个大疙瘩。一天他去机场接人,走一路想一路,到达目的地后,他竟问司机李满意:"我们到这来干啥?"他这样苦熬了几天几夜,一封有理有据、旁征博引的长信写成了。

祖国万事连我心　　献计献策为己任

张立说:"我研究了一些问题,都是部队同志帮助的结果。"张立研究问题所需要的数据和资料,大部分是部队同志提供的。一天,张立准备给一位战士回信,解答"为什么年年强调改进机关作风,推诿扯皮的现象还是层出不穷"的问题。他拿起笔来陷入了沉思。要解开这个疑问,必须对机关的纵横结构进行剖析。但是自己手头的两份资料是头两年为研究机关编制而写的,现在情况有了变化,再用这个材料提供的数据还有没有说服力?前线的同志了解到张立的"困难",便纷纷给他来信提供素材。某团组织股长王升基花了7天时间做了份统计表,把机关每小时的工作状况详细登记,统计起来寄给他作参考。

为了追求共同的目标,他们在频频的传书中,相互学习,取长补短。一次,团政委唐宏印看了张立写的"为什么近几年军队干部的级别提了,钱也加了,不安心的面反而大了"的复信后,觉得他对改革以职务工资为主的干部工资结构论述得不尽全面,于是写信向张立陈述了自己的观点。看了这封来信,张立不住地连声称赞:"很有见地,很有价值!"

时光在流逝,探索成果在发展。截至10月中旬,这几年张立给前线战友写信130多封。战斗间隙,几位同志把这些信件收集整理,其中论述干部制度的12篇,论述编制体制的9篇,论述领导决策科学化的4篇,论述端正党风的2篇,论述政治工作的6篇。这些以书信形式出现的文章,不但使前方将士得到了满意的回答,而且受到有关部门的重视。

这里没有左顾右盼的审慎防线

前方将士和张立的往返书信,至诚坦率,突破了那种左顾右盼的审慎防线。战士张光锐在致张立的信中,直率到了惊人的地步:"报上天天说精简,可谁也不见机构减少。个别地方办一件事要盖上百个公章。有人怀疑这种状况是社会主义制度造成的……"

张立的回信更坦率:"有些问题比你说的还要重。1983年精简时,一般的省级机关有50个厅局,现在有的已发展到70多个。'文化大革命'前,县级机关只有350人,现在有的已近900人。"

写到这里,张立批评说:"认为这是社会主义制度造成就大错了。"他有理有据地指出人民政权机关最有利于精简的道理,分析了机构越来越庞大除官僚主义、机关职能方面的原因外,主要还是由于传统的编制体制思想不适应现代化建设发展的趋势造成的。他讲了现行编制的四点缺陷,设计出未来政权机构的蓝图。

有人担心张立提出的观点过于"锋芒毕露",提醒他别那么直来直去。他笑了笑说:"我们机关干部的责任就是帮助领导出主意。只有像战士那样忠诚坦率,才能真正为上级拾遗补阙。如果做个'风向标',哪股风来往哪歪,只能给领导帮倒忙。"

如今,张立的抽屉里还珍藏着前线一位伤员的来信。那位伤员说,有篇文章讲到300多名厂长反映宏观决策变化快,企业无所适从。他想写信请机关研究一下为什么有的决策朝令夕改。周围的同志都为他捏着一把汗,怕这样说会被说成看不清大好形势,这位伤员在信中语重心长地说:"在战场上,当敌人向我们挑衅时,我们义无反顾地进行反击。对待前进路上出现的问题,我们为什么要瞻前顾后呢?"

张立研究问题遇到"险情"踌躇不前时,只要取出这封信来看看,便觉得有一种不可抗拒的力量在敦促着自己。

说真话,讲实话,掏心里话,缩短了他和战士们的距离,实现了情与理的交流。

第23篇:《长江科学考察漂流探险纪实》梗概介绍

记者:黎明福　秦军　姚遥
编辑:程晓惠　陈健　胡永新　张哲西　程朝阳

鲲鹏击浪,跟踪求真。四川电视台摄录的《长江科学考察漂流探险纪实》连续报道一组十二条,为广大观众奉献了一部壮丽的画卷。

长江,全长6300多公里,是世界第三大河。从来没有人自源头漂流到终点吴淞——东海口。

"尔来四万八千岁",谁敢"骑龙"到东海? 1985年6月,龙的传人的后代,四川青年尧茂书，敢为天下先，只身首漂长江，不幸沉舟遇难，以其生命和鲜血溅起浪花，激起一代人的思考。1986年6月继首漂长江烈士尧茂书之后，一群热血儿女在四川省委和省政府的关怀支持下，再上江源，擂响了征服长江的战鼓。中国长江科学考察漂流探险队的勇士们历尽危难，备尝艰苦，在向江源地带唐古拉山进军中，高原反应强烈、口腔溃烂、恶心、流鼻血。他们以长江的胸怀，发扬集体英雄主义精神，翻越海拔5200多米的唐古拉山口，到达漂流探险的最后一处公路宿营点唐古拉山兵站。在第一条新闻"向江源唐古拉山进军"中，便做了翔实的报道。

长江科学考察漂流探险队一行26人，6月16日在长江源头沱沱河下水，正式开始了漂流长江全程的历史性壮举。沱沱河密集得如同乱发般飘散的河汊，涓涓细流"拖"着漂流船走。青藏公路横跨长江的第一座大桥的江心桥墩，首先便挡住记者的采访船，电视记者秦军一跟头栽进了水里，连人带机器统统洗了一遍。我们记者漂流长江的采访就是这样开始的。毋庸讳言，生活的真实往往就是如此。在第二条新闻"沱沱河下水开漂"中，对沱沱河的地理位置和海拔高度以及水深只有半米等情况都做了详细介绍，使观众目睹了长江源头的实际情况。

漂流队员7月1日从通天河中游地区的曲麻莱再度下水，途中遇到无数的激流险滩，他们经受了恶浪急流的考验，乘风破浪向直门达进发。在第三条"战恶浪向直门达进发"的新闻中，对此及时做了报道。通天河峡谷突起，急流增多，长江忽然变得粗野起来，江水也浑浊了；成群的山鹰飞旋于怪石峡谷之中；漂流队员住荒野宿滩头，常常吃不上饭，只靠压缩饼干过活；高原严重缺氧，折磨得漂流队员头昏脑涨。他们就这样艰辛地越过荒原，漂至青海玉树州直门达，与赴源头小分队会合。

全程漂流长江是一次伟大的壮举，得到了沿途政府和人民群众的支持关怀。在第四条"叶巴受挫，五名漂流队员脱险"的新闻中，报道了四川白玉县盖玉区组织马队将失事队员安全送到巴塘的情况。

从第五条"鏖战金沙江，闯过王大龙险滩"新闻开始，把"长漂"推向高潮。随着新闻事件的发展，作者以大量真实而生动的漂流健儿们与狂涛恶浪搏斗的镜头，表现漂流勇士经受惊险生死考验的气魄。为了闯过急流险滩，长江漂流探险队把8艘橡皮艇联成一体，增强漂浮和冲浪能力。在向王大龙滩冲击中，队员们发扬集体主义精神，机智巧妙地通过乱礁如林的滩群。当五名队员突然遭到巨浪冲翻了船时，队员便在水中抓住救生索继续漂流，并借助冲浪把翻了的橡皮艇扳正，落水队员始终保持着顽强的斗志和大无畏的拼搏精神，与金沙江进行决战。在"征服虎跳峡""王岩成为首次全程漂完虎跳峡的勇士""冲过老君滩"等几条新闻中,作者以虎跳峡之险峻,狂涛恶浪先声夺人,然后集中表现"密封船"闯过一个个大跌水的浪窝深滩和创造这些奇迹的王岩、吉胡莎阿等的精神面貌。这些画面充分表现了长漂健儿不畏艰险、顽强拼搏、以生命相拼为国争光、气吞山河的英雄气概。在第六条"科考队在漂流探险活动中对金沙江进行考察"的新闻中,还着重报道了科技人员对冰川地貌、源头水生资源等课题进行考察的同时,考察了金沙江沿岸地质构造、泥石流滑坡的情况,查清了以前未曾发现的泥石流源,为综合治理金沙江提供了新的理论依据。在这组连续报道中还体现了"团结战斗、为中华民族争光"的整体思想。洛阳长江漂流探险队队员郎宝洛9月12日在冲满天星滩时,船破失事,被困在绝壁之下。为了尽快将他救出险境,中国长江漂流探险队放弃了原订12日通过上虎跳滩下流的漂流计划,竭尽全力与洛阳队合作,抢救遇险队员郎宝洛安全回到虎江区。这一情况在第八条新闻中就做了具体的报道。

如果说勇闯虎跳峡是胆识的较量,那漂流健儿们进入川江,驶过三峡,来到宜昌以后的水面上,便是韧性的考验,要靠漂流队员们一桨一桨地划到吴淞口,这要多么大的耐力才能完成这漂完长江全程的壮举啊!在"顺利通过三峡"和"凯旋吴淞口,漂完长江全程"的两条新闻中则反映得更充分。

《长江科学考察漂流探险纪实》连续报道,由十二条独立报道构成,各条独立报道之间,紧密相连,有序地构成了反映"长漂"这一新闻事件发生、发展和结局全过程的一个新闻报道整体。连续报道播出后,使观众全面了解了"长漂"活动的始末以及它的社会意义。这组连续报道全片共计16分30秒,是漂流队员和电视新闻记者用生命换来的硕果,是从四川电视台记者半年跟踪"长漂"采访录制的2180分钟资料中精选编辑出来的,多么来之不易啊!为了拍摄这2000多分钟的电视新闻资料,要吃多少的苦,担多大的险啊!

在跟踪"长漂"采访中,电视新闻记者历尽艰辛。黎明福曾经住在岩洞里等镜头,连续五天靠吃干粮充饥。为了拍好漂流健儿征服虎跳峡的镜头,黎明福、秦军、姚瑶进出虎跳峡15次,每次都要带着几十公斤重的摄录像机下到几百米深的峡谷去等待时机。有一次黎明福还腰系绳索,一头套在树上,一头捆在腰间,半个身子吊在几十米高的悬崖上,冒着生命危险拍摄。科考漂流队总指挥侯惠仁同志说得好:"漂流队员在哪里,记者就跟随到哪里;漂流队员吃多少苦,记者也吃了多少苦。"参加"长漂"采访的电视记者在完成报道任务的同时,自己也受了一次很大锻炼。他们亲眼看到了当代青年气吞山河的英雄气概,并用摄录像机记录报道了这一伟大壮举。报道英雄,学习英雄,用他们的话说,"自己的心灵也得到了一次净化"。

第24篇:运销接力开通路　三省市场一线穿　个体贩运大军搞活湘粤赣边境流通渠道

记者:熊先志　刘荣森
通讯员:张聪蓉　李芝生
原载1986年11月5日《湖南日报》

10月底,在韶关一家宾馆举办的宴席上,主人把广东时髦的烤鸭、烧鹅、白切鸡、香菇汤等端上桌后,风趣地管这叫作"用湖南的原料、广东的风味,招待湖南的客人",并反复说:"感谢湘粤赣边界的长途贩运个体户'接力大军',为广东送来了'鲜活'!"

党的十一届三中全会之后,湘粤赣边区出现了一个新的流通渠道,以近万名个体户为主体,把农副产品从湘东南、赣西南的山区集结起来,转运到广东的韶关、广州;而后又将工业品运回到各山区。他们像田径场上的接力赛跑运动员,一棒又一棒地相互传递着,给三省市场带来了繁荣兴旺。据韶关农贸市场今年前10个月的统计,有70%的鸡、鸭、鹅,85%的猪肉,90%的鸡蛋,还有大量的香菇、木耳、玉兰片等,来自这些个体运销的"接力大军"。

"接力大军"的交结点,大体上有三个站。第一站在桂东的沙田、城关,第二站在汝城,第三站在韶关。有一段贩运的,也有直达的。从桂东到韶关的公路上,我们遇上一位叫顾顺华的个体运销户,他和两个伙伴开着一台拖拉机,拖斗里堆放着四个装牲畜的圆篓,正准备上墟场贩货。他说他常常从茶陵、桂东的商贩手里拖猪仔,从江西拖鸡鸭鹅转运到韶关,每运一次,两天两晚不能睡觉,日夜兼程,辛苦是辛苦,跑一趟也能赚上七八百元。当我们问起晚上行路的艰辛时,他笑了笑回答:"也好,路上车多着哩,到了深夜,卡车、拖拉机、摩托车打着灯,有时排着长龙,一个晚上过一二百部,热闹着呢!"

"接力大军"路经的桂东、汝城一带,还涌现出了由个体户经营的200多处"中转站"。他们将分散的、零星的物资集中起来,供运销户贩运。汝城十字街附近朱勋元经营的农副产品中转站颇有影响,他上联赣西湘东的百名个体运销户,下联韶关的50多名运销户,中转着香菇、芝麻、绿豆、木耳、湘莲、葵花子等。仅香菇一项,一年经他中转的就有五六吨,他同广州韶关20多家宾馆饭店保持联系,还设有六处信息点。一次,广州东山宾馆接待外宾,急需香菇,给他打来电报求援,他同儿子一道带上20多公斤上等香菇,星夜启程,第三天就送到,让外宾尝到了嫩鲜可口的香菇汤。

第25篇:一个青年个体户说:"我们'穷'得只剩下钱了!"——精神文明建设备忘录

记者:吕晓琦

原载1986年12月20日《哈尔滨日报》

一句话引起的震动

青年个体群,改革和开放中崛起的新生一代,商品经济中一支活跃的力量。无须讳言,他们每天的收入与消费一般要比其他青年高,许多人称他们为富翁。然而,正是他们,在发出"饥饿"的呐喊。

黑龙江大学王千里老师对我讲了这样一件事情:

一天,她去饭店吃饭,人很多,她见两个青年独占一桌,便走过去。两青年注意到她胸前的校徽,热情地邀请道:"大姐,别买了,一块儿吃吧。""不,谢谢。"青年人诚挚地说:"不用客气,我们是干个体的,有钱!"王老师仍不肯。一个小伙子激动了:"大姐,你是不是瞧不起我们?说实在的我们现在'穷'得只剩下钱了!"

哦,穷得只剩下钱了。多么沉痛而悲怆的心声!我被震动了,决定去访访一些个体青年。

一、夜,在百乐宫舞厅,一群物质上的富翁,精神上的"穷汉"。

光怪陆离的彩灯,节奏强烈的音乐,奔放的迪斯科……

舞厅经理曲志林介绍说:"这里票价3元(节假日4元),每晚有150人左右,个体青年占一半,其中有的天天来,我可以给你找几位聊聊。"

王瓦胜(个体行商,33岁):我们家七口人,六个党员,就我一个"白丁"。(问:你想入党吗?)入党?上哪入啊?没人管,完全靠自己管自己。我一年有半年在外,在外时想回家,回家又闲得受不了。告诉你,我还是中专毕业呢,那点知识早都就饭吃了。我爱好文艺、体育,可没地方施展,没办法,就在这穷泡,到点回家睡觉。

王彦军(道外个体劳保旧物商店,23岁):我一星期能来两三次,说实在的,真没啥大意思,离开校门,就没参加过什么活动。今年一年,就公安局给我们开过一次会,告诉不能收赃物。听说区上有个劳协是我们的"头",可谁都不知它在哪。看看电视里的智力竞赛、棋类比赛、体育比赛,那些青年人真叫人羡慕。可我们除了挣钱就是"三个饱一个倒"。记者同志,你能不能把我介绍到哪个组织活动活动?

二、晨,在邮政街轻工市场:令人担忧的无知,又萌动求知的欲望。

(工商管理所的同志请来五位正在出摊床的青年:杨英华、姜世宪、李洪柱、马兴志、张宪柱,平均年龄27岁。为了不影响他们做买卖,谈话很简短。)

问:你们学过"精神文明建设决议"吗?

答:啥决议?不知道。

问:全国正在搞普法教育,你们知道有九个法一个条例吗?

答:没听说过。

杨英华:我知道有个《婚姻法》。

姜世宪:我过去在一家厂子拣点钢铁,公安局把我收容了8个月,犯了啥法到现在我也不知道。

问:你们平常有什么组织活动?譬如团员啦……

答:啥活动也没有。

马兴志:我来这六年了,谁知道我是团员?我五年多没处交团费,恐怕早就自动退团了吧。

问:如果有人组织,你们愿意参加什么活动?

马兴志:我愿意听老山前线的报告。电视里播这种报告时,我都不出床子啦。

五位青年议论一会儿,说他们愿意参加的活动是:学法,学文化,共青团活动,有意思的报告会,还有联谊交友活动。

三、在个体劳动者协会,听到:不仅是7万比7的问题。

市个体劳协秘书长宋惠真介绍:目前,全市个体从业者近7万人,其中青年占37%,2万多人,这部分人,文化水平普遍较低,自我教育的能力差,所以,宣传教育的工作量很大。但市劳协只有7个工作人员,各区劳协仅是挂个牌子,干部基本都是工商人员兼任,有的连办公室都没有。党团组织关系也一直没有理顺。工商部门每年拨给劳协那点经费,仅够一年两次会的。现在个体青年要求文化生活的呼声很高,有的已自动组织起来学文化、学理论,有人还上了夜大。我们曾设想过建立"个体劳动者之家""个体乐园",搞"个体晚会",但实在是力不从心。

道里区个体劳协团委书记陈福黎介绍:我们团委曾荣获全国个体先进团组织称号,按说,我们搞的活动不算少,春游、打靶、植树、智力竞赛,可全区近3000名个体青年，能经常参加活动的也就百十人，一是没地方，二是那点团费不好干啥。

一个需要关注的群体

个体青年们发出"我们'穷'得只剩下钱了"的呼吁，恰是表明他们在物质生活富足之后的新的渴求——精神生活的富足！

未来的个体青年群，随着改革的深入、商品经济的发展将逐年扩大，队伍日趋年轻。满足他们的精神需要，提高这个队伍的思想文化素质，是精神文明建设中不容忽视的问题。

精神文明建设是我们全社会的共同任务，个体青年们不应该成为被遗忘的群体。

1987 年

第九届全国好新闻共评选出227篇获奖作品，其中特等奖3篇，一等奖60篇，二等奖74篇，三等奖88篇，还颁发了2篇特别奖。这一届好新闻的评选力图反映新闻媒体在宣传改革的过程中自身所进行的改革和实现的突破，以及对于国家各项事业的积极促进作用，这尤其体现在"重大情况让人民知道，重大问题经人民讨论"的要求上。以下选取的3篇好新闻作品中，《经济日报连续报道"关广梅现象"》广泛公开地讨论了改革中的重大政策方针和思想理论问题，体现了对中央关于"重大问题经人民讨论"精神的贯彻执行；《天津市人民政府市长办公会议》是广播电视中播出的第一个比较典型的社会协商对话节目，真正"在领导与群众、政府与人民之间架起了一座密切联系的空中桥梁"；《贫困乡的出路在哪里？》通过调查研究和深度报道的方式从不同角度立体地剖析了贫困的原因，有针对性地提出了脱贫的良策，实现了新闻与宣传双重价值。

第26篇：经济日报连续报道"关广梅现象"

1987年6月12日至7月23日进行了"关广梅现象"连续报道。在40多天的时间里，共发表78篇各类报道，其中包括关广梅来信1篇，读者讨论信件、文章56篇，通讯4篇，消息7篇，评论员文章5篇，小言论4篇，综述1篇。文章安排有序，首尾呼应。

这组报道的背景是：为推进我国经济体制改革，国务院领导同志提出了"两权分离"的企业改革设想，继承包经营之后，企业租赁、拍卖等改革刚刚起步，当时各地对这些改革议论纷纷，焦点是租赁、拍卖等改革是否偏离甚至违背了社会主义方向。

《经济日报》编辑部从辽宁记者站反映的情况中发现，在本溪市已持续了两年的对关广梅租赁副食商店的争论，已发展到如何看待关广梅这个从事租赁改革实践的人物：究竟是优秀共产党员、全国商业战线劳动模范，还是搞资产阶级自由化的典型？

编辑部意识到这一典型人物和事件对改革宣传的意义，没有简单地采取非红即白论是非的态度，也摒弃了以往袭用的宣扬先进人物或批评反面典型的平面报道模式，而是尊重客观事实，从新闻人物和事件的实际情况着手，深入采访，广泛听取多方面意见，不回避改革中的难点，通过传播者与受众共同参与的大讨论，使这组以"租赁企业究竟姓'社'还是姓'资'"为栏题的报道开展起来并深入下去。

记者与编辑部在报道过程中通过分析还发现，报刊宣传过的不少改革事件和人物，几乎都遇到"姓"什么的问题。这绝不仅仅是单个人物和事件姓"资"姓"社"的问题，而是对我国经济体制改革"姓"什么的一场延续了8年多、始于农村继而进入城市、至今仍然没有完结的争论。这是一种在新旧体制交替、新旧观念并存的时期看来奇异、实际上正常的社会心理现象，于是抽象出了"关广梅现象"这一后来为国内外各界普遍接受、成为评价我国社会主义初级阶段改革性质的一个代表性词汇。

这一报道引起国内外各界强烈反响：全国各地有1000多位读者来信来稿参加讨论。美国、中国香港等国家和地区的读者也来信发表见解；据不完全统计，美国、日本、苏联、中国港澳等国家和地区的20多家通讯社、报刊转载或评述了这一报道。国务院社会发展研究中心、国家体改委、中国社会科学院和商业部等先后派出调研组，调查研究"关广梅现象"。这一报道也受到新闻界议论和研究新闻改革的重视，新华社《中国记者》杂志将其评为"1987年度国内新闻界十大新闻"之一。

（限于篇幅，本书只收入了4篇代表作。）

关广梅——本溪市8家租赁商店的承租人，每租一家都面貌改观。可是，却有人说她走的不是社会主义道路。她建议本报开展讨论——

租赁企业究竟姓"社"还是姓"资"?

原载1987年6月12日《经济日报》

编辑同志:

我感到改革越来越难了!

我从1985年到今年1月,先后个人租赁经营本溪市8家副食品零售商店,并在此基础上,组建成本溪市东明商业集团。这8家商店,租赁前盈利的,租赁后利润大幅度增长;过去亏损到连职工工资都发不出去的,租赁后扭亏为盈。国家多收,企业多留,职工多得。可是,在租赁后企业兴旺发达的今天,有人说我是在搞资产阶级自由化,走的不是社会主义道路。

我想不通,什么叫社会主义?过去有人讲,社会主义就是人人有饭吃。可依我看,社会主义首先是人人要干活,按劳分配,不劳动者不得食。干多干少都一样,干与不干一个样,那是社会主义吗?

所以,在我租赁的8家商店,对各店的经理、副经理都实行"委托经营责任制",并试行了"百元利润工资率"分配办法,搬掉了干部的"铁交椅",经理收入多少,首先决定于他管理的商店经营的好坏;职工都实行"百元销售工资率"分配办法,打破了分配上的"大锅饭",每个人收入的多少,也首先决定于他的劳动量,卖多少钱的货,拿一定比例的工资,一分钱卖不出去,就一分钱也拿不到。但这些办法,被一些人认为是资本主义的管理办法,是不平等的雇佣和剥削,是"坐收渔利"。我无论如何不能理解:过去微利、亏损,甚至连工资都发不出去的企业反而是社会主义,现在有了利润、有了奖金的企业倒是资本主义,真是怪事!

社会主义的基本特征是实行生产资料的公有制。租赁经营,并不改变企业公有制的性质,所有权仍然是国家和集体的,并不是我个人的。我所从事的租赁经营,实际上是借助于租赁机制的一种严厉的承包经营责任制,它是搞活企业的一种好办法,绝不是搞私有制。正因为如此,在我们企业中,党、团、工会组织是健全的,各项活动是经常的、健康的,思想政治工作加强了而不是削弱了,职工和我是平等的。也正因为明白这一点,我和职工们把社会效益和经济效益看得同样重要。租赁后的商店,商品的品种远远多于租赁前,这是为了让顾客更有权利去选择;店容店貌也大大好于过去没有租赁的时候,这是为了使顾客有个舒适的购物环境;每发现一起乱涨价、缺斤少两、搭配销售、和顾客吵架的问题,从经理到营业员,都会受到比过去更加严厉的处罚,这是为了保护顾客的正当利益不受侵害——然而尽管如此,还是经常有人对租赁企业提出这样那样的指责。有的把我们实行经理兼书记的体制看成是"取消党的领导",有的把我们的重奖重罚看成不要思想政治工作。特别是来自管理部门的挑剔和非难,使我们在改革的路上每迈出一步都很艰难。而这些指责、挑剔和非难,越来越多起来。

在这里,我想请贵报特别转达我对本溪市委、市政府领导同志和那些赞同租赁经营的部门与同志的深深感谢,是他们的理解和支持,给了我改革的信心和勇气。可以说,我们本溪市商业租赁改革的每一步,都是在他们的鼓励与关怀下前进的。没有他们,本溪市的租赁经营既搞不起来,也深不下去。

我不是完人,我们租赁企业也不是完善得没有问题的企业。所以,我们格外欢迎那些善意的帮助和出自改革愿望的批评。但社会上形形色色的流言蜚语,有的管理部门中个别人员的刁难和干扰,实在让我们租赁企业难以生存,难以发展。我就是为这事写信给报社,建议报纸上讨论一下,我们这种经营方式到底姓"社"还是姓"资"?

编辑同志,您能理解我们吗?

关广梅

注:关广梅,女,37岁,1971年参加商业工作。1985年4月,她最早在本溪市进行个人租赁经营,先后在公开招标中多次夺标,承租全市8家国营和集体副食品零售商店。所租赁的企业,均获得显著的经济效益。目前,她承租的8家企业已形成拥有千名职工的租赁企业群体,关广梅任总经理兼党总支书记。

几年来,关广梅多次获得党和国家荣誉称号,其中主要有辽宁省商业战线劳动模范、省优秀共产党员、省特等劳动模范、全国商业战线劳动模范、全国"五一劳动奖章"获得者、全国"三八红旗手"等。

她租赁的企业,有2家被省、市命名为"物价计量信得过单位",有2家被评为"辽宁省文明单位";去年,租赁群体被评为本溪市先进企业。

根据关广梅同志的建议,本报从今日起,将就她信中提出的问题进行连续报道,展开公开讨论,欢迎广大读者参加。

关广梅现象

记者：庞廷福　杨洁　谢镇江
原载1987年6月13日《经济日报》

本溪出了个关广梅！

1985年4月，当"关广梅租赁经营"这件新鲜事儿成了当地报纸头条消息的时候，很少有人预料到，租赁改革居然会如此剧烈地搅动了平静但并不丰富的山城市场：

——1985年，关广梅一鸣惊人，租赁了本溪市消防副食品商店，年终实现利润25.2万元，比上年增长40%，居全市36家副食品商店实现利润额的第二位；

——第二年4月，她再度夺标，租赁已经亏损6.5万元的光明副食商店，到年底，这家连续亏损6年的商店扭亏为盈；

——同年8月，她第三次夺标，承租本溪市副食商业系统最大、利润最高的东明副食商场，5个月盈利33万元，相当于上一年全年的利润额；

——今年1月，关广梅连夺五标，一次承租5家副食品商店，连同前3家，组成租赁群体，共拥有职工1000人，总销售额占全市商业系统副食品零售商店总额的1/3，利润额占1/2。

较高密度的个人租赁门店惊人的利润增长和一定程度上左右本溪副食品供应的市场，形成了本溪市独特的"关广梅现象"。

"关广梅现象"带来了什么？

一

说话嗓门很亮的蒋秀娥是关广梅租赁商店中从前"脾气最不好"的营业员。租赁以前，她几乎每天上班时，必不可少地要发生两件事：一是和同伴们聊天，二是挑顾客的毛病。"我过去是个不合格的售货员，"她直截了当地对我们说，"租赁以后，关经理告诉我，再犯过去的毛病，重罚。我压根儿不吃她那一套，过去哪个经理不是这么说，到头来罚过谁了？可有一天，店里一个营业员和顾客吵了一架。第二天，关经理先罚了自己20元，又罚了营业部主任、营业组长各10元，再罚吵架的那位50元，最后，连一旁看到吵架没出声的一个营业员也罚了——因为她没有制止本来该制止的事儿。就是从那一天以后，我见了顾客，处处小心在意，时间长了，倒觉着顾客也变得通情达理了，您说怪不怪？现在，我每月的奖金都是全商店220来号人中最高的……"

蒋秀娥的变化，只是租赁企业中职工精神面貌和劳动态度的一个缩影。租赁把"百元销售工资率"等一整套管理办法，输入了本溪市长期以来缺乏活力的商业小型企业中，使营业员的劳动收入和劳动量直接挂起钩来，由此带来的劳动热情和服务质量，本溪人都看到了眼里。

一位顾客向我们讲了一个真实的故事："我住在光明商店旁边。那商店，过去又脏又乱，你进门买菜，问话没人搭理你，搭理你那话头也是硬邦邦的。有一天，我去买菜，突然发现墙刷新了，地扫干净了，商品也多了一些。一打听，原来这店让关广梅租赁了。一个过去和我吵过架的营业员迎上来笑着说：'我们新进了白面包，您要不要？这儿还有新鲜的小香肠，您买吗？'就是从那一天起，商店营业时间延长了。我现在每次走进店里，都感到有点'阿信'的味儿。"

二

1948年参加解放军的宋士柱，是关广梅租赁商店从前的门市部主任。当了20多年的主任，他承认自己还站在生意人的门外。但他没有想到关广梅租赁后，会请他去烧茶炉，而他自己居然也认为这种安排没什么不合适——此事一度成为震荡本溪商界的新闻。

本溪市委政研室处长李明，是最早研究"关广梅现象"的人。理论上探索了一年以后，他居然"弃官经商"，辞去处长职务，去做关广梅的助手——此事引起的轰动是去年辽宁省的十大新闻之一。

平庸的领导者开始去做力所能及的工作，一批敢冒风险的人急剧地向改革的实践流动。这是"关广梅现象"带来的另一个变化。有人统计过，在她租赁的8个企业中，商店经理级的干部从33人减到18人，科室脱产工作人员从76人减到40人。

本溪理论界对上述事实的评价耐人寻味：这种变化，是光明租赁机制对干部选拔方法的一个刷新，把过去行政部门的"静态任命式"改变为企业内外的"动态竞争式"，使经营人才得以脱颖而出。

三

50岁的于淑芹，已经有17年的商业工龄，但她做梦也没想到，关广梅租赁她所在的平山副食商店以后，她对"头儿"的看法会发生这么大的变化。

在她的记忆中，平山副食商店很少有过盈利的月份。她只记得，租赁前一年有几个月，营业员每人每月只发25元生活费。今年1月开始租赁，5个月以后，商店的财务报表上出现了正号：实现利润比去年同期增长315%，职工每个月可以拿到几十元的奖金，从不大声讲话的于淑芹忍不住给素不相识的关广梅写了一封信。当向我们谈到这件事时，这位3个孩子的母亲眼睛是湿润的："租赁这5个月,日子再不像过去那么紧巴巴的了。我不会写字,就央求丈夫代我写封信给关经理,没别的想法,我就是想谢谢她……"

租赁,在把生产力向前推进的同时,也给生产关系带来了新的变化。关广梅租赁后,给职工办了12件事:45岁以上的职工过生日,送寿桃;晚婚青年结婚,送礼品;女职工生育,送5公斤鸡蛋;职工搬家,商店给"搬迁费";商店配一台洗衣机,为职工洗工作服;职工父母病故,领导吊唁送花圈;逐步建立阅览室、游艺室、托儿所、浴室……

一位女职工谈到这些事时,讲了一个小例子。她说:"我们租赁企业的所有女职工,一个月有两天特殊假,记者同志,您在别的地方听说过这种事吗?"

四

"关广梅现象"究竟带来了什么?我们在采访中,不断向本溪人提出这个问题。

租赁企业的营业员说,现在挣多少钱要由我们干了算,"大锅饭"吃不成了;

一位每天买菜的退休干部说,市场上发生了一些微妙的变化,走进租赁商店,你感到自己真的成为顾客了;

租赁商店上级公司的经理说,她的用人办法,解决了我们多年来想解决而解决不了的问题——"常败将军常挂帅";

市委书记丛正龙说,本溪是改革的一块试验田,关广梅是试验田最早的开垦者之一;

省委书记全树仁说,这个试验是成功的;国务院领导同志认为,这个情况说明了租赁制的作用……

然而,并非所有的人都对"关广梅现象"拍手叫好:

一位在本溪市蔬菜公司系统工作26年的党员干部情绪激动地抨击道:"关广梅租赁后,就把党支部书记换了,这事儿发生在资产阶级自由化泛滥的1986年,难道是偶然的吗?"他一口气提出了对关广梅租赁经验的12条"学不了",其中上至关广梅不要党的领导,下至关广梅会交谊舞,洋洋洒洒。

另一位自称对理论"很有兴趣"的同志,则表现出更大的疑虑:关广梅一人可以租8个店,由此才形成企业群体,如果国家的企业任凭这样"租"下去,那么本溪钢铁公司可不可以租?

去年12月底,在"本溪市企业思想政治工作会议"上,有人一口气向关广梅提出十几条问题。其中,"不要党的监督""不要职工民主管理""贬低思想政治工作"等,带有相当浓烈的政治气味。

4个月后的另一次很重要的会议上,为数不少的代表提出了更尖锐的批评:"关广梅的租赁,是坐收渔利,带有剥削性质;""她一人租赁8个店,在本溪形成了一个商业垄断集团,把市场的商品和物价都垄断住了;""她干的是社会主义吗?"……

新与旧、进与退、未来与以往、变化与僵化,环绕着"关广梅现象",发生着冲突、碰撞,有时甚至是对峙。

"关广梅现象"引出了更多的社会现象,这些现象向改革的人们提出了一些迫切需要回答的问题。

这些问题是深化改革进程中所不能回避的。

"关广梅现象"大对话

记者:庞廷福 杨洁 谢镇江

原载1987年6月15日《经济日报》

围绕着"关广梅现象"的争论,在本溪市事实上已经进行了两年。争论的焦点,是我国的租赁企业是姓"社"还是姓"资"?两年前是这样,今天也是这样。

本报记者在本溪市采访过程中,广泛听取了社会各方面对"关广梅现象"的不同认识。经归纳整理后,现以对话形式刊载于下。由于被采访人数较多,不可能一一刊出,对话以"A""B"代表两方的观点,特此说明。

"关广梅现象"引起人们的争论,并不在她一笔一画地签订租赁合同的时候,也不在她承租企业利润成倍增长的时候,而是年终岁尾她领取个人收入后,"关广梅发财了"一下子成了本溪城内街谈巷议的重要话题。

从1985年4月,关广梅个人租赁第一家副食品商店后,两年来,她的个人法定收入合计为44 762元。

这笔高额的个人收入,即使发生在普通人身上,也会引起人们的议论,何况关广梅是省特等劳动模范、省优秀共产党员,两年租赁经营中收入这样高,人们对此有着不同看法。

A:关广梅的法定收入已经是她所承租企业职工平均收入的20倍,虽然有部分钱她自己没拿,但是个人的实际收入已经达到职工平均收入的12倍。从收入差距看,这是社会主义吗?不,关广梅在"两权分离"的名义下,已经成为没有资本的资本家。

B:为什么我们只看到关广梅的收入比职工高,而没有看到关广梅对国家、企业和职工的贡献呢？关广梅两年来个人的实际收入虽然不少，却为国家赢得了280.8万元的税利，其中1985年和1986年就已经上缴利税137.8万元。并且在她所承租的企业中，有的过去连年亏损，有的近百名职工以前每月只拿25元的生活费，而在租赁后，这样的职工收入增加5倍以上。关广梅为国家、企业、职工和个人所创造的收入凝聚着她的汗水和心血，是租赁企业经营水平提高和全体职工（包括她本人）辛勤劳动的结果。

A：讲辛苦，谁不辛苦？一般来说，现在哪一个企业的经理、厂长每天不在苦心经营，风尘仆仆地奔波，想方设法地为企业、职工和国家多做贡献？可是他们的收入至多是职工平均收入的两三倍，为什么关广梅拿了这么多钱？

B：需要提醒注意的是，关广梅是一位个人租赁承包经营者。在6名保证人的担保下，她先后以2.5万元的个人财产作抵押，在公开招标中，以超过标的51.9万元的优势，夺得了8家副食品商店的承租权。就是说，她对承租商店的利润指标要承担实亏实罚的责任，即达不到合同规定的利润指标，差1元罚1元，差1万元罚1万元，承担了很大的风险。试问，如果有人看着关广梅收入高，不服气，那为什么他不来夺标承租，也来"发大财"？

A：不论怎样说，关广梅的收入过高了。按照辽宁省的有关文件的精神，承租人的收入可以比职工的平均收入高1至5倍；按照本溪市的有关文件，则允许高5至8倍，超过这些数额的个人收入留作风险基金，但仍然属于个人所有。根据这些文件的规定，关广梅这样高的收入是不合理的。

B：为什么1至5倍或1至8倍就是合理的呢？有什么客观参考标准可以推算出租赁者的收入比职工收入高出几倍就是合理的呢？租赁经营是改革的探索，我们绝不能在没有比较科学地确定出承租者个人收入标准之前，仅凭承租者的个人收入偏高，就得出他们是"没有资本的资本家"的结论，甚至由此而得出租赁经营是资本主义性质的推论。况且，目前国家已经开始征收个人收入调节税，这将有效地调节社会收入不均衡的现象。

关广梅租赁后对各个商店的领导体制做了大胆的改革，剎短了多年来"挤满了领导的长板凳"，除了减少科室人员，也减少了脱产的党支部领导，在基层商店内普遍实行了经理兼党支部书记的领导体制，这是"关广梅现象"中引人瞩目的举动之一，自然引起了争论。

A：关广梅承租了8家商店，她把商店租去了，难道也把党支部"租"去了吗？什么都由租赁者说了算，还要不要党的领导了？这样的话，商店还是社会主义企业吗？

B：薄一波同志在整党的总结报告中指出："考察一个党委单位的工作是

否称职,主要看两条:一是看对党的路线、方针、政策贯彻执行得如何,有无成绩,成绩大小;二是看对党的思想建设、作风建设、纪律建设、组织建设、班子建设抓得如何。"关广梅的租赁企业,是按照党的路线、方针、政策办事的,并且是在按照党的组织原则选举产生的党支部领导下开展工作,因此不能说她是不要党的领导。同时,还要看到,在实行租赁制的企业中,党支部的脱产领导干部虽然减少了,但是党组织的"五个建设"并未放松,党的组织仍然在这些企业中发挥着监督保证作用。

A:在支部书记和经理是一身二任的情况下,党支部怎样才能行使监督保证作用呢?一个人能够自己监督保证自己吗?

B:强调党支部的监督保证作用,不仅仅是支部书记一个人的作用,应该是党组织中全体党员的监督保证作用。从关广梅的改革实践看,经理和支部书记一身二任后,减少了扯皮、推诿现象,能够有效地把思想政治工作同企业的经营管理工作结合起来,提高了思想政治工作的实效。

1987年1月,关广梅在承租3家商店的基础上,又租赁了5家商店,形成了一个租赁群体。这是本溪市"关广梅现象"中的最为突出的特色之一,也是人们目前争议最大的问题。

A:关广梅现在一人已经租赁8家副食品商店,其销售额合计已占全市商业系统副食品零售商店销售总额的1/3,实现利润占总额的一半,而且这8家商店的近50个零售门点集中在市中心的两个区内,这就在一定程度上形成了商业垄断集团,把市场商品和物价都控制住了。这样既不利于竞争,也不利于保护消费者利益,因此不符合社会主义零售商业的发展方向。

B:关广梅的商业租赁群体不是人为形成的,也不是硬捏合在一起的,有其形成群体的内在必然性。目前我国城市商业网点的设置,基本上是多年来在产品经济条件下形成的,是按行政区划设置的"中心店——门市部——售货点"。近年来,随着商品经济的发展,许多地方过去设置的商业零售网点体系,已经远远不能适应市场竞争日趋激烈的情况。这些小店自己不能很好地吞吐商品,该进的进不来,想多进的不敢进,因此产生了商业企业发展横向联合的客观要求。所以,商业集团包括在租赁中形成了租赁群体的出现,是目前商业改革的必然要求。这样就可以以大店为依托,以小店为辐射面,以大带小,扩大商业服务能力。

A:以大带小实质上是以"盈"带"亏",这既不符合企业"独立核算、自负盈亏"的原则,还潜藏着平调资财的问题,特别是关广梅租赁的还包括本溪市最大的、盈利最多的副食品商店。这样的店不搞租赁,特别是不搞个人租赁，每年也能够为国家创造几十万元的税利，为什么要把这样的店交给关广梅个人租赁，让个人发财呢？

B：衡量改革的根本标准是看是否有利于发展社会生产力。从关广梅的租赁群体形成后的实际情况看，其社会效益和经济效益都比较好。群体现在已经发挥出了四个方面的优势：企业间可以联购分销，相互调剂商品；仓储运输设备能集中使用，提高效率；有利于集中资金进行网点改造和修建职工的福利设施，克服"短期行为"；可以互相通融资金，提高共同承担风险的能力。从统计数字来看，更证实了这一点，今年1至5月，全市商业系统未租赁的副食品商店的销售额和实现净利润，分别比上年同期增长23.7%和22.5%；5家实行单体租赁的商店分别增长35.5%和43.2%，而关广梅的群体租赁则分别增长24.7%和63.6%。因此，我们有理由说，关广梅的群体租赁不是商业垄断，而是有利于国家、有利于企业、有利于职工，也有利于社会主义现代化建设的改革事业。

需要引起注意的两个问题

——三论"关广梅现象"

经济日报评论员

原载1987年7月23日《经济日报》

本报开展的"关广梅现象"的讨论，在广大读者中引起了热烈的反响，对改革实践中出现的这一现象，读者从不同侧面、不同角度做了十分有益的探讨。在讨论暂告一阶段时，我们通过本文向继续思索的读者表述一些看法。

讨论"关广梅现象"，固然有其本身具体的价值，但更大的价值在于引起举一反三的思考，在于广泛地总结有关租赁经营的情况与经验，为全国1万多个已经实行租赁经营的工商小型企业提供理论信息的支持与服务，为今后更多的适合租赁经营的企业开通实践的渠道。这是第一层意思。第二层，租赁虽然主要适用于中小型企业特别是小型企业，却在某种意义上比较典型地体现了"两权分离"的一些经营特征，因此，通过"关广梅现象"的分析与解剖，有助于加深对于"两权分离"的认识。特别是在关广梅的租赁群体里，租赁制、承包制与股份制等多种形式在不同的层次上相交并存，这就告诉我们，在企业改革中，广大职工群众从实际出发，将会创造出多种适合自身情况的"两权分离"经营形式，这都需要随时讨论，随时总结。

毋庸讳言，"两权分离"的探索与试行还只是刚刚起步，一方面是人们的认识需要赶上来，理论探索也应当相对超前；另一方面，许多环节还不很完善,需要不断地改进。比如,由于理论认识一时跟不上,一部分同志对租赁经营尚存疑虑,一些地方和部门为租赁企业创造的外部条件还不够充分,一些主管部门在推行租赁经营中忽视职代会和工会的作用,忽视了企业的思想政治工作。在租赁经营中,租赁企业职工的劳保福利和其他合法权益需要进一步明确保障;有些承租者若有与职工收入差距过大的问题,也应当引起注意,而由于选择承租者的不当,也会使一些素质较差、决策失误、不谙管理的人"雀占鹊巢",损害租赁的名誉,损害社会主义企业的形象。这都是亟待解决的。还应当看到,租赁中的这些问题也不同程度地存在于承包经营及其他经营形式的试行中,绝不可以忽视不管,也绝不可以因为出现这样一些问题,就认为此路不通,盲目轻率地否定,退回到原来的路子上去。在这里,有两个关系"两权分离"能不能健康顺利地坚持发展下去的重要环节,需要进一步引起各方面注意。

第一,在"两权分离"中,职工的主人翁地位需要从理论和实践中求得进一步统一和明确。在公有制没有发生根本变化的条件下,无论是租赁还是其他经营方式,职工的主人翁地位并没有改变,租赁者或者承包者应当充分调动职工的积极性,依靠职工群众管理好企业。租赁者与承包者也是工人阶级的一部分,他们同一般企业职工的区别,在于责任和管理地位的不同,前者是法人代表,同样处于企业的中心地位,享有经营管理的主要决策与行政权力。但是,他们与职工之间,既不是所谓"老板"同"雇工"的关系,也不是什么主客关系。承租者与承包者应当尊重职工的主人翁地位,从思想上、政治上、生活上切实关心他们。有关部门也应明确规定租赁企业要健全职代会制度,使职工通过民主管理的形式,参与企业的经营管理。工会工作不能削弱,只能加强,应当充分发挥职工群众对承租和承包者监督的权利。在选定承租和承包者的时候,也要尊重企业大多数职工的意愿,听取他们的意见和看法,要使租赁和承包成为职工的意愿而不是相反,出现问题,也应当及时给以解决。

第二,从制度和法规上注意克服企业短期行为。应当讲,企业短期行为并不仅仅发生在租赁或承包企业里,在过去的很长一段时间里,这个问题一直没有得到有效的解决。"两权分离"以后,显得更加突出。短期行为主要表现在两个方面,一是从眼前利益出发,拼设备,拼固定资产,忽视必要的技术改造和减少了为维持与扩大再生产所必需的投入;二是吃光分净,造成消费基金膨胀,积累减少,危及企业长远发展。解决这个问题的根本途径有三点。一是政策要有稳定性、连续性,要使一切有事业心有管理能力的承租者和承包者定下心来,不瞻前顾后,制定企业的近期的和长远的发展规划,并要保证发展计划不因个别租赁者、承包者的更迭,发生搁浅。二是要从制度上限制短期行为的发生。比如对租赁和承包的要求，不仅有租金与保证金的数量尺度，也应当有设备完好率和生产投入的考核指标，并且相应地给予奖励与处罚，租赁要有"破产抵债"的杠杆，但这不是事情的出发点，不是提倡孤注一掷，要有不同方面和不同层次的责任分解指标，并把这些指标同责任者的利益同企业经营者和职工的利益一项一项挂起钩来，给予法律保证，即从法律上肯定承租者、承包者承担维持简单再生产和扩大再生产的义务与利益，努力使这些企业的分配制度，包括经营者的劳动所得以及对企业消费基金的控制，建立在一个既不"一刀切"也不信马由缰的科学的计量基础上。在经营中，也要完善有关制度，明确提取一定比例的折旧费、磨损费、维修费和相应的发展基金，尤其是工矿企业，一定要从制度上保证和鼓励技术改造。从关广梅租赁群体来看，只要注意解决，短期行为并不是不可克服的。1986年，关广梅原来承租的3家商店积累率达50%，在不到两年时间里，用于改造商场和购置固定资产的投资达15万元。这说明，短期行为并不是必然发生的，更不是"两权分离"的必然产物。三是愈是搞活，愈是要加强和改善宏观控制。特别是对社会集团购买力和消费基金，必须通过多种措施给以控制，要细致地运用税收及其他经济杠杆，引导有关企业做到"活而不乱"。

应当看到，随着租赁和承包的逐步推行，也同时出现了另一种现象，即部分承包和承租企业在包死一头以后，往往在价格上打主意。这是当前社会上存在乱涨价的一个重要原因，需要引起各方面的注意。总之，为防止乱涨价问题，都要在完善承包、租赁经营过程中认真解决。有关部门应当因势利导，加强管理。

第27篇：天津市人民政府市长办公会议（节选）

记者：宋银章　马平分　王敏
原载1987年4月26日天津人民广播电台实况录音剪辑

天津人民广播电台，现在播送天津市人民政府4月26日召开的市长办公会实况录音剪辑。

各位听众，在天津市第十届人民代表大会第六次会议召开期间，市人民政府于4月26日上午召开市长办公会，及时研究解决人大代表提出的一些议案和意见。

出席这次会议的有市长李瑞环，副市长聂璧初、姚峻、刘晋峰、鲁学政、李长兴，市政府顾问郝田役、毛昌五，市政府秘书长黄炎智及有关委、办主任，有关局局长和市区各区区长。

市人大常委会副主任李中坦及部分人大代表列席了会议。

这次市长办公会共研究解决代表们提出的议案和意见18项，内容涉及城市建设、教育卫生、人民生活、环境污染等四个方面。在这次节目里，我们将选播研究解决其中六项议案时的实况录音。这六项议案是：一、红桥区人大代表刘庭跃等提出的解决新红桥南北楼房泵站供电电缆过河问题的议案；二、河北区人大代表刘崇等提出的关于解决小树林交通堵塞问题的议案；三、南开区人大代表张焕文等提出的要求解决王顶堤、海金里、天拖南等规划片新建校舍基建工程质量及校舍标准问题的议案；四、红桥区人大代表宋士巍等提出的要求增加中小学教育经费的议案；五、河北区人大代表桑会生等提出的稳定物价要拿出切实有效的办法来的议案；六、和平区人大代表王连荣等提出的抓紧落实解决染化四厂环境污染问题的议案。

市长办公会由李瑞环同志主持。（以下播放录音）

李瑞环：在这次市人大会议上，代表在讨论政府工作报告的过程中，就我们全市各方面的工作提出了许多好的批评与建议，对代表们所提出的意见，政府都应该严肃认真地对待。今天上午，我们就是为了接受代表们的意见，或者说是重视人民代表提出的意见，认真研究一下，力争尽可能地把代表的意见在代表会期间多解决一点。问题嘛，有几十个，一个一个地来吧。

第一个，红桥区代表团刘庭跃等提出的第54号议案，请解决新红桥南北楼房泵站供电电缆过河问题。好像电力局的同志和市政局的同志已经了解了这件事情了，是市政局说呀，还是电力局说？电力局说吧。

电力局负责人刘文俊：过去为什么提出电缆过河呢？因为从电源看，我们西站的电源供桥南已经满了，解决不了，所以需要从北侧勤俭道变电站过来，电源供桥南桥北两侧的泵站以及其他生活用电……（逐渐压混）

播音员：电缆过河是个从1982年拖到现在悬而未决的问题。由于电缆过不了河，新红桥两岸的排水泵站长期不能使用，附近居民群众的生活用电也受到一定影响。每到雨季，排水就成了问题，居民楼就要泡汤，群众意见很大。电力局的同志说，电缆过不了桥，主要是市政工程局一直不同意。市政工程局负责人王德惠紧接着说：

在桥梁规范上并没有明确规定10千伏的电缆可以不可以过桥，但是，公路的桥梁规范中有这种规定，就是10千伏的电缆不能过桥……

李瑞环：桥上过电缆、过水管，好像都有过这样的案子。你这个10千伏的电缆要从钢梁上过，这确实需要有一整套严密的法儿啊！

播音员：接着，李瑞环市长向电力局的同志详细询问电缆过桥的具体实施办法。

李瑞环：你在技术上只要有明确的回答，然后我们就可以定你这个电缆可以过（桥），你技术上不能明确回答，从1982年开始弄到现在，你说不清楚。这个问题，你们这样回答，在座的这么多代表，你们是不合格的。

刘文俊：我们没准备这么细，因为技术问题没有讨论到这个程度……

李瑞环：解决这个问题嘛，人家不让你放，你说你要放，人家不让你放就得谈不让放的理由，你要放就要谈点要放的根据，就是扯皮也要有个扯皮的词吧？这是最典型的由于政府扯皮，拿老百姓出气！你不叫我过，我就不过，因而就不给电；市政局说，你不给电，我泵就开不开，因而老百姓就泡着。这够典型的吧？这件事情，今天上午开完会以后，下午，或者连夜，两个局由市里面出面，给代表们做出回答怎么解决的，什么时候解决，明天上午昌五同志（指市政府顾问毛昌五）抓一下吧。

……

李瑞环：红桥区人大代表宋士巍等同志提出来增加中小学教育经费问题。财政局岳树功同志谈一下吧。

岳树功：关于中小学教育经费问题，去年增长较大，增长二十七点几。今年在整个压缩情况下，全市还是增长了4.5%。据各区县人民代表大会通过的今年预算，只有三个区是下降的，这三个区我们准备这样：一方面帮助各区增加收入，多点分成，然后增加教育支出，如果确有困难的话，市里可以帮助解决一下。另外还有这么几个来源：一个学杂费可以补充一部分，一个校办工厂可以补充一部分，另外用城市教育附加来解决这个问题。

李瑞环：教育经费不能完全离开财政的收入。今年地方的基本建设压了20%，各项费用支出压了10%。从全国来讲，今年在压缩空气的情况下，我们可能还是好的，有些个别地方在处理上，由于历史的基数或是欠账的问题等，可能问题突出一点。市里和区里、教育局几家协商一下，个别困难的可以适当地调解一下。那么就总的来讲，还得和代表做点解释，求得谅解，然后我们在工作中再适当地调剂一下，看看怎么样。红桥区的同志回去是不是可以做点解释工作，以后有什么问题教育局和财政局再与你们一起商量好不好？

播音员：市人大代表、红桥区八十九中宋士巍又提出新的建议。

宋士巍：现在经费问题有两乱，政府能不能采取措施给解决一下。一乱就是乱摊派，我们经费70%是花在固定开支上，还有30%的钱不足以对付别的开支。比如，卫生费，原来是没有的，现在卫生局可以找你要钱。倒土也得花钱，现在独生子女的补助、煤气的补助，这都得我们学校出钱。还有逮老鼠的两个人，这个不但影响我们的工作，而且每个人身上得花几十块钱的误餐费。逮老鼠这件事，街里找我们要了600块钱。这一个月就等于我们经费的1/3出去了。像这样乱摊派的问题越来越大，我们确实无法支撑。这是一乱。第二乱呢，就是乱涨价。现在乱涨价这个问题与教育部门、教育战线神圣的领域不相符合。

李瑞环：由教工委和教育局，由姚峻同志（副市长）负责研究对中小学不准乱摊派、乱涨价问题，政府发个规定检查一下。对那些吃小孩的这种人，个别严重的不讲理的要点名批评或处理几个。

播音员：对乱摊派、乱涨价，副市长聂璧初同志还提出了中小学本身要注意的问题。

聂璧初：中小学自己也要注意。有的小学二年级进学校就要补习费，不补习就受影响，补习就得交钱。

杨馨：经费这个问题，有一块就是我们都吃了药了。

播音员：现在发言的是人大代表，河西区中心小学教师杨馨。

杨馨：我是河西区代表，河西区教育局一年要拿30万块钱补药费，我们有一个同志看病，一次感冒拿了70块钱的药。

李瑞环：老乔啊（市卫生局负责人），你那个医院里面随便开药单子，一次去了开几十块钱的药。这个问题各代表团都有反映。而且不是一家，随便去一下医院，一开一大包子药，有的没出院就扔掉了。这究竟是什么问题呀？医院里面乱开药这件事情，肯定里面有较大的问题。感冒开70块钱的药，离了谱了。这件事老乔呀，里面一定有叽哩古怪的事。是从卖药钱里面提成呀，还是按药每月销售的总额提取留成发奖金啊，还是变成什么费用啊？

播音员：市卫生局负责人乔懋彬回答。

乔懋彬：有这个意思。这个问题是两方面造成的，我们现在正在抓这个不正之风。我们没有在那里提成拿奖金。病人和医务人员是亲戚朋友，关系好，有这个问题。我们搞了一个办法，双处方，开两张，拿复写纸。这张处方医院里每天要检查。但也制止不住，少数人有这问题。

杨馨：你刚才讲的双处方，我们河西区实行两年了。但是70块钱的药就发生在我们河西区。从卫生院到市医院都是双处方，不然不给报销，可是事实呢，还是出现这么大问题。我认为我们潜力还是有的，问题就是我们的教育总是穷。怎么办呢，就得从各方面支持教育。我们是小学，可在座的所有领导同志也好，各位局长也好，你们都非常关心自己的孩子，或者是你们的孙子。可现在小孩子可难咧，相当难。例如，喝水，灶没有好的，孩子路没有好的。怎么办？要靠全天津人民来建设，我们要为子子孙孙来建设。我看这个问题应该引起在座的各位局长的重视。你们各大局的局长在这方面要关心天津市的子子孙孙。

我今年小60岁了，活的这个样子，还在第一线。现在我代表全天津市的老百姓、人民，向在座的局长们说，我们拜托了，谢谢你们！

李瑞环：这是来自人民群众对我们很好的希望和要求。在座的不仅是卫生局，各局包括政府官员要认真地反省和检讨我们的工作。明天报纸要把这件事作为专题进行报道，代表人民群众的强烈呼声，突出地报道一下，好处在于督促我们各级政府、各部门按这个精神检讨我们的工作。在全市范围内造一点影响，以便为今后我们解决这个问题造点舆论。由姚峻同志出面找各方面的人认真开几次座谈会，看究竟问题在哪，怎么解决。我看一个是思想教育问题，存在着不正之风。第二个是制度问题，管理有漏洞不严格，有的根本没有管住，制度本身有漏洞。第三个缺乏严明的奖惩措施，抓几个典型。目前医务人员是缺乏的，但医务人员首先要讲道德，对个别的抓那么几个典型。关于乱涨价、乱收费、乱摊派这个问题，要作为一个突出的问题，作为纠正不正之风的主要内容，作为我们领导上克服官僚主义的一个重要内容，要组织起来，具体地分门别类地进行检查，抓一些典型，进行思想教育。与此同时，在调查研究的基础上，搞一些规定，不然的话现在大家都有意见。

……

播音员：以上播送的是4月26日市政府召开的市长办公会实况录音剪辑。

各位听众，在这次市长办公会以后，有关单位立即行动，使一些问题很快得到了解决。如红桥区代表提出的新红桥电缆过河问题，在4月26日下午，电力局和市政工程局即共同研究了施工方案，并已经开工。南开区代表提出的中小学校舍建筑质量问题，也将在今年雨季前由有关单位进行无偿返修。此外，市人大十届六次会议中代表们提出的各项议案和意见，也都交付市有关部门，一些议案和意见正在处理和着手解决之中。特别是代表们提意见最多的住房问题，市领导同志十分重视，很快做出了平房改造的重大决策，提出了城市住宅建设的新途径，受到广大群众的热烈欢迎，称赞这是人民政府为人民办的又一件大好事。

这次节目播送完了，是由本台记者宋银章、马平分、王敏采制的。

第28篇：贫困乡的出路在哪里？

采写者："贫困乡村徒步采访团"
编者：王茂亮

　　湖北省《孝感报》的系列报道《贫困乡的出路在哪里？》（以下简称《出路》）共刊出14篇，分别是《最可怕的是惰性》《近攻与远谋——关于贫困乡经济开发阶段性的思考》《山重水复应有路——关于贫困乡经营门路的思考》《各有各的对策》《实现从怨水、怕水到爱水、用水的转化》《治穷当用"穷办法"》《给钱给物，不如建个好支部》《治穷治愚，双管齐下》《敞开寨门天地宽》《"输血"必须认准"血型"》《扎扎实实为贫困乡办点实事》等，连续刊载于1987年3月26日至4月14日。

　　《出路》是记者深入采访的硕果，是《孝感报》在新闻改革中采取的一个提高队伍素质的措施。他们组织占全体采编人员40%以上的11人，成立这个贫困乡徒步采访团，由总编辑带队，兵分五路，用26天时间，对三个县、市的12个贫困乡进行了徒步采访。为了发扬党的新闻工作者的优良传统作风，锻炼队伍，采访团的同志们背起背包，带上蜡烛，不住招待站，不吃招待饭，不要干部陪同，直接与贫困乡的乡村干部、农民群众交流，倾听他们的愿望、呼声和要求，同他们一起回顾已经走过的成功或失败之路，探索正在走的或可能走的脱贫之路。采访团用调查研究获得的大量第一手材料，写成了100多篇不同体裁的报道。最后，又从宏观着眼，由微观入手，写成这一组总体为《贫困乡的出路在哪里？》的系列报道。因此，它开挖深，内容扎实，抓的问题准，提出的办法可行。（限于篇幅，本书只收入了其中三篇代表作。）

最可怕的是惰性

"贫困乡村徒步采访团"王茂亮执笔
原载1987年3月26日《孝感报》

　　到3月23日为止的近一个月里，孝感市滑石乡270多名劳力组成的劳务输出队伍，分别开往武汉、随州、宜昌等地。这是这个贫困乡的干群在战胜了自己的惰性之后，来到了新的起跑线上的标志。

　　在贫困乡村采访，我们有个突出的感受：最可怕的是惰性。

　　谈到推广地膜花生栽培技术。大悟县黄站乡的一个干部说："难啦，农民懒得搞，我们有什么法？"

谈到拦库汊养鱼。应山县西肖店乡的一个干部说："难啦，现在千家万户各搞各，人都'匡'不拢，钱就更难了。"

谈到劳务输出。孝感市滑石乡的一个干部说："难啦，一是门路难找到，二是农民难组织。你莫看他穷，但他说'在家高的床低的铺，出门睡个门角落'，就算一天能赚三五块钱，他也不干。"

……

乍一听，有理有据。好像叫"难"者想过克服困难且主观上努力过，只是客观条件使然，无可奈何。细一究，却未必尽然。一个乡干部在深谈中透露了个中奥秘："叫难，是轻松而讨便宜的，既不费力还可捞到好处：救济粮、扶持款、周转金、贷款等等。反正社会主义不让饿死人，何必为那份难找罪受。"应山县西肖店乡方略村的一个农民荒着一块田不插秧，乡里的一个干部问他："不插秧，没粮吃怎么办？"他不假思索地说："国家会想办法的。拿个章子（印章），提个袋子，领个票子（救济款），趴个窗子（买救济粮），过个清闲日子。何必怄插秧的气。"

多么可怕的惰性！争贫，等扶，靠救。随遇而安，知足常乐。不思进取。这不能不说是贫困乡脱贫工作中最突出的社会心理障碍。

我们能因这个惰性而责怪贫困乡人民吗？否。

我区的贫困乡，多属山区、库区、老苏区。那里来的人民在革命战争年代，在社会主义建设时期，不是做出了令人动容的宝贵牺牲吗！若仔细考察今天这种阻碍商品经济发展的可怕惰性的由来，则不难发现其错综复杂的社会历史原因：自给型经济的封闭性与凝固性，是一个原因；历史上大办钢铁等运动对资源的破坏使他们至今惊魂未定，也是一个原因；扶贫工作中把扶贫与救济等同起来而养成了少数人的依赖心理，不能不说也是原因之一；而交通阻塞，信息不灵，家底太薄，这些因素自然也在起着作用。

这里的关键是，贫困乡人民要像当年勇于付出牺牲一样，勇于启动内在的冲力，战胜眼前的困难。文章开了个好头，就好往下写了。有例为证：同是上述难题，有的贫困乡就在逐步解决。

同样就推广地膜花生栽培技术。黄站乡难，但与它田挨田、地连地的新城区却基本普及了。亩产花生三四百公斤，比黄站乡高出一倍多。

同样是拦库汊养鱼。西肖店乡难，但同县的界河乡采取集体投资、投劳入股经营的办法，组织全乡8个村的860多名劳力，两年拦汊6处，可养鱼水面达4000多亩。

同样是劳务输出。滑石乡难,但与它一山之隔的大悟乡,乡里和各村共组织输出劳力1000多人,年收入100多万元。

如此看来,开发贫困乡,固然要开发贫困乡山上、地下、水中的资源,但首先要开发的是劳力资源和智力资源——这正是贫困乡村最宝贵的资源!

因此,贫困乡要脱贫致富,不光要战胜物的障碍、物的贫穷,还要战胜诸多因素综合作用造成的思想上的惰性、思想上的"贫穷"。我们党提倡自力更生,艰苦奋斗,提倡愚公移山的精神,就是改变贫穷面貌的精神武器。曾叫劳务输出难的滑石乡干部,如今不也带着人走出了滑石吗?

人,具有艰苦奋斗精神的贫困乡人,正是贫困乡脱贫奔富的根本希望所在。

近攻与远谋

——关于贫困乡经济开发阶段性的思考

"贫困乡村徒步采访团"张仲彩执笔

原载1987年3月28日《孝感报》

贫困乡经济开发是一项艰巨、复杂的工程,是一个循序渐进的过程。想一朝一夕来实现从根本上脱贫,只能是"天方夜谭"。采访团认为,贫困乡的经济开发需经历这几个阶段:

①求温饱的阶段——贫困乡大多是苏区、山区、库区,这里人多田少,最少的人平均只有二三分耕地。采访所到的12个乡中有9个乡1986年人均收入在250元以下,半数农户难保温饱。民以食为天,解决温饱问题无疑是贫困乡脱贫的首要任务。求温饱阶段,国家给些供应粮、救济款是必要的,但根本办法应该是变救为扶,启动活力,自力更生,培植后劲。贫困乡的粮食单产还大有潜力,一半的山场荒芜,水面也大多处于荒芜或半荒芜状态,一半左右的剩余劳力闲在家里。这些资源稍加利用,每户发展一二个"短、平、快"项目(劳务输出,现干现得;养猪、养羊、养兔、养鸡、养鸭、养鱼,一般也可当年见效;栽桃李、柑橘、板栗等果木,三五年也能受益),加上对现有田地精心经营,提高单产,就不难解决温饱。应山县界河乡有个农民说:"户养三头猪十只羊,一家人穿有衣服吃有粮。"大悟县悟峰乡胜利村二组,家家栽桃李,去年产桃李2.5万公斤,收入过万元,28户就有24户吃穿不愁。

②从维持简单再生产到走向扩大再生产的阶段——年久的贫穷已使贫困乡人民懂得,年复一年地啃那几分耕地(库区未被淹没的地,又多半受到山洪和干旱的威胁),永远脱不了贫,出路在于开发荒山、荒水和山里丰富的矿藏。

但他们普遍的呼声是"政策好，钱难搞""想探门路缺盘缠"。钱从哪里来？把国家有限的扶贫款和自己勒紧裤带的积蓄，用来发展"短、平、快"项目，把"摇钱树"栽起来，去"聚宝盆"里聚宝，实现自我积累，这是根本一计；敞开山门引进资金，也是一策。由少到多地积累资金，引进资金由小到大，"滚雪球"式地不断扩大再生产，这是贫困乡经济开发的可行办法。孝感市小悟乡刘河村，靠各家各户零星嫁接板栗赚的钱，近二年开辟了2600亩板栗基地，去年卖板栗3万公斤（预计3年内每年可递增3万公斤），收入的4.8万元钱又用来发展新基地，规模不断扩大。孝感市大悟乡劳务输出，"借地生财"，再以所得收入作为投资来发展自己的果木经济，植桃、柑橘、板栗6000多亩。广栽"摇钱树"，将启动发展商品经济的内在冲力。

③从商品经济起步到经济活跃繁荣的阶段——生产规模的扩大、畜牧和果林等基地（包括千家万户连片、配套而形成的基地）的建成，既为发展商品经济提供了物质条件，又使逐步积累资金进而开发更广阔的生产领域（采访团足迹所及的12个贫困乡，其中有7个乡有丰富的大理石、石英石等矿藏）成为可能。种植业、养殖业和矿产业的发展，还可以带动加工业和其他二、三产业的发展。农、牧、矿产品的深度加工增值，终将使贫困乡经济实现质的飞跃。各业的相互促进，必然带来商品经济的活跃繁荣。大悟县高店乡已利用本地资源优势办起5家初具规模的企业，只要经营管理跟上去，并切实搞好横向联合，高店乡是大有希望的。该县悟峰乡的石英石矿、花桥乡的大理石矿，都有可观的发展前途。

上述三个阶段，只是大体上的划分。三个阶段，前后衔接，又交叉运行。这种客观过程要求我们"走一步，看两步，想三步"。从扶贫工作来说，在救济粮食、衣物的同时，要帮他们发展"短、平、快"项目，启动贫困乡内部的经济活力；从贫困乡的干部和群众来说，既莫指望天上掉下个"宝葫芦"，也莫想"一锹挖个井"，要靠自力更生，逐步增强自身的"造血功能"。

山重水复应有路

——关于贫困乡经营门路的思考

"贫困乡村徒步采访团"张仲彩执笔

原载1987年3月31日《孝感报》

我区的贫困乡，大都分布在山区、库区，贫困乡常有人感叹："山重水复疑无路啊！"然而，这次贫困乡采访，却使我们得出了相反的结论：山重水复

应有路。贫困乡的经营门路,可概括为五个经营:

——山上多种经营。树立大林业思想,利用山场多的优势,在大力发展林、果、药、杂、牧(特别是草食性的羊、兔、牛)的基础上,再搞加工增值,实现综合利用,还要开发山下的矿藏,把资源优势变为产品优势,再变为商品优势。应山县天子乡陈家沟人,在山上栽松栽杉,树下放牛放羊,荒坡种芝麻花生,房前屋后坡地兴小桃园、小竹园、小叶园,去年人均纯收入超过500元。孝感市大悟乡跳沟村农民,在山上种果木,还利用栎棒兴木耳,在山下开采石英石。

——水中开发经营。水中养鱼、育珍珠,水面放鸭,浅水滩还可植藕,水草可割起来喂猪。我区刁汊湖多层次开发的"水体农业",朱湖的"生态农业",更拓宽了经营水的门路。但就目前贫困乡的水面来看,育珠还是空白,鸭、藕也极少,鱼是"天放天养",网箱养鱼等高产技术还没有推开。贫困乡数万亩优质水面荒芜着,这是待开发的"聚宝盆"。

——田里集约经营。以高投入实现高产出、高效益,可提高贫困乡仅有土地的利用率和生产率。投入包括"硬"投入(资金、物资等)和"软"投入(科学技术等)两个方面。在贫困乡,田里投入甚少。大悟县芳畈区党委书记说:"库区田地少,少放几串鞭炮,投入就有了。"贫困乡推广良种,如小麦改用"881""6569",稻谷改成杂交稻,则增产50%不成问题;若再努力改变现在复种指数低的现状,则潜力更大。特别要重视增加"软"投入,"软"投入花钱不多,效益却不少。"软"投入的日渐增多,是生产力由低到高发展的表现。

——企业科学经营。我区贫困乡企业为数不多,仅有的大多管理不善,效益不高。大悟县黄站乡,1982年利用本地圆木资源办起两个圆木加工厂,因管理不善,开工不到7个月,都停产了。乡政府吸取教训,去年投资4万元办起粉丝厂,派一名懂管理、会经营的副乡长具体抓,还从外地引进技术员,结果,加工厂越办越红火。贫困乡办企业,应是迅速、质量、收益、后劲一起要,大胆引进资金、技术、人才、信息等,特别是要强化内部管理。如此,企业才有效益,否则,可能越办企业越穷。

——劳力内外经营。贫困乡普遍田少人多。人多要找出路。一是在家乡建设上使劲,二是合理流动。劳务输出有多种形式:应山县骑龙乡组织1000多劳力到襄樊等地搞建筑,仅去年就赚回58万多元;孝感市滑石乡有3户农民到武汉市东西湖农场包田种,也收入不少;孝感市周巷区的400多名妇女到武汉、广州等地经商,年经销额超过百万元……劳务输出的出路,不仅在大城市,也可以在农村。记者调查获悉,四川人就跑到了我区的周巷区承包修路工程。劳务输出的关键,在于干部要组织。

1988 年

第十届全国好新闻共评选出206篇获奖作品,其中一等奖47篇、二等奖70篇、三等奖80篇、特别奖9篇。这一届好新闻评选更加注重新闻的舆论监督作用,特别是深度报道在舆论监督中的广泛使用。以下4篇好新闻作品中,《致富不忘求知　更望知识富有——专业户王求晓夫妻双双考上大学》通过报道专业户夫妻通过刻苦努力、自学考上大学的先进事迹,体现了农村经济改革、学校教育改革的新成果,不仅具有重要的新闻价值,而且发挥了积极的舆论引导作用;《某连白菜丰收　机关纷纷伸手　万斤白菜"卖"了7元钱》作为一篇批评性报道,对于大刹不正之风、积极沟通协调上下级发挥了重要作用;《话说"不稳定感"》针对社会大改革过程中人们普遍存在的"不稳定感"产生的社会和心理根源进行剖析,揭示不稳定感的实质,并呼吁人们革新观念,提高应对变革的素质和能力;《关于南京特价商店的报道》采用深度报道的方式,对南京特价商店进行了剖析,对监督和帮助领导机关及时纠正错误决策、维护消费者利益、抑制乱涨价风,发挥了很好的宣传作用。

第29篇:致富不忘求知　更望知识富有——专业户王求晓夫妻双双考上大学

记者:朱晓峰
原载1988年8月8日《江西日报》

盛夏7月,彭泽县爆出一则新闻:龙城镇马湖村青年、水上运输专业户王求晓和爱人高晓华,同时接到中国人民大学录取通知书,夫妻双双以优异成绩考上了该校新闻学系经济新闻专业,自费攻读经济新闻理论。日前,记者来到王求晓家采访了他。

今年36岁的王求晓和33岁的高晓华,有10多年的驾船历史,是远近闻名的水上运输专业户。王求晓1984年购买了两艘110吨位的机帆船,同时代管村里5艘机帆船,担任马湖村农民船队队长。他常年驾驶机帆船,装载着各种农业生产资料和生活资料,上武汉,跑江浙,闯上海,航线遍及10多个省市,每年纯收入数万元。

王求晓劳动致富后并不满足,他有新的追求。他说:"金钱、物质上的富有是暂时的、有限的,精神上、知识上的富有才是真正的富有,它是金钱买不到的。"王求晓和高晓华分别1966年初中和小学毕业,在学业上是被耽误了的一代。他们在多年的驾船生涯中,深感搞经营、办企业,仅有实践经验是不够的,必须掌握现代企业管理知识和经济理论,只有学了文化科学知识,才能更好地致富。近几年,王求晓购买了许多有关专业书籍,订阅了不少报纸杂志,夫妻刻苦自学,潜心钻研,互相帮助,进步很快。今年5月,他俩一试身手,勇敢地参加了全国高等院校和成人自学考试。辛勤的汗水浇开了"并蒂莲",王求晓夫妻双双被中国人民大学录取。7月,当他们接到录取通知书时,激动不已,喜泪盈眶。

王求晓夫妇将于9月初启程,赴中国人民大学深造。他俩准备把家里的两艘机帆船承包给乡亲们管理。王求晓仍兼任马湖村农民船队名誉队长,他将在北京通过通信工具,为船队出谋献策,传递经济信息。他表示:在校努力学好本领,毕业后,回来更好地为家乡建设出力。

第30篇:某连白菜丰收　机关纷纷伸手　万斤白菜"卖"了7元钱

记者:王超志　慈爱民

原载1988年11月13日《解放军报》

11月11日,本报收到驻京某连队几个战士的来信,反映近几天,机关同志向连队要白菜的电话不断,连队无法招架。12日上午,记者前往调查,下面是采访实录:

记者:听说你们连白菜丰收后,来要菜的人很多?

连队干部:(面有难色)战士给报社写信我们不知道,不过他们反映的情况确实有。今年我们种了5亩大白菜,实在费劲不小。经过几个月风风雨雨精心管理,白菜长得不错。收菜前派了6个人整夜看,穿着皮大衣,拿着凉席,睡在地里,一直到11月4日收菜,一共收了近6万斤。谁知,白菜丰收了,要菜的电话也跟着来了。

记者:从收菜到现在,你们接到多少要菜的电话?

连队干部:几乎每天都有,最多的一天接到27个电话,连队干部每个人都接到过要菜的电话。没有办法,我们采取两个对策:一是统一口径,不管是谁,要拉白菜就交钱,一毛一斤;二是我们谁也不接电话,让通信员接,就说连长、指导员不在。就这也不行，我们只好东躲西藏。后来人家干脆就来了，对通信员说，我已跟你们连长、指导员讲好了，把白菜就装走了。

记者：你们的菜被拉走了多少？

连队干部：大约有1万斤。菜收回的当天就拉走了600斤，以后又来拉了十多次，还有十多个没来拉，估计早晚得来。我这里有电话记录，最少的要300斤，最多的要一卡车，大多数是五六百斤，而且都是拣好的拉。只有一份交了钱，300斤，给了7元。

记者：你们的电话记录能否给我们看看？

（他们开始连说不行，经过记者一再说明替他们保密，才让看了记录。记者看到上面记了28个要菜者的名字，其中有科长、股长、参谋、干事、营里干部等。）

记者：这类情况过去有没有？其他连队有没有？

连队干部：每年都是这样。去年我们连的白菜下了窖还往外拿。不仅要菜，别的东西也要。我们养了80多头猪也不敢杀，都拉去卖。别的连队也和我们一样，有个连队种萝卜，人家也要。连长们碰到一起，都发誓明年不种菜了，买菜吃。但这是气话，不种怎么行呢？

第31篇：话说"不稳定感"

记者：詹国枢
原载1988年2月26日《经济日报》

在一些年轻人心目中，"北大毕业生"这块牌子是笃笃定定可以找到一个令人羡慕的工作的。

然而，20岁的北大物理系学生倪诚却为即将到来的毕业分配发愁。

"我们就像一叶小舟，在毫无心理准备的情况下就要驶进波涛汹涌的海洋。"这位瘦小单薄的大学生显然对国家提出大学生"不包分配"的改革方案感到茫然和不适应。他在北京缺少熟人，没有"门子"，对社会需求几乎一无所知。"幸好我们这届主要由国家分配，否则连工作都有可能找不到。"

倪诚的担心和不适应，也许可以看作当今中国民众心理的一个缩影。

澎湃而来的改革大潮，把一个又一个未知数摆到人们面前，工人、农民、干部、厂长、经理、大学生、科技人员……或隐或现，或多或少都体味到这种"不稳定感"了。

一

"不稳定感"的表现,可谓形形色色,多种多样:

"无形的手"悄悄伸进市场,引起价格的上涨下落和消费者的心理波动;"大锅饭"改开小灶,收入差距骤然拉开,激起了"租赁企业究竟姓社还是姓资?""厂长的数万元奖金该不该拿?"的热烈争论;"铁饭碗"业已打破,昨日的正式工人,今天可能已被辞退,卖起了天津煎饼和牛仔裤;一个个任职数载的厂长经理在招标承包中黯然下马,让位于冷不丁冒出来的"弄潮儿";就在乡镇企业"猴子上树"异军突起之时,有关部门统计表明,迄今已有近百万家同一性质的企业因经营不善而倒闭;机关的精简合并,使数十万在办公桌前驾轻就熟的干部即将面对陌生环境;差额选举作为一项制度步入党代会、人代会,则使每一个候选人在"唱票"之前不得不做好"两手准备",在刚刚结束的1987年县乡换届选举中,为数不少的妇女干部因不再定"比例"而落选,以至《中国妇女》今年首期推出的重大讨论是"1988——女人的出路"……

当今中国,经济基础、上层建筑领域正发生深刻、剧烈的变革,群众心理焉有不波动之理?

二

面对改革进程中的"不稳定感",人们的态度亦可谓多种多样,形形色色:

"我看这是一件好事,是社会进步的表现。"电子工业部68岁的老干部郭平欣话语中不乏幽默,"什么状态最稳定?死水一潭最稳定;人死了,两眼一闭,啥也不干,这时也最稳定。"这位延安时期就在中央军委通讯部门工作的"老兵",已经先后数次变换工作,对于电子工业部及中央国家机关的精简合并,处之泰然:"早该动一动了,再不动就僵化了,官僚主义更严重。"

山西新绛县工程师杨忠鑫,当了两年副县长后,深感做行政工作力不从心,非己所长,主动辞官到县化肥厂当了厂长,到任一个多月就办成三件大事,雄心勃勃要在三年内使化肥产量翻一番。

同是大学毕业生、研究生,当伙伴们正为毕业分配发愁之时,四川大学研究生梁金辉、向兴全主动放弃在大城市工作的机会,到农村领办乡镇企业。两位年轻人喊出的口号是:"不在城里等位子,愿到基层显才干。"

当然,并非所有的人在猝然而来的变革面前都能镇定自若。沈阳和平商场实行"优化组合"后,14名职工被淘汰,"没人要"了。这一下总经理刘延超家里再也不得安宁。一名女工哭着要"喝敌敌畏",直闹到半夜。女工刚走,另一名男职工又来"接班",大吼大叫:"你这么干是搞资本主义,你是资本家!"

原机械工业部一位大学生如此描述他得知自己被"精简"时的心情:"那天宣布人员去向名单时,我都傻了。我志愿表里8个栏目都填了留机关,根本没有想到会把我分到公司……"(也许这位青年人更没想到,在新的环境中他大展才华,已被任命为公司最年轻的中层管理干部。)

古城邯郸,演出了一场威武雄壮的"竞争承包"话剧。成安县土产公司主持日常工作的副经理王英臣招标时正好出差在外,听说公司已有10多人报名,王英臣觉得交椅坐不稳了,火冒三丈,大骂后院起火"搞政变"。(骂归骂,干归干。他火速回县组织人马参与竞争,每人拿出1000元财产作抵押,一举夺标。还是这个王英臣,还是这家公司,1986年利润是"鸭蛋",1987年税利达到15万。)

动中有静,静中有动。竞争,碰撞,选择,机会,冒险,失误……这一切的频率都大大加快了。这就是当今中国,这就是我们这个生机勃勃而又令人眼花缭乱的世界。

三

不管你是否意识到,不管你是否心甘情愿,"不稳定感"总要悄悄前来叩门。这是为什么?

"人们产生'不稳定感'是很自然的,是改革进程中的正常心理。"中国科学院著名心理学家徐联仓教授在纸上画出三个圆圈,在圆圈中依次写上"经济基础""上层建筑"和"群众心理"。徐教授解释说,这三个圆圈,组成一个相对稳定而又相互作用、相互影响的三角形,任何一个圆圈的变动,都会引起另外两个圆圈的反应。"从世界历史看,凡是社会大变革时期,民众心理都会产生比较强烈的'不稳定感'。"

"哪里引入竞争机制,哪里就会产生"不稳定感'。"中国社会科学院社会学所中年学者单光鼐的解释,似乎更为明确。他分析说,过去,我们的社会曾试图为每一个成员构筑一个没有竞争、充满稳定感的"安全岛"。社会成员的工作非常稳定,收入非常稳定,地位也非常稳定。在长年不变几乎凝固的"超稳定"机制下,人们稳定了也呆滞了,满足了也麻木了。工厂,缺乏效益;机关,滋生官僚主义;柜台上的"冷面孔",久治不愈……

改革了。竞争,这个曾被我们视为不祥之物而冷落多年的"幽灵",从市场一角悄悄探出头来,继而登堂入室,闯进工厂、农村、机关、学校,由经济领域步入政治领域,所到之处,呼风唤雨,纵横驰骋,带来活力,带来效益,也搅得过惯了平静日子的人们心头阵阵不安。

"既然我们已经下决心引入竞争机制,我们就要正视现实,早做准备,避免不必要的心理失衡。"单光鼐等学者建议,当前每个公民应做好以下两方面准备。

一是观念更新的准备。现阶段我国民众心理的一个显著特征是对改革的"高期望值"和对风险的"低承受能力"——人人都希望改革，人人又都希望改革不要触动自己的利益。从9年改革实践看，人们对改革进程中的"不稳定"和"阵痛"缺乏应有的心理准备，稍有风吹草动就心惊肉跳。有的人甚至想退回去过"安稳日子"——其实退回去一是不可能，二是只会更不"安稳"。因此，很有必要在全民族中大力倡导现代人所应具有的竞争观念和风险观念。对我们旧有文化中"知足常乐""随遇而安""恬静闲适""莫为人先"等意识，应做深刻的反思和扬弃。

"人生何处无风险，偏向风波浪里行。"首都最早挑头创办民办科技实业的四通公司总经理，在回答大学生关于"竞争残酷"的提问时说："与其说竞争残酷，不如说竞争能激发人的斗志。丢掉'铁饭碗'，自己去奋斗，的确觉得很累，累得连话都不愿多说，但我此时觉得很充实，觉得这是一种享受。"——这正是现代人所具有的竞争观和风险观。

二是能力素质的准备。改革和竞争机制的引入，从一定意义上说，正如当年齐湣王变"百竽合奏"为独奏一样，是容不得南郭这样的充数者厕身其间的。"竞争，你就必须是强者，百舸争流，奋楫者为先。"记者曾采访一些在改革中从容弄潮的厂长、经理，他们无不把"提高自身素质"视为第一要务。近年来疾步于中国改革前列的广东省，"外语热""学习热"长盛不衰；省企协举办"竞争术函授班"短短数月，已有3000多名厂长、经理报名；文凭从不吃香到吃香，再到不吃香，否定之否定，留下多少耐人寻味的感叹和思索……

西方记者报道：中国正一步步谨慎地却是坚定地踏进充满竞争的商品社会。

风来了，浪来了，扬起风帆吧。小舟既已驶入汪洋，就不必企盼和眷恋平静的港湾。

我们别无选择。

第32篇：关于南京特价商店的报道

记者：李伟　张军红　高国智
原载1988年5月22日《江苏工人报》

南京特价商店问世以后

住在南京水西门外茶西的陈老太太，5月24日上午在南京特价商店购买彩色电视机时，情绪激动地对周围人说："我卖了两年五香茶叶蛋挣来的钱，都叫涨价给涨掉了！"

陈老太太的儿子今年25岁。为了给儿子办喜事，两年来，她风雨无阻地在汉中门一带卖五香鸡蛋，好不容易攒下2000多元，原打算给儿子买部彩电，添台冰箱。可今天，当她的这些钱只够在特价商店买部国产彩电时，她精神上接受不了了。在说上述话时，她眼中闪动着泪花。

南京特价商店是5月15日开业的。据称，这里销售的商品的价格，都是由物价部门核定的。目前的售价是，18英寸熊猫彩电为2600元，20英寸飞利浦彩电为3000元，185丽生伯乐双门冰箱为2080元。

5月24日，我们在特价商店营业大厅待了两个小时，发现除彩电销售处有人在排队购买外，其余柜台则是看的人多，几乎无人问津。一位来自连云港的旅客在看到茅台酒标价为每瓶160元后，问售货员："这家伙喝了可能成仙？！"

这天排队买彩电的同志，基本上是些普通工人、中青年知识分子和解放军干部。他们之所以来排队，都是为了应付儿女（或自己）办喜事。当问及为什么如此急于购买时，回答几乎众口一词："都已经涨到2600了，再不买，要是再涨就更吃大亏了。"市自来水公司一位姓王的工人更是从"理论"上阐述道："目前严重的问题是物资供不应求，根据价值规律，还得涨。再不买，恐怕将来2600也买不到了。"

南京户部街一位姓莫的家庭主妇在特价商店的店堂里，骂这个店是"坑老百姓的黑店"。水电部自动化研究所一位姓曹的工程师也持有这个观点，她认为："有特价，就意味着还有平价。而平价，我们这些小老百姓又到哪儿去搞呢？"

当天在场的群众大多认为，特价商店的出现，将引起物价全面上涨，这使他们产生了"存钱不如存物"的想法，于是市面上便出现了"取款风"。南京大桥机器厂许姓工人说："这年头存钱就是自找苦吃。""银行的那几个利息，还顶不了涨价的一个零头呢！"5月24日中午10时40分，我们在工商银行新街口储蓄所定期储蓄窗口待了8分钟，没见到一个来存款的，倒见到有14个人来取款，这其中，有7个人还没到期，他们宁愿牺牲利息也要把款取走。据工商银行中百储蓄所统计，5月20、21、22日三天，共被取款173笔，其中提前支取的为87笔，减去存入的，银行共被取走人民币9803万元。而去年同期，这个所则是存入多于取出，收支差为24万元。与银行相反，商店里倒是生意兴隆，财源茂盛。据新街口百货公司业务科沈科长介绍，过去，这个店平均日销售额为50万元，特价商店开业后，这里日销售额猛增到80万元，最多时，一天竟高达110万元。这些日子，在这个商店，广大消费者对于针棉织品、羊毛制品、各种高档耐用消费品，已经发展到见什么买什么的地步。棉布柜营业员小朱看到有的人用麻袋来装毛线时说："这些人像是疯了似的！"

真正疯了的，是那些"倒爷"。据说，特价商店开业后，平价彩电供应券黑市售价又回升到了春节前后的水平，而冰箱供应券则涨了许多。更奇怪的是，特价商店开业后，中华门汽车站附近，一下子冒出了十几个无证摊贩，他们公然在光天化日之下高价叫卖各种名牌香烟，当群众来制止时，他们竟说："公家能卖高价，我们为什么不能？！"

特价？涨价？

韦木

接连听到两条消息，产生一点联想。

一是：南京开了一家特价商店，出售紧俏商品、彩电、电冰箱，高出市价百分之四五十，顾客排队20多小时等待开门。

一是：国家物价局发布《关于价格违法行为的处罚规定》，从5月14日起实行。

特价商店也是5月14日开门，可算巧合。

"姜太公钓鱼，愿者上钩。"据说这种"特价"，还颇受某些消费者的欢迎。虽然掏出的钱多了，也还高兴，毕竟满足了消费欲，有了朝思暮想的东西。俗话说"饮鸩止渴"，何况不过是多拿出几张钞票。

然而，细细一想，事情又远非那么简单。市场上的彩电、冰箱早就少得可怜，又怎的在一晚之间冒出许多？原来是在待"特"而沽。物价这东西非常敏感，你哄我抬，越抬越高，可以无限。到时再来稳定就并非易事。

享受特价之惠的还有商店，售价高利润也多。无怪经商一时泛滥。

特价乎？涨价乎？事情确实妙。变一个名，本来不能做的事也合理合法，通行无阻。

本报召开座谈会听取各方意见

与会者反映：南京特价商店开业，弊多！

为进一步了解广大职工对南京特价商店的看法，5月27日，本报在宁召开了专题座谈会。南京油泵油嘴厂、新联机械厂、金陵南北货商店等单位的代表出席了座谈。

与会同志一致认为，特价商店的开业，给南京市民心里增加了恐慌。南京市职工物价计量检查站的同志反映："特价商店的开业，给南京市带来了抢购风、抬价风。"他们反映，目前南京市场上到处有人抢购毛线、毛毯、针棉织品和各种耐用消费品，下关区有个商店的柜台都被挤翻了。南京大饭店的张同志说："特价商店的出现，还刺激了超前消费。前天，我就看到了一对夫妇买了六对枕芯，且不说他家有多少人，就说这大热天，也用不上枕芯啊！"新联机械厂工会的一位同志说："过去，银行在动员群众参加时有一句广告用语，说：'你想买部彩电、冰箱吗？请参加储蓄！'现在，特价商店一开业，大家都说参加储蓄划不来。所以近来取款的人特别多，人们都想把钱取出来买东西。"

座谈会上，许多同志还说，国营商业应发挥平抑物价的主渠道作用，可特价商店的出现，正好相反，是带头涨价。南京钨钼材料厂工人、南京市优秀职工义务检查员金秀珍反映，现在市场物价很难管，不用说彩电、冰箱购买券黑市交易猖獗，就连卖一般商品的个体户也随意抬价，你去问他，他们就说："特价商店涨得那么凶，你们怎么不管呢？！"

与会者也承认，特价商店开业后，的确是少数人有钱能买到一些紧俏物资了，但这种"能买到"是和"不公道"相联系的。南京航道分局、金陵石化公司的同志都认为，"特价"和"特权"是紧密相关的。现在是有权的买平价，无权的买特价，这就无形中助长了拉关系、走后门、搞特权的歪风，他们问："这对端正党风、树立良好的社会风气又会起什么作用呢？"

对"南京特价商店"的反思

南京特价商店一出台，舆论立时大哗。肯定者有之，否定者有之，骂娘的也有之。本来，一件事物出现，褒贬不一不足为怪，而且也不必急于下什么结论。但是，短短十来天的时间，舆论的天平已在明显地倾斜，特价商店在人心、物价、市场、金融等方面造成的不良影响也日见其著（见本报386、388期一版），这就有必要对"特价"问题做一反思。

"柘溪西岸好了，老百姓能买到紧俏商品了。"有人这样说。不错，特价商店开业确实为少数人解了燃眉之急。但应当看到，光顾特价商店的也只能是些"老百姓"。他们当中，真正腰缠万贯、肥得冒油的毕竟是极少数。为了应付急事，他们不得不向亲朋借，从"牙缝里"抠，才把比"平价"高出许多的钱捧到了特价商店，有人自称这是"舍命吃河豚"。况且，特价商品只是少量的，大量的平价商品到哪里去了呢？个中原因，不言而喻。这么一来，很有可能形成这样的状况：有权有势有"后门"的买"平价"，普通百姓买"特价"。如此这般，对改善党风、民风、行风又有什么好处呢！要真的为"老百姓"着想，应当大力发展生产；端正行风，改进紧俏商品的供应办法。如若舍其本而求其末，"特价"这点"杯水车薪"又能解决多大问题呢？

"特价商店将平抑物价，打击黑市。"也有人这样说。事实已经表明，这种想法是幼稚的。物价这东西本来就很敏感，南京特价商店一开业，引起人们心理上的恐慌，刺激了提前消费，以致出现了"抢购风""取款风"，还出现了物价上涨的"攀比风"。你家电能涨，我烟酒也能涨；你国营商店能变相地涨，我私营小店也能变着法儿涨，一些个体户和无证摊贩也乘机浑水摸鱼——最近有人反映物价上涨、市场难管、黑市抬头、"倒爷"猖獗，即是例证。当然，南京特价商店是"经过批准的"，涨价自然也是合法的；对无证摊贩要坚决取缔，对黑市要严厉打击，这也是毋庸置疑的。但我们切莫忘记了，特价商店在物价方面引起的连锁反应是不以人的意志为转移的，其后患也将无穷！

"办特价商店可刺激生产，让厂家得到好处。"还有人这样说。诚然，一些紧俏商品卖"特价"，会给厂家带来一些好处，该厂的职工也可能多得一点实惠。但是，随着物价轮番上涨，这些企业得到的好处能保持多久，恐怕还是个未知数。即便该企业的职工多得到了一点实惠，可走出工厂大门，看到市场上物价上涨，也还是要皱眉头甚至骂娘的！这里需要说的是，我们考虑某个问题，做出一项决策，是从局部和少数人的利益出发呢，还是着眼于整体和大多数人的呢？如果仅仅考虑几个生产紧俏商品的企业的利益，而忽视甚至侵害了大多数人的利益，这项决策能有多大价值呢？当然，为了满足人民群众日益增长的物质生活需要，应当"刺激"生产，发展生产，但这关键是要深化企业内部改革，改善企业生产条件，国家对优质产品实行代价政策也是一条行之有效的办法。如果指望办了特价商店就能刺激生产，那是不可能的。

最近中央的一次会议指出，价格和工资制度改革需要有通盘的考虑和系统的方案。这就是说，要解决物价问题，必须相应地解决物资问题，而且还应有计划、有步骤地进行。比如广州吧，物价改革是和工资改革同步进行的，所以该市的物价放开以后，市民并没有多少怨言。而南京的情况就不同了。南京物价上涨的指数本来就比较高，猪肉等副食品的价格刚刚才放开，在没有丝毫"透明度"的情况下，又突然冒出个"特价商店"，这叫南京市民本来就有点脆弱的神经怎么承受得了呢？